客户关系管理
经典案例及精解

周洁如　编著

上海交通大学出版社

内 容 提 要

本书为客户关系管理教学之经典案例及精解。

全书由上篇和下篇组成：上篇为 CRM 经典案例，下篇为 CRM 经典案例精解。

CRM 经典案例共有 12 个。其中，案例 1 为开篇案例，该案例统领所有的案例，对企业实施 CRM 具有全方位的示范作用；案例 2～案例 7 诠释了 CRM 的三个核心理念：顾客满意、顾客忠诚与顾客价值；案例 8～案例 12 为典型行业实施 CRM 的经典案例，这些案例涉及飞机制造业、民航业、快递业、邮政业和教育行业，它们对各自行业甚至其他行业的企业实施 CRM 皆有借鉴意义。

下篇是 CRM 经典案例精解。对各经典案例的精解，以理论为依据，根据行业特点，分析其 CRM 实践，或佐证理论的正确性，或寻求行业成功实施 CRM 的规律，挖掘其中所蕴含的案例思想。

本书可作为高等院校经济管理专业的本科生、MBA 和企业管理培训的教材，也可供各行业从事经营管理工作的管理者学习使用。

图书在版编目(CIP)数据

客户关系管理经典案例及精解/周洁如编著. —上海：上海交通大学出版社，2011(2019 重印)

21 世纪创新管理系列教材

ISBN 978-7-313-06997-9

Ⅰ. 客...　Ⅱ. 周...　Ⅲ. 企业管理：供销管理—高等学校—教材　Ⅳ. F274

中国版本图书馆 CIP 数据核字(2010)第 250293 号

客户关系管理经典案例及精解

周洁如　编著

上海交通大学出版社出版发行

(上海市番禺路 951 号　邮政编码 200030)

电话：64071208

上海天地海设计印刷有限公司 印刷　全国新华书店经销

开本：787mm×960mm 1/16　印张：15.5　字数：290 千字

2011 年 1 月第 1 版　2019 年 12 月第 6 次印刷

ISBN 978-7-313-06997-9　定价：49.00 元

前　言

客户关系管理(英文为 Customer Relationship Management,简称 CRM),最早由世界著名 IT 系统项目论证与决策权威机构—Gartner Group 于 20 世纪 80 年代提出,是 90 年代随着互联网和电子商务涌入中国的最重要的 IT 技术和管理理念之一,目前依旧为学术界及企业界的热点问题。

CRM 通过使企业组织、工作流程、技术支持和客户服务都以客户为中心来协调和统一与客户的交互行动,达到保留有价值客户,挖掘潜在客户,赢得客户忠诚,并最终获得客户长期价值的目的。CRM 是企业为发展与客户之间的长期合作关系,提高企业以客户为中心的运营性能而采用的一系列理论、方法、技术、能力和软件的总和。它既包括了以客户为中心的战略管理思想,又包含了各种信息、网络技术、应用软件系统等技术工具,而且还包括了一系列个性化的营销策略。

首先,CRM 是一种管理理念,其核心思想是将企业的客户(包括最终客户、分销商和合作伙伴、企业员工等)作为最重要的企业资源,利用 CRM 系统,通过完善的客户服务和深入的客户分析来满足客户的需求,从而提高顾客满意度,进而提高顾客忠诚度,最终实现客户的终生价值最大化。

其次,CRM 是一种集合了很多当今最新的科技发展的技术系统。如:因特网、电子商务、多媒体技术、数据仓库、数据挖掘、专家系统和人工智能、呼叫中心。现代的 CRM 本质上是以客户关系为导向的一套计算机化的网络软件系统,其目的是为了有效地收集、汇总、分析和共享各种顾客数据,积累顾客知识,有效地支持客户关系策略。对客户数据的收集、分析、处理和共享手段决定了 CRM 的功效,因此 CRM 系统是确保企业成功实施 CRM 战略的技术保证,是 CRM 战略的使能者。尽管每个企业推出不同的 CRM 软件方案,且其功能也存在差异,但其系统具有共性,而且其软件的结构模型也大同小异。

最后,CRM 是结合软件系统与组织状况,在调研分析的基础上做出的解决方案,既包括了 CRM 项目的实施过程与步骤,又包含了经营的营销策略,如数据库营销、直复营销、一对一营销、关系营销等策略。

因此 CRM 的理论体系可以概括为三个方面:CRM 理念、CRM 信息技术系统和 CRM 实施解决方案。CRM 理念是 CRM 成功的关键,它是 CRM 实施应用的基础和土壤,是促成企业战略观形成的思想基础。信息系统、IT 技术、因特网等组成的 CRM 系统是 CRM 成功实施的手段和方法,此系统是辅助 CRM 这一企业战略观得以实现的有力工具。而 CRM 实施解决方案,是决定 CRM 成功与否、效果如何的重要环节,也是直接影响因素。它们三位一体,相辅相成,互为作用,缺一不可。

迄今为止,国内外很多企业实施 CRM,但其效果却不尽如人意。原因何在? Richard Forsyth 经过调研,将影响 CRM 成功与否的因素进行归纳,并给出了相应的比重,结果显示,导致 CRM 项目失败的显著因素有:组织结构的调整,29%;企业政治与经营惯性,22%;缺乏对 CRM 的理解,20%;计划不善,12%;缺乏技能,6%;预算问题,4%;软件问题,2%;错误的建议,1%;其他,4%。

在上述导致 CRM 失效的 9 个显著因素中,多数企业的 CRM 失败都归咎于对企业政治、经营惯性、实施组织结构调整的挑战,而不是软件或者预算问题,其中组织结构的调整是导致 CRM 计划失败的最显著的因素,占 29%,此外还有重要的一项因素就是对 CRM 的误解。有人认为 CRM 就是技术,却忽视了技术与战略的协调性;有人认为 CRM 就是以个性化需求来定位客户以及客户群,从而简单地把 CRM 看成是获取客户姓名和地址的方式,再把这些信息与客户交易、交叉销售以及向上销售相联系。Gartner Group 的报告指出,尽管在许多企业里 CRM 仍然受到重视,但 65% 的企业无法做到"协调高级执行官、信息主管、部门主管和客户之间的关系"。另外,缺乏计划或计划不善通常也是战略不明晰的结果。组织结构的调整、企业政治与经营惯性、缺乏对 CRM 的理解以及计划不善,这四项累计占了 82%,至于 CRM 技能、预算、软件问题、错误建议与其他总共占 17%。由此看来,实施 CRM 的成功不仅要理解 CRM 的核心理念,还要充分利用其信息技术系统,要有合适的 CRM 解决方案,并实施之。

基于以上 CRM 三位一体的理论体系,以及目前国内外企业实施 CRM 不尽如人意的状况,集作者多年从事 CRM 研究的积累及其教学的体会,编著了此经典案例及其精解。全书由上篇和下篇组成:上篇为 CRM 经典案例,下篇为 CRM 经典案例精解。

上篇,作者精心选择了 12 个经典案例,既有实践 CRM 核心理论的优秀企业的代表,又有典型行业实施 CRM 的成功范例,也有优秀企业在实践中管理客户关系失误的教训总结。作者尊崇 CRM 理论体系,将 12 个案例按开篇案例、CRM 核心理念以及典型行业 CRM 的实施来编排。

• 开篇案例,为案例 1,是上海大众汽车有限公司的 CRM 实践。该案例统领所有的案例,在实践 CRM 的基本原理上对企业实施 CRM 具有全方位的示范作用。

• CRM 核心理念:包括了案例 2～案例 7,这 6 个案例分别诠释了 CRM 的三个核心理念——顾客满意、顾客忠诚与顾客价值,包括了海底捞、携程、新加坡航空、德士高、星巴克、宜家家居的客户关系管理实践活动。

　　• 典型行业 CRM 的实施：包括了案例 8～案例 12，这些是典型行业的经典案例，涉及飞机制造业、民航业、快递业、邮政业和教育行业，它们根据行业特点和自身的情况，成功实施 CRM 项目，其经验对各自行业甚至其他行业的企业实施 CRM 皆有借鉴意义。

　　下篇，作者以工商管理理论尤其是 CRM 理论为基础，研究了这些企业或组织的行业特点和企业的状况，结合作者多年案例教学的体会，对各经典案例进行了精心解析。对这些案例，或依据理论，分析企业或组织的 CRM 实践，以佐证理论的正确性；或根据行业特点剖析企业或组织进行的 CRM 实践，以寻求行业成功实施 CRM 的规律；或分析各企业或组织实施 CRM 的细节，以挖掘其中所蕴含的案例思想。在对每一案例条分缕析的基础上，最终给出了作者对案例思想的总结——案例点睛。

　　基于考察了大量企业实施 CRM 的实践后，作者精心挑选这 12 个经典案例，并对每一案例进行精心解析，试图用这些企业或组织 CRM 的实践活动来诠释并佐证 CRM 的理论，力争给业界实施 CRM 一些借鉴，也奢望能使广大从事经营管理工作各层面的管理者、经济管理专业的在校学生开阔 CRM 实践视野，给予一些启迪。这些便是作者编辑及精解此案例集的初衷。

　　在本书的撰写过程中，我的研究生，如胡慧斌、刘国恩、杨鑫、孙剑波，还有本科生董事、于英磊参与了部分工作；本书编辑上海交通大学出版社的提文静老师给予了大量帮助，尤其是她智慧的修改建议，对提高本书质量大有益处；我的家人：先生小岩，儿子丘深，给予了我强有力的支持和理解，在此一并感谢！

　　由于时间仓促，加之本人理论功底以及对企业或组织实践 CRM 理解的局限性，错误、不足之处还望广大读者不吝指正。

周洁如

2010 年秋　于上海

目　　录

上篇　CRM 经典案例

上篇　CRM 经典案例

开 篇 案 例

- 案例 1　上海大众汽车有限公司的 CRM

案例1 上海大众汽车有限公司的 CRM

案例摘要

上海大众汽车有限公司是中国改革开放后第一家轿车合资企业,经过多年的经营,公司业务不断增长、产品不断壮大。同时中国经济持续高速发展,中国消费者的购买力持续上升,越来越多的国际品牌开始进入中国市场,大众汽车在国外市场所面临的竞争开始延续到中国国内。与此同时,大众品牌出现了一定程度的老化,尤其是上海大众汽车,被认为是一个"过时"和"保守"的品牌。因此,管理客户的购车和使用体验,提升客户的忠诚度,实现客户的重复购买和正面的口碑宣传就成了上海大众汽车 CRM 战略实施的首要目标。上海大众汽车 CRM 系统的实施随着市场的变化和经营的需要而不断完善,到目前为止其实施主要分为两个阶段:第一阶段以建立呼叫中心为主,加强客户关系营销的实施和客户数据库的建立。第二阶段以建立经销商自营 CRM 系统为主,实现经销商和大众公司的客户信息共享,形成了经销商自我的闭环营销、上海大众汽车和经销商之间的闭环营销。同时在 CRM 系统建立的基础上进一步推出了车主俱乐部计划,从而提高客户忠诚度。

关键词

客户关系管理(CRM)　　CRM 计划　　CRM 实施

案例导读

随着越来越多的国际品牌开始进入中国市场,大众汽车在国外市场所面临的竞争开始延续到中国国内。一方面,不断推向市场的新的型号、新的车辆概念,直接对大众的产品线进行冲击。另一方面,国际水准的营销手段也开始对大众当时的营销体系带来挑战。与此同时,随着中国经济的不断发展,汽车的市场需求日益增加,这样也给大众汽车带来了机遇。汽车厂商所追求的核心竞争力已经从"以产品为中心"逐渐转变为"以客户为中心"。汽车厂商考虑的不仅仅是如何把车卖出去,而且如何使客户继续选择厂商提供的服务。为获取新顾客,保留老顾客,使顾客价值升值,企业必须掌握完整的客户信息,准确把握客户需求,以快速响应个性化需求,提供便捷的购买渠道、良好的售后服务与经常性的客户关怀等。为了迎接挑战把握机遇,公司领导层决定实施客户关系管理,以提高顾客满意度和忠诚度。为了配合公司实施 CRM 战略,公司各相关部门应该开始思考并进行规划了。

2001年11月24日下午6点,上海大众汽车有限公司陈总的座车正驶过南浦大桥,望着大桥上如织的车流,陈总习惯性地估算着其中大众的汽车、品牌、型号和保养程度,同时暗暗思考着下午董事会上董事们提出的公司目前的发展瓶颈——面对越来越多的国际汽车品牌进入中国市场,以及国内自主品牌的产生和成长,大众汽车面临着前所未有的竞争。一方面,不断推向市场的新的型号、新的车辆概念,直接对大众的产品线进行冲击;另一方面,国际水准的营销手段对大众当时的营销体系带来挑战。公司目前的营销服务体系应该如何完善,应如何吸引顾客、保留顾客、不断提高顾客满意度,从而使顾客对企业忠诚?会议通过了CRM战略。陈总想,明天上午要召集各部门的负责人召开一次会议,希望各部门负责人能献计献策,根据公司和各部门的情况能尽快拿出配合企业CRM战略的实施方案。

1.1　上海大众汽车

上海大众汽车有限公司(以下简称上海大众汽车)位于上海西北郊安亭国际汽车城,占地面积333万平方米,建筑面积90万平方米,是目前国内生产规模最大的现代化轿车生产基地之一,年生产能力超过45万辆,产品包括桑塔纳、桑塔纳3000型、帕萨特、波罗、高尔、途安、斯柯达七大系列几十个品种。

公司成立于1985年3月,是中国改革开放后第一家轿车合资企业。上海大众汽车的诞生,结束了中国汽车工业"闭门造车"低水平徘徊的历史,开辟了利用外资、引进技术、加快发展的道路。20多年来,上海大众汽车自我积累、滚动发展,创下了我国轿车工业发展的新模式。经过合资各方多次追加投资,上海大众汽车的注册资本已从1985年的1.6亿元人民币达到目前的100亿元人民币;总资产由9.8亿元人民币增长到359.7亿元人民币。

在一个跨国界、跨文化、跨时代、跨技术的大背景下,上海大众汽车中德双方精诚合作,开拓前进,被称为"中德两国成功合作的典范"。公司曾连续八年荣获中国十佳合资企业称号,八度蝉联全国最大500家外商投资企业榜首,并连续九年被评为全国质量效益型企业。凭借质量、经济效益等方面的显著绩效,上海大众汽车成为了中国汽车行业中首家获得全国质量管理奖的企业。在发展里程中,上海大众汽车创下中国轿车工业多项第一。

2004年5月,大众汽车已着重致力于大众汽车集团(中国)的建立发展,并且由六人组成的董事会来领导,其任务是建立和开展大众汽车集团在中国的所有企业的各项业务。2002年初,随着POLO的投产,大众汽车在中国又建立了一座里程碑:作为第一家汽车制造商,上海大众汽车同时向中国市场推出了其全球首发的一款新车型,也以此引领着中国汽车工业向着具有全球竞争能力的方向迈进了一步。近几年,大众汽车加大了在中国的发展步伐,并在华投资了 3 亿欧元。大众拥有经过多年培训的研发人员,能够迅速加大在中国的开发速度,而上海大众汽车的设计开发中心已经着手设计生产符合中国人口味的全新车型,2005 年 11 月,最新的帕萨特领驭投放市场。

　　上海大众汽车在 1985 年开展其业务活动的同时,也开始在全国范围内着手建立服务网络。到 1986 年底,上海大众汽车已经在中国所有的省份建立了维修网点。在 90 年代中,随着一汽大众业务活动的开始,该服务网络也进一步承担起大众品牌和奥迪品牌车型的维修服务。自 2002 年起,为大众进口车提供销售和维修服务而建立的大众进口汽车销售有限公司以及经过严格挑选的几家独家代理商使大众汽车销售网络进一步得以扩充。2005 年,大众汽车共拥有大约 1 000 家经销和维修服务合作伙伴。因此,在中国的销售网点最为密集,也最直接地为客户提供多方面的服务。

1.2　我国的汽车行业

　　汽车工业是我国重要的支柱产业,它具有高投入、高产出、规模效益递增、产业关联度大、科技含量高、经济带动力强的特点,是典型的资金、技术密集型产业,对我国经济持续增长具有强大的推动力。中国正在逐渐成为新兴汽车生产基地,汽车工业成为我国实现新型工业化的重要载体。世界各国工业化发展的历史证明,在一个国家进入工业化中期阶段,从中期阶段到最后完成工业化和现代化,没有一个大国不是靠汽车工业的高速发展来完成这一过程的。近年来,我国汽车工业发展迅速,但从整体上仍然是国际竞争力较弱的产业。

1.2.1　我国汽车工业的总体态势

　　中国汽车工业经历了从无到有、从小到大和正在从大到强的变化。20 世纪 80年代中国实行改革开放后,汽车工业得到了快速发展,实力明显增强。国际各大汽车集团公司都先后在中国建立了合资、合作企业。目前中国汽车工业已基本满足国内市场需求,能够生产微型汽车、普及型轿车和中高级轿车,轿车的主要品种在性能、质量方面都已接近国际同类产品水平,轿车价格与国际市场的差距正逐步缩小,为中国轿车工业的进一步发展奠定了良好的基础。载货汽车和大中型客车产量迅速增长,技术水平不断提高。各类车型品种结构基本能满足中国汽车市场需求,并已建成比较完整的汽车工业生产体系。

　　回顾中国汽车工业 50 年的发展历程,从 1953 年到 1992 年达到 100 万辆产量时经过了近 40 年;从 1992 年到 2000 年用了 8 年时间完成了从 100 万辆到 200 万辆的增长；从 2000 年到 2002 年用了 2 年时间就实现了从 200 万辆到 300 万辆的增长；截至 2003 年年底，中国汽车行业仅用了 1 年时间就实现了从 300 万辆到 400 万辆的增长。2005 年中国汽车工业产销再创新高，累计产销汽车 570.773 7 万辆和 575.82 万辆。这表明中国汽车工业步入了一个高速增长的发展阶段，见表 1-1、图 1-1、图 1-2 所示。

表 1-1　2000～2008 年中国汽车产销量

年　　份	产量/万辆	销量/万辆
2000 年	206.90	208.86
2001 年	233.44	236.37
2002 年	325.00	324.80
2003 年	444.37	439.08
2004 年	507.05	507.11
2005 年	570.77	575.82
2006 年	727.97	721.60
2007 年	888.24	879.15
2008 年 1～5 月	435.50	433.70

资料来源：中国各年的统计年鉴、网上统计资料。

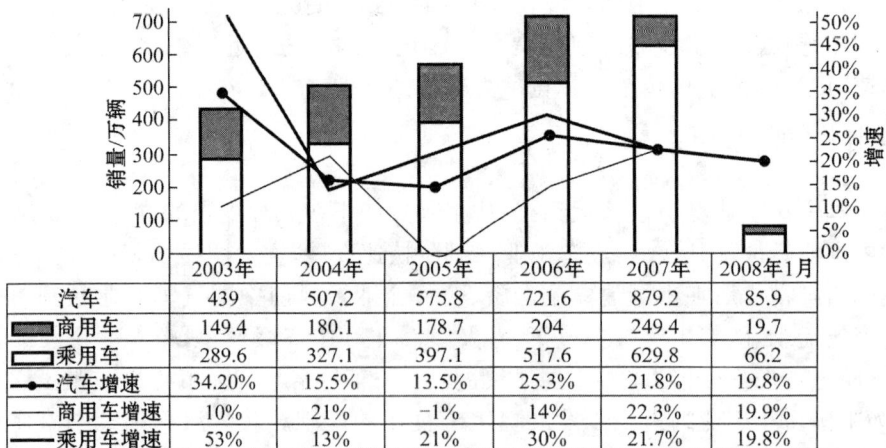

	2003年	2004年	2005年	2006年	2007年	2008年1月
汽车	439	507.2	575.8	721.6	879.2	85.9
商用车	149.4	180.1	178.7	204	249.4	19.7
乘用车	289.6	327.1	397.1	517.6	629.8	66.2
汽车增速	34.20%	15.5%	13.5%	25.3%	21.8%	19.8%
商用车增速	10%	21%	-1%	14%	22.3%	19.9%
乘用车增速	53%	13%	21%	30%	21.7%	19.8%

图 1-1　中国汽车市场历年销量增长分析

数据来源：搜狐汽车

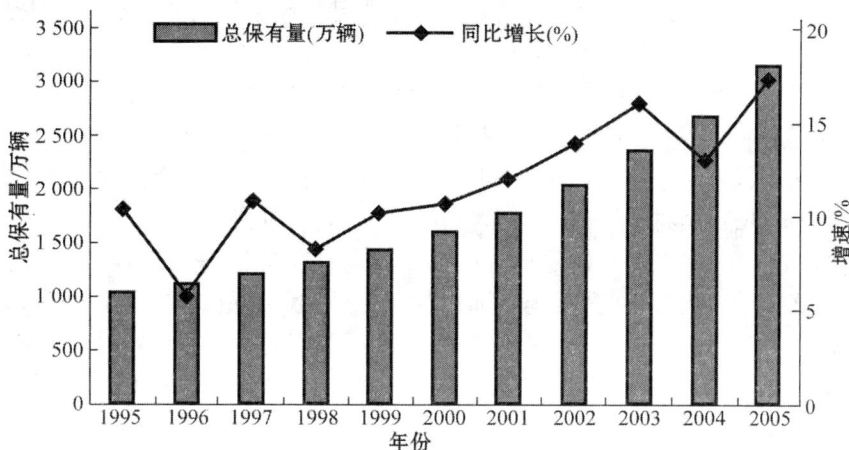

图 1-2　1995～2005 年中国汽车总保有量

数据来源：中国汽车工业协会

1.2.2　我国汽车工业的现状

从以上的数据可知，我国的汽车工业在绝对数量方面增长很快，行业的规模迅速扩大，但是就"质量"而言，存在着很多负面因素，制约着汽车工业的进一步高效发展。

1）产业组织结构与企业规模——分散、规模小

全国有 120 多家汽车生产厂家，分布在全国 27 个省、自治区、直辖市。其中产量超过 50 万辆的企业只有 2 家（一汽集团和上汽集团）。2003 年一汽集团和上汽集团汽车产量分别为 85.87 万辆、79.70 万辆，汽车工业排名第三的东风集团年产量仅为 47.30 万辆。而世界上汽车工业的几大巨头，年产能力起码也是 400 多万辆，而我国汽车工业全部产量 2003 年仅为 444.37 万辆左右，当时预计 2010 年才能达到 1 000 万辆。从控股关系来说，虽然有几十家汽车厂分别进入了一汽、东风、上汽等三大汽车集团，但从整体上看，中国汽车工业产业组织结构还是比较分散的。

就单个企业规模而言，中国汽车工业的前 3 名——一汽、上汽、东风汽车集团生产能力在 45 万辆至 90 万辆之间，规模经济效益开始显现。尽管如此，与世界级的汽车生产企业相比较，中国汽车工业企业的规模仍然偏小，在世界大汽车公司中排名较后的韩国现代汽车公司的生产能力为 250 万辆。就亚洲而言，中国也缺乏有影响力的汽车企业。

2）技术水平——较为落后

中国汽车工业的商用汽车开发能力具有一定的水平和经验，与世界先进水平有 5～10 年的差距。在产品系列化基础上，中国汽车工业企业已经可以做到每年

都推出大量的新产品。虽然中国汽车工业企业已经能够进行某些轿车车身的开发设计，但尚不具备成熟的、较高水平的整体轿车开发能力。中国主要轿车生产企业在新产品开发中主要承担的是把跨国公司的车型本土化的工作，对某些产品具有一定的升级改进能力，并且参加了某些联合设计。由于没有完整的轿车自主开发能力，中国的主要轿车产品没有自己的知识产权，这对我国汽车工业的发展是很危险的。

在汽车零部件的技术开发方面，中国汽车工业企业在某些中低附加值产品方面具有开发能力；在汽车关键零部件的技术开发方面具有一定能力，但是与国际先进水平存在较大差距。许多关键零部件仅仅是外国产品的仿制。以汽车发动机为例，中国汽车零部件企业生产的最先进发动机排放只能达到欧 2 标准，而发达国家则已经是欧 4 标准。中国汽车零部件企业批量生产的发动机只相当于国际 20 世纪 90 年代的水平。

3）制造能力——不断增强

中国汽车工业企业消化、吸收引进技术，引进车型国产化的能力迅速提高。相当一批引进车型在刚推向市场时，国产化率达 40% 左右。20 世纪 80 年代一个引进车型国产化率从 40% 到 80%，需要 7 年至 8 年，现在只需 3 年至 4 年。中国汽车工业企业零部件配套能力有了较大提高。在中低附加值汽车零部件制造方面由于民营企业进入较多，对市场反应能力也在迅速增强。

同时，由于中国汽车工业企业与国际大汽车公司进行了全面的合资，在主要汽车生产厂，主要生产制造环节的工艺装备水平有了较大提高。相当多的合资企业生产线装备是按照跨国公司生产标准引进的，有些企业还引进了柔性焊接生产线。由于合资企业要按照跨国公司要求组织生产，进入跨国公司的全球管理和质量监控体系，因此中国汽车企业在保证产品水平、质量的关键设备、工艺、管理制度等方面正在逐步与国际接轨。

4）市场运作能力——不断提高

随着市场的竞争加剧，企业都加大了促销力度，2001 年整个汽车行业的销售费用增速高出销售收入，增长近 20 个百分点。中国汽车企业在销售维修体系方面的建设也在加速，大汽车生产企业已经在全国建立了比较完整的销售系统。尽管如此，与国际大汽车公司相比，中国汽车企业的销售服务仍然是比较落后的。国际上围绕汽车销售发展起来的信贷、金融、保险、租赁已经相当完善，发达国家大汽车集团在此方面都具有相当强的实力，而中国汽车企业在此方面起步较晚。

国内许多品牌汽车的产销与售后服务是脱节的。部分厂家与其经销商的关系不是利益共同体的关系，而基本上把市场风险转嫁给了经销商，经销商主要收益靠厂家按销量给予的年终返利、奖励及新车的装饰、美容、保险等相应服务。中国汽车经销商往往只注重销售网点和营业厅的建设，对于维修服务投入相应较少。代理商经销网点功能更为单一,许多汽车生产企业不得不重新构筑另一套维修站、维修配件交易网。经销商销车功能与维修服务功能分离,直接影响汽车生产企业扩大市场占有份额。

1.2.3 汽车产业链

中国汽车产业的快速发展,将使得汽车销售、汽车维修、汽车金融等汽车服务业出现爆炸式的增长。在公务用车时期,汽车不是一般消费品,没有现代意义上的汽车销售市场,汽车金融更是一片空白。随着我国加入 WTO,外资被允许进入汽车服务业,这个汽车产业链的重要环节得到了空前的发展,吸引庞大的社会资金并产生大批新的就业岗位。

罗兰贝格公司 2003 年的一份报告指出,2010 年中国的汽车售后服务市场规模将达 1 900 亿元,在亚洲仅次于日本位居第二。与此同时,即使假设未来 20 年中国信贷购车的比例只有国外平均水平的一半,中国汽车金融业也将有 5 250 亿元的市场容量。

零部件市场及售后服务市场无疑将成为中国汽车产业链上的两颗明珠,而随着这两个市场的发展,中国汽车产业链将得以完善与延伸,并融入全球汽车产业链。根据科尔尼公司 2003 年对全球 103 家汽车行业上市公司的财务状况调查,2002 年全球汽车零部件制造行业的投资资本现金回报率(Cash Flow Return on Invested Capital,CFRIC)是 9%,汽车经销商行业是 10%,零配件零售商行业是 13%,而汽车制造行业仅仅是 5%。因此就国际上成熟市场而言,整车制造是一个高投入和低回报的行业。汽车制造业的上下游业务:零部件制造,汽车经销,汽车服务的整体盈利性要远好于汽车制造业本身。

1.3 企业经营现状

1.3.1 产品结构情况

上海大众汽车现在具有多个品牌的完备车型。

(1)桑塔纳:从 1984 年引进至今,上海大众汽车桑塔纳已经进行了几百项技术改进,陆续推出了 99 新秀、世纪新秀和俊秀等数种车型,技术含量不断提升,并一直保持着良好的销售势头,被誉为中国车坛的"常青树"。

(2)帕萨特:上海大众汽车帕萨特于 1999·年 12 月成功投产,迅速成为中高级轿车的经典之作。2005 年 11 月全新上市的 PASSAT 领驭在保持帕萨特品牌经典品质的同时,融合了更多符合中国消费者需求的元素,外形设计豪华动感,内部空间舒适精致,操控性能精确扎实。

（3）波罗:2002 年 4 月,代表着当今汽车工业国际先进水平的上海大众汽车波罗正式上市。在这款国际紧凑型家庭轿车最新车型的引进中,上海大众汽车真正实现了全球同步规划、同步生产、同步上市。

（4）高尔:2003 年 2 月,上海大众汽车推出两门紧凑型经济轿车高尔,开创了国内两门轿车产品之先河。随后,高尔系列产品不断涌现:四门高尔、两门运动版高尔旋风、四门高尔旋彩相继面世。

（5）桑塔纳 3000 型"超越者":上海大众汽车首款自主开发的产品——桑塔纳3000 型于 2004 年 3 月成功上市。作为桑塔纳 2000 型的垂直换代产品,"超越者"不仅外观更加时尚现代,空调系统、电控系统、舒适系统等也有较大的提升。

（6）途安:2004 年 11 月正式上市的上海大众汽车途安应用简洁、时尚的设计理念,兼具轿车的舒适、安全和 MPV 的多功能性,在家用、商务和休闲性上达到了完美结合,是国内第一款真正意义上的多功能轿车。

（7）斯柯达:2005 年 4 月 11 日,上海大众与斯柯达汽车公司在捷克共和国签署了合作协议,在欧洲享誉百年的斯柯达汽车品牌正式落户上海大众汽车。斯柯达品牌的引入,成为上海大众汽车多品牌战略的重要步骤。

各年销售情况如表 1-2 所示。

表 1-2　1999~2006 年上海大众汽车汽车销售情况

车型 年份	Santana B2	Santana 3000	Passat Classic	Polo HB	Polo NB	Gol	Touran	Passat Lingyu	Polo Jinqing	销量/辆
1999	129 817	94 547								224 364
2000	112 269	80 011	26 286							218 566
2001	109 037	78 093	54 951							242 081
2002	98 667	95 356	79 054	28 635						301 712
2003	122 663	92 892	122 445	40 391	10 597	7 035				396 023
2004	132 719	90 339	74 877	15 192	21 442	19 767	670		18 088	355 006
2005	104 197	66 152	63 331	13 147	12 482	16 369	4 243	7 197	50 031	287 118
2006	88 074	82 365	6 562	12 007	7 520	9 059	9 057	104 328	68 119	352 908

1.3.2　售前情况

1) 没有进行系统的客户细分和详尽的客户信息管理

上海大众汽车有限公司现行的客户信息登记办法和内容已不能满足实施CRM 系统所需的数据量。而且最主要的问题是由于汽车市场多年来一直处于"卖方市场"的局面,造成汽车销售管理工作松懈,一些规章制度流于形式。销售人员对客户信息的重要性重视不够,往往造成客户信息的可信度下降,对服务及以后的企业决策造成误导。如果是汽车信贷时客户信息了解不准确的话,企业将面临更大损失。对客户信息的系统分析也相对不足,无法支持 CRM 系统的全面启动。

2) 客户行为分析方法落后

上海大众汽车有限公司关于客户行为的调研开展得很少,而且多是为了调研而调研,即调研结束后没有根据结果做出科学系统的分析以辅助管理层进行科学决策。由于相关人员的业务素质及信息技术的限制,目前还不具备通过研究结果对客户的行为、偏好、客户的潜在流失风险、信用等进行科学预测能力,仅仅通过手工凭经验进行分析预测,准确性很低,不足以作为辅助决策的有效信息。

1.3.3 销售情况

上海大众汽车在中国已有 20 年的经营历史,车辆保有量达到 300 万辆,用户和经销商遍布中国内地的 31 个省市自治区。为了保证所有的用户可以便捷地享受车辆的售后服务,上海大众汽车在 1999 年就成立以提供售后服务为主导的呼叫中心 9500-0789,但大众实施 CRM 前的 1996～2001 年销售踟蹰不前,业绩不佳。如表 1-3 所示。

表 1-3 1996～2001 年大众汽车销售情况

	单 位	1996 年	1997 年	1998 年	1999 年	2000 年	2001 年
销售量	辆	200 031	230 186	235 020	230 699	222 216	230 050
销售收入	百万元	24 306.74	26 316.35	25 203.88	26 740.74	28 697.51	31 735.6

1.3.4 业务流程

公司的业务流程大多是围绕着"产品"而不是围绕着"客户"的宗旨去设计的,因此各部门只关注本部门的工作、只从自身的利益出发,但从客户的角度来看,企业完整的业务流程被割裂,各部门相互扯皮,致使手续繁多,效率低下。这样不但降低了客户满意度,也损害了企业与客户的长期合作关系。

1.3.5 实施客户关系管理的利润空间

从相关人士对汽车价值链的分析可以看出,汽车的保养、维修、保险、租赁等方面的利润比新车销售利润要高出很多。一些美国汽车行业统计数字显示:"每个车主每隔 6 年会购买一部新车;每卖出 100 辆汽车,有 65 辆是经销商的老客户买走的；开发一个新客户的成本是保留一个老客户的 5 倍；保留客户的比率每增加 5%，企业获利就可能增加 25%～95%。"而且，CRM 的价值必将拓展到客户用车的整个生命周期上，这样其掘金的功能才能最大程度发挥出来。作为中国最早的轿车生产企业，上海大众汽车目前拥有 300 万老客户，这是上海大众汽车的最大财富。如何通过老客户的维修、保养、置换汽车赢得更多利润是上海大众汽车必须尽早解决的问题。

以上存在的问题说明实施 CRM 迫在眉睫。

1.4　上海大众汽车 CRM 战略及其实施

鉴于企业上述情况，公司决定实施 CRM 战略，2001 年底开始筹划 CRM 项目，2002 年初正式启动实施。上海大众汽车的 CRM 通过小规模试点（Pre-pilot）、局部实验（pilot）、全面推行（Roll-out）的三步式实施方式，顺利完成了第一阶段的目标。CRM 项目不仅在公司内部各部门得到了一致的认可，同时在上海大众汽车遍布全国的经销商网络中得到了广泛的使用，成为上海大众汽车市场销售的助推器。

2005 年上海大众汽车的 CRM 项目在继续保持原有的特色的基础上，在执行中不断优化潜在用户的沟通策略、不断完善经销商广域网的功能。通过上海大众汽车高管层的策略推进，CRM 项目在深度和广度上面有了实质的进展。

1.4.1　实施 CRM 第一阶段决策

上海大众汽车于 1999 年在国内率先成立了以提供售后服务为主导的呼叫中心 9500-0789。售后服务呼叫中心以每一辆车为基本沟通单元，对每一个用户的来电都详细进行了记录，从当时的市场环境来看，上海大众汽车的这一策略无疑具有相当的前瞻性。作为上海大众汽车售后服务面对社会的一个窗口，有效地连接了用户、上海大众汽车、维修站三者之间的沟通。但受限于当时市场营销理念和 IT 技术能力，呼叫中心系统的设计和开发主要以满足呼叫中心的运营为出发点。以解答客户用车过程中的问题以及处理用户投诉为主要目的，同时肩负一定的用户信息搜集、批量故障汇总分析以及信息发布的任务。

2002 年随着上海大众汽车 CRM 项目的启动以及营销业务的进一步推广，2002 年上海大众汽车成立了以产品/市场信息发布、潜在客户发展、客户关系联络、上海大众汽车/经销商客户营销支持、公司/地区市场活动支持、销售及售后用户满意度回访等功能于一体的销售呼叫中心：800-820-1111。成为上海大众汽车市场销售和车主维系面对社会的一个重要窗口，有效地联结了用户、上海大众汽车、经销商三者之间的沟通，截至 2005 年 6 月，月呼入量已经达到了近 30 000 通。

1.4.2　实施 CRM 的第二阶段决策

1）整合呼叫中心

在上述呼叫中心的基础上,上海大众汽车决定基于 800 呼叫中心使用的先进的 CRM 平台,全面整合销售咨询和售后服务两大呼叫中心,以使呼叫中心整合涵盖办公地点的整合、应用系统和平台的整合、数据的整合、人员和运营管理的整合;成立一个完整意义的上海大众汽车客户服务中心。在统一的 CRM 策略指导下,实现了统一的客户沟通档案及其管理。

2）建立经销商自营 CRM 系统

作为上海大众汽车营销与服务的前沿阵地,广大的经销商/维修站成员既是潜在用户的发掘者、市场的开拓者、产品的销售者,又是售后服务的提供者、忠诚客户的维系者。通过与经销商的交流可以发现,经销商都非常清楚地意识到对潜在用户和现有用户进行关系营销是市场销售的必然趋势,也有迫切的需求对自己的用户数据进行关系营销。但由于经销商个体规模、能力的限制,虽然各经销商都获取并掌握了一定的潜在客户数据,但缺乏有效的机制和系统,合理的管理和整合这些高价值的数据,造成了资源的大量浪费。如何更好地提升经销商潜在客户的开发和维系能力、市场的推广能力以及售后服务能力和忠诚客户的塑造能力成为上海大众汽车 CRM 项目实施第二阶段的重点。

上海大众决定 2005 年启动经销商自营客户关系管理项目,开发一个以经销商自我管理、自我经营的经销商 CRM 系统,并免费向所有上海大众汽车特许经销商提供,用于经销商管理依靠通过市场拓展获得的,属于自己的潜在客户信息。经销商自营 CRM 系统架构如图 1-3 所示。

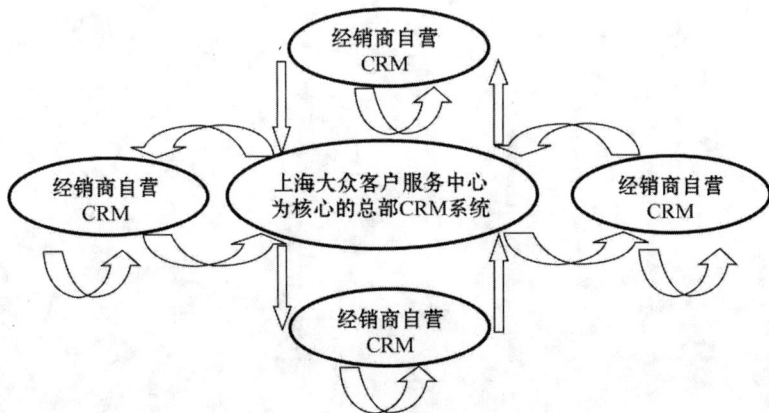

图 1-3　上海大众汽车经销商自营 CRM 系统架构

经过不断地推进,上海大众汽车经销商网络成员能够熟练运用该系统进行客户信息的搜集及管理,以提升经销商市场营销能力,同时也为上海大众汽车的客户关系管理积累必要的信息和经验,为从总部层面全面开展 CRM 业务打下坚实的基础。

3) 建立车主俱乐部

作为上海大众汽车客户忠诚度计划执行过程中的一个重要步骤,上海大众汽车计划成立面对所有品牌车主的上海大众汽车车主俱乐部。上海大众汽车车主俱乐部是由上海大众汽车管理的、和车主进行沟通的渠道和平台。通过俱乐部上海大众汽车可以为车主提供多元化和人性化的增值服务,从而整体上提高车主满意度和忠诚度,促使车主形成对上海大众汽车的品牌依赖。为了确保上海大众汽车为车主提供的服务,俱乐部的运营制定了详细的规划,建立了基础、机制和内容三大要素。

案例思考

1. 请构建企业实施 CRM 的战略框架体系。
2. 试分析上海大众汽车实施 CRM 的过程与步骤。
3. 上海大众汽车实施 CRM 对其他企业有何借鉴?

CRM 核心理念

案例 2　"海底捞"的服务

案例摘要

近几年,海底捞餐厅已经成为餐饮界的一个热点现象,吸引了众多媒体的关注,也引来了学术界的研究、企业界的学习,甚至是风投公司的青睐。2010 年 7 月中央电视台 2 台的《商道》就做了一期节目"发现身边的商机——海底捞火锅"。北大光华管理学院两位教授也曾对海底捞进行了一年多的深入研究,甚至派人"卧底当服务员,总结出海底捞的管理经验"。百胜中国曾经将其区域经理年会聚餐的地点选在了海底捞的分店,观摩整个服务流程和服务员的服务,其目的是"参观和学习,提升管理水平"。此后还有其他各路人马前往海底捞学习。在大众点评网、饭统网等网站上,"海底捞"一直牢牢占据着几大城市"服务最佳"榜单的前列。

是什么样的魅力让业界对海底捞如此痴迷？海底捞的过人之处何在？消费者从海底捞竟捞到什么？海底捞处在火锅这样技术含量不高的行业,是什么让海底捞的员工创造出令人美慕的高昂士气、充满激情的员工团队和出色的业绩？如此骄人的业绩,只是因为该公司关注了两个指标:追求顾客满意度和员工满意度,并努力提高它们。本案例展示了该公司是如何让顾客和员工满意的。

关键词

服务　顾客满意度　员工满意度

案例导读

1994 年,还是四川拖拉机厂电焊工的张勇在家乡简阳支起了 4 张桌子,利用业余时间卖起了麻辣烫,其后转为火锅店。他自称最初既不会装修,也不会炒料,店址选在街的背面,连毛肚是什么都不知道。创业初期生意清冷,很是艰难。一次,好不容易招来了一桌客人,张勇极尽热情地提供服务,客人对其殷勤的服务也大加赞扬,然而客人走后,留下了许多未吃完的料,张勇一尝,难以下咽,才知火锅尽是苦味。原来底料全是中药味,张勇很是羞愧,但在羞愧之余不禁深思,如此的苦味客人却还能原谅,这是为什么？

2.1　海底捞餐饮有限公司

海底捞餐饮有限公司是一家经营火锅的企业,目前拥有万余名员工,拥有一批食品、饮食、营养、工程、仓储、管理方面专家和专业技术人员，是一家以经营川味火锅为主，融汇各地火锅特色于一体的大型跨省直营餐饮民营企业，拥有 50 家直营分店，直营店经营面积超过 5 万平方米，具有四个大型配送中心和一个投资 2 000 多万元人民币、占地约 20 余亩大型生产基地（获得 HACCP 认证、QS 认证和 ISO9001 国际质量体系认证）。公司年营业额超过亿元，纯利润超过千万，曾先后在四川、陕西、河南等省荣获"先进企业"、"消费者满意单位"、"名优火锅"等十几项光荣称号和荣誉。2006 年，海底捞火锅成为国际烹饪联合会团体会员，同年被中国烹饪协会评为会员单位。2007 年，公司喜获四川省著名商标称号，并获得大众点评网 2007 年至 2008 年度"最受欢迎 10 佳火锅店"及"2007 年最受欢迎 20 佳餐馆"奖项。公司还获得由 CECA 国家信息化测评中心颁发的"2008 年度中国企业信息化 500 强的入选企业"，2008 年公司荣获《当代经理人》杂志举办的中国餐饮连锁企业十强第一名。

公司始终高扬"绿色，健康，营养，特色"的大旗，致力于在继承川味原有的"麻，辣，鲜，香，嫩，脆"基础上，不断开发创新，以独特、纯正、鲜美的口味和营养健康的菜品，赢得了顾客的一致推崇和良好的口碑。公司始终坚持"绿色，无公害，一次性"的选料和底料熬制原则，严把原料关、配料关，16 年来历经市场和顾客的检验，成功地打造出信誉度高，颇具四川火锅特色，融汇巴蜀餐饮文化"蜀地，蜀风"浓郁的优质火锅品牌。

近年来，海底捞以每年平均开拓 7 个店的速度发展，并取得了优异的成绩，得到社会各界的高度赞扬。

2.2　我国餐饮业及火锅行业概况

2.2.1　我国的餐饮行业

目前，餐饮业已经成为我国服务业的支柱性行业，在扩大内需、繁荣市场、吸纳就业和改善群众生活质量等方面正发挥越来越重要的作用。尤其是面向中低端消费群体的大众化餐饮，由于其具有服务对象范围广、消费便利快捷、经营方式灵活、营养卫生安全、价格经济实惠等特点，正越来越受到百姓的欢迎。目前，餐饮消费继续成为拉动消费需求快速增长的重要力量，其中作为大众化餐饮典型代表的快餐业占到三分之一强，快餐业、大众化餐饮有着巨大的市场发展空间。据预测，2008～2013 年 5 年内，我国餐饮业将实现年均 18% 的增长速度，到 2013 年，零售额将达到 3.3 万亿元人民币，吸纳就业人口超过 2 500 万人，并初步形成以大众化餐饮为主体，各种餐饮业态均衡发展，总体发展水平基本与居民餐饮消费需求相适应的餐饮业发展格局。

目前,中国餐企业已经十分注重品牌的塑造和企业规模的扩大。通过连锁经营和特许经营等多种方式,中国餐饮业正积极进军海外市场。中国的餐饮市场中,正餐以中式正餐为主,西式正餐逐渐兴起,但目前规模尚小;快餐以西式快餐为主,如肯德基、麦当劳、必胜客等,是市场中的主力,中式快餐已经蓬勃发展,但当前尚无法与"洋快餐"相抗衡。随着中国经济及旅游业的发展,餐饮行业的前景看好,在未来几年内,中国餐饮业经营模式将多元化发展,国际化进程将加快,而且绿色餐饮必将成为时尚。

2.2.2 我国的火锅行业

中式火锅企业俗称中式快餐,它方便、快捷、实惠的特点与中式餐饮类似,不同的是它的后厨要求用人少,多数后厨操作技术含量低,大厨师傅掌握核心技术就可以完成,因此,火锅企业相对中餐企业而言,比较简单,容易复制,许多火锅企业大多以特许经营的商业模式在全国市场上进行市场经营运作,企业扩张发展速度、营运规模相对中餐酒楼要快多了。火锅业经过多年的发展,特别是近三十年的民营企业发展,造就了一批有一定规模的火锅企业。然而,火锅企业能够做到上市企业规模数量的火锅则屈指可数,这与我们庞大的消费群市场极不融合。而且,大多火锅企业都处在区域品牌的运营层面上,经营规模和数量不多,与国外洋快餐相比,从经营规模、经营数量、盈利空间、运营能力和管理水平等方面有着相当大的差距和不足。

火锅是中国独创的美食,竞争激烈。20世纪80年代中期,火锅业抓住改革开放的机遇,开拓创新发展,取得了显著的成绩。尤其是近几年来,火锅业的迅猛发展引起了全社会的注目,以东来顺等为代表的老字号企业焕发新春,再塑辉煌;以小肥羊、小尾羊、重庆德庄、秦妈等为代表的新型火锅企业,锐意进取,异军突起。以海底捞为代表的注重服务、火锅企业的连锁经营步伐逐渐加快,连锁店网点数量不断增加,连锁经营的区域也日益拓展,企业规模和实力不断增强,知名品牌不断涌现,进入餐饮业年度百强榜的企业家数量也越来越多,为全国餐饮业的快速发展发挥了巨大的推动和促进作用。

经过数十年的发展,火锅的划分更加细化。按照地域和风味流派来划分,传统火锅可分为南派与北派两大体系。南派以川渝麻辣火锅为代表,北派以北京、内蒙古的清汤涮肉火锅为代表,其他还有江浙的菊花火锅、一品锅,广东的打边炉、粥底火锅,云贵的酸汤火锅、菌类火锅,以及新兴的海鲜火锅、豆捞火锅等。按照经营模式划分,又可分为传统火锅、时尚火锅、休闲便捷火锅、高档精品火锅。按照口味划分,有麻辣火锅、清汤火锅、酸汤火锅、鸳鸯(多味)火锅。按涮料的商品学分类,又有羊肉、肥牛肉、鱼、鸡、菌类火锅等等。按照所用热源划分,又分炭火锅、电火锅、燃气锅、电磁锅等。随着餐饮业交流借鉴的日趋广泛,火锅各流派之间的风味差别也逐渐淡化,适应面越来越广。

十多年来,我国餐饮业保持了两位数的增长,火锅的发展更是很特别。伴随着餐饮业的发展火锅是其中发展最快的项目之一,目前全国餐饮火锅的数量在 20 万家左右,年营业额达 1 400 亿元人民币以上,在全国餐饮业百强中火锅占其三成。火锅在其改革开放 30 年最大的变化就是成为了一个独立的业态,从餐饮业的服务体系中脱颖而出,并且发展速度很快,形成了一个产业现象,形成了上游有种植业、养殖业这样一个支持体系,也形成了一个工业化的生产加工体系,有其物流配送,并通过连锁经营,品牌不断推进。火锅发展到今天,已经远远超出了以往人们对火锅的概念,可以满足顾客不同的消费需求。随着火锅行业的发展,一些企业根据自身特色,不断发展壮大品牌,从千万火锅大军中脱颖而出,形成了中国乃至世界知名的餐饮品牌,海底捞就是其中之一。

火锅业的快速发展得益于它的以下几大特点:首先,火锅是一种适合多种消费层次的餐饮形式,有足够的消费群体。火锅取材多样,吃法灵活,精细相宜,价位适中,可适应各类消费者的不同需求。其次,火锅更易标准化,而且其产品单一、生产加工环节少、底料和调料的统一配置,能够保证产品的稳定性和一致性,便于复制,有利于总部的管理指导。第三,容易建立产业链条,获得规模经济效益。

2.3　海底捞的服务

出乎意料,海底捞考核一个店长或区域经理的主要标准不是被很多企业视为最高指标的营业额和利润,而是顾客满意度和员工满意度。用海底捞副总经理袁华强的话说:"超越顾客期望为海底捞赢得了名声,而让为顾客创造感觉的员工过得舒适才是海底捞的安身立命之道。"

2.3.1　追求顾客满意度——为顾客提供"五星级"服务

管理真是一门实践的艺术,没读过大学,没受过任何管理教育的张勇,在根本不知道竞争差异化是何物时,竟在偏僻的四川简阳悟出了服务差异化战略,而且把这个战略成功灌输到所有一线员工。

怎么才能让顾客体会到差异化服务?张勇通过经营实践总结出:就是要超出客人的期望,让人们在海底捞享受在其他火锅店享受不到的服务。要做到这点不能仅靠标准化的服务,更要根据每个客人的喜好提供创造性的个性服务。从洗菜、点菜、传菜、做火锅底料、带客人煮菜、清洁到结账,做过火锅店每一个岗位的张勇深知,客人的需求五花八门,单是用流程和制度培训出来的服务员最多能达到及格的水平。制度与流程对保证产品和服务质量的作用毋庸置疑,但同时也压抑了人性,因为他们忽视了员工最有价值的部位——大脑。让员工严格遵守制度和流程,等于只雇了他的双手。这是最亏本的生意,因为人的双手是最劣等的机器,论力气和每个动作之间的偏差,根本比不过机械。人最值钱的是大脑,因为他有创造力。服务的目的是让顾客满意,可是客人的要求不尽相同。有人要标准的调料,有人喜欢自己配;有人需要两份调料,有人连半份都要不了;有人喜欢自己涮,有人喜欢服务员给他涮。有人不喜欢免费的酸梅汤,能不能让他免费喝一碗本该收费的豆浆?碰到牙口不好的老人,能不能送碗鸡蛋羹、南瓜粥?让客人满意不可能完全靠标准化的流程和制度,只能靠一线服务员临场靠自己的判断完成。如果碰到流程和制度没有规定的问题,就需要大脑去创造了。比如客人想吃冰激凌,服务员要不要到外面给他买来?这里的服务很"变态",餐前,当你在等位时,这里有人给你提供很多免费服务;餐中,会有服务员想你之所想,提供各种贴心的服务;餐后服务员还可以为你提供你意想不到的服务。

在海底捞,服务项目数不胜数,以下是概括出来的一些差异化服务的环节与细节:

1) 代客泊车

每一家海底捞门店都有专门的泊车服务生,主动代客泊车,停放妥当后将钥匙交给客人,等到客人结账时,泊车服务生会主动询问:"是否需要帮忙提车?"如果客人需要,立即提车到店门前,客人只需要在店前稍作等待。如果你选择在周一到周五中午去用餐的话,海底捞还会提供免费擦车服务。按照顾客的话说,"泊车小弟的笑容也很温暖,完全不以车型来决定笑容的真诚与温暖程度"。

2) 让等待充满欢乐

如果没有事先预订,你很可能会面对较为漫长的等待,不过过程也许不像你想象的那么糟糕。晚饭时间,北京任何一家海底捞的等候区里都可以看到如下的景象:大屏幕上不断打出最新的座位信息,几十位排号的顾客吃着免费水果,喝着免费的饮料,享受店内提供的免费上网、擦皮鞋和美甲服务,如果是一帮子朋友在等待,服务员还会拿出扑克牌和跳棋供你打发时间,减轻等待的焦躁。排队等位也成了海底捞的特色和招牌之一。

3) 节约当道的点菜服务

如果客人点的量已经超过了可食用量,服务员会及时提醒客人,可想而知这样善意的提醒会在我们的内心形成一道暖流。此外,服务员还会主动提醒食客,各式食材都可以点半份,这样同样的价钱我们就可以享受平常的两倍的菜色了。

4) 及时到位的席间服务

大堂里,女服务员会为长发的女士扎起头发,并提供小发夹夹住前面的刘海,防止头发垂到食物里;戴眼镜的朋友可以得到擦镜布;放在桌上的手机会被小塑料袋装起以防油腻,每隔15分钟,就会有服务员主动更换你面前的热毛巾,如果你带了小孩子,服务员还会帮你喂孩子吃饭,陪他/她在儿童天地做游戏,使顾客能轻松快乐地享受美食。当然给每位进餐者提供围裙更是一道靓丽的风景线。

5) 星级般的 WC 服务

海底捞的卫生间不仅环境不错,卫生干净,而且还配备了一名专职人员为顾客洗手后递上纸巾,以便顾客能够擦干湿漉漉的手。

6) 细致周到的餐后服务

餐后,服务员马上送上口香糖,一路遇到的所有服务员都会向你微笑道别。一个流传甚广的故事是,一个顾客结完账,临走时随口问了一句:"有冰激凌送吗?"服务员回答:"请你们等一下。"五分钟后,这个服务员拿着"可爱多"气喘吁吁地跑回来:"小姐,你们的冰激凌,让你们久等了,这是刚从易初莲花超市买来的。"

"超越客户期望"的服务为张勇赢来了客户。在大众点评网北京、上海、郑州、西安的"服务最佳"榜单上,海底捞从未跌出前两位。北京分店平均单店每天接待顾客 2000 人,单店日营业额达到了 10 万。

2.3.2　让员工满意——高的内部服务质量

海底捞制胜的法则是:让员工"用心"服务每一位顾客。可是,如何让服务员也像自己一样用心呢? 毕竟,自己是老板,员工只是做一份工作而已。张勇的答案是:让员工把公司当成家,他们就会把心放在工作上。为什么? 一个家庭不可能每个人都是家长,如果每个家庭成员的心都在家里的话,大家都会对这个家尽可能做出贡献。那么,怎样才能让员工把海底捞当成自己的家? 张勇觉得这简单得不能再简单了:把员工当成家里的人。为此,海底捞从如下方面让员工感觉是海底捞家中的一员。

1) 良好的福利

张勇认为要把员工当成家里人对待,首先就得给员工提供良好的待遇。在整个餐饮行业,海底捞的工资只能算中上,但是隐性的福利却比较多。在人们的理解中,餐饮服务业的员工往往住在潮湿的地下室里,蓬头垢面。但是海底捞的员工都住在公司附近正式的公寓楼里,可以享受到 24 小时的热水和空调。为了减少员工外出上网可能带来的危险,公司还为每套房子都安装了可以上网的电脑。而且,海底捞为员工提供的住房非常方便,他们只需步行 20 分钟就能到工作地点。不仅如此,海底捞还雇人给员工宿舍打扫卫生,换洗被单。海底捞还想到了员工的父母,公司每月将优秀员工的一部分奖金直接寄给他们在家乡的父母。员工的工装是 100 元一套的衣服,鞋子也是李宁牌的,公司还鼓励夫妻同时在海底捞工作,且提供有公司补贴的夫妻房。公司提倡内部推荐，于是越来越多的老乡、同学、亲戚一起到海底捞工作。

除了给他们提供良好的生活环境，海底捞还为员工提供休疗养计划。如 2007 年春节，海底捞北京地区的两千多名员工就享受了一同去郊区泡温泉浴的待遇。此外，海底捞还为员工子女提供教育条件，在四川简阳建了一所私立寄宿制学校，海底捞员工的孩子可以免费在那里上学，只需要交书本费。

这让海底捞的运营成本相对较高。单是住宿一项，海底捞一年中一个店给员工租房的费用就得花费 50 万。这么高的成本费用，必须靠高营业额才能支撑。海底捞较出色的店一天翻台的次数是七次，而最差的不会少于四次。因为按照餐饮业的一般规律，除去高端饭店外，一天三轮的利用率是要亏本的。"在这么大众化的消费群体里，要尽可能地多翻台。"

"按照这么高强度的工作量，我们给员工所提供的仍然是不够的"，在海底捞公司看来，员工和企业之间这种相辅相成的关系，可以让员工感觉到物有所值。企业为员工考虑得更多一些，他就会增加对企业的责任感。

2）晋升——用双手改变命运

中国餐饮业没有全国性的品牌，原因是中国各地口味差异很大。四川火锅大同小异，顾客唯一能感受到的差别就是服务。餐饮业与顾客接触最多的是服务员，也就是大家通常说的"农民工"。他们大多来自农村，怀着梦想来到城里，希望通过自己的辛勤劳动改变命运。据此，张勇先生提出了"双手改变命运"的企业价值观，希望能打造一个平台，让员工在这个平台上通过努力实现自己的人生价值。

海底捞的管理层很少有"空降兵"，除了少数技术型很强的岗位，其他都是从基层服务员干起。海底捞对员工的考核采用自评和考评相结合的形式，达到一定的标准就可以升职。张勇设计的绩效考核和晋升模式，让每个员工看到了自己广阔的发展前景，让海底捞人感到自己只要努力工作就会有更好的发展，更重要的是海底捞的晋升制度让他们看到了真切的希望。任何新来的员工都有三条晋升途径可以选择。

管理线的晋升途径：新员工——合格员工——一线员工——优秀员工——领班——大堂经理——店经理——区域经理——大区经理。

技术线的晋升途径：新员工——合格员工——一级员工——先进员工——标兵员工——劳模员工——功勋员工。

后勤线的晋升途径：新员工——合格员工——一级员工——先进员工——办公室人员或者出纳——会计、采购、技术部、开发部等。

学历不再是必要条件，工龄也不再是必要条件。这种不拘一格选人才的晋升政策，不仅让这些处在社会底层的员工有了尊严，更是在这些没上过大学的农民工心里打开了一扇亮堂堂的窗户：只要努力，我的人生就有希望。对他们来说，袁华强就是一个很好的榜样。他是农村人，高中毕业，19 岁加入海底捞，最初的职位是门童，现在是北京和上海地区总经理。他说："只要正直、勤奋、诚实，每个海底捞的员工都能够复制我的经历。"这样的事例确实不少。区域经理林忆只有 21 岁，掌管海底捞西单、牡丹园等三个店。店长王燕只有 22 岁，独立管理着几百名员工，每天接待上千名顾客，每年创造几千万的营业额。这些员工不曾读过大学，但是他们脸上有着名牌大学毕业生未必能有的自信。

3）信任与平等

人是群居动物，天生追求公平。海底捞知道，要让员工感到幸福，不仅要提供好的物质待遇，还要让人感觉公平，被人信任。没有管理才能的员工，通过任劳任怨的苦干也可以得到认可，普通员工如果做到功勋员工，工资收入只比店长差一点。海底捞的员工很少从社会招聘，大部分是现有员工介绍来的亲戚朋友。在大家彼此都熟悉的环境里，无论好的或是坏的，都容易蔓延和生长。作为公司的创始人，张勇在极力推行一种信任平等的价值观。基于一切以为客户服务为重和对员工的信任，海底捞给一线服务员的授权很大，包括可以为客户免单的权力。每个员工都有一张卡，员工在店里的所有服务行为，都需要刷卡，记录在案。这种信任，一旦发现被滥用，则不会再有第二次机会。

"公司给你的总是超出预期，所以你就会死心塌地地为公司干。"2007 年 7 月通过猎头公司进入海底捞的现任物流中心副总的高岩峰，这样谈出自己的体会。刚进入公司一个月，他就参加了公司安排的西安交大 MBA 为期 1 年的学习，每次上课来回的飞机票和其他费用都由公司方面支付。2008 年年初，公司又把比较核心的技术部门交给过去并无经验的他来管理，对于他这个"外人"而言，"实在是没想到"。高岩峰在公司里被大家称为"高老师"，因为有些员工拜他为师，学习采购和物流管理。

作为北方区的总负责人，袁华强每个月都有一项特殊的任务：去员工的宿舍生活三天。目的在于体验员工的衣食住行是否舒适，以便及时地改善。员工对待他，从来不叫"袁总"，而是亲切地唤他"袁哥"。在海底捞分店，他与同来自家乡的小服务生随意地开着玩笑，互相拍着肩膀。"在海底捞，店长也可以跟普通员工一起，去给客人端锅打扫。"

在袁华强看来，很大程度上，这得益于张勇充满理想主义的"人生而平等"的价值观念。现在海底捞的核心高管，除了财务和工程师是外聘外，其他都是在海底捞从基层开始，一步步走到现在的普通人。袁华强几乎干过海底捞所有的职务：门童，厨师，洗碗工……从最底层成长起来的亲身经历让那些海底捞的管理者保持着一颗平常心。在最近一次的公司高层会议上，员工早餐被重新提到议事日程上。

"希望能够尽量让员工每天都可以品尝到不同的饭菜,如果某日员工不吃饭,我们会反省,是不是你给他提供的不够好?"袁华强说,"太多人往高处走的时候,都忘记自己原本的样子了"。

4) 平台、授权

聪明的管理者能让员工的大脑为他工作。要让员工的大脑起作用,除了让他们把心放在工作上,还必须给他们权力。200 万元以下的财务权都交给了各级经理,而海底捞的一线员工都有免单权。不论什么原因,只要员工认为有必要,都可以给客人免费送一些菜,甚至免掉一餐的费用。在其他餐厅,这种权利起码要经理才会有。聪明的管理者能让员工的大脑为他工作,当员工不仅仅是机械地执行上级的命令,他就是一个管理者了。按照这个定义,海底捞是一个由几万名管理者组成的公司。如果说张勇对管理层的授权让人吃惊,那么他对一线员工的信任更让同行匪夷所思。张勇的逻辑是:客人从进店到离店始终是跟服务员打交道,如果客人对服务不满意,还得通过经理来解决,这只会使顾客更加不满,因此把解决问题的权利交给一线员工,才能最大限度消除客户的不满意。

有人会问:难道张勇就不怕有人利用免单权换取个人利益? 这种情况确实发生过,只不过极少,而且那些员工做第二次的时候就被查处开除了。

两个因素决定海底捞一线员工不会滥用免单权:

第一,管理层除了财务总监和工程总监外,全部从服务员做起。

这条政策极端到包括厨师长的职位,理由是不论你的厨艺有多好,没有亲自服务过客人,就不会知道服务员需要什么样的后厨支持才能把客人服务好。袁华强就是一例。至今他还骄傲地说,我是超一流服务员,可以一个人同时照顾 4 张台。他和手下每一层的管理者都非常清楚,什么时候必须用免单的方式才能让客人满意。因此,作弊的人怎能骗过他们?

第二,人的自律。人都有邪恶和正义两重性,两者谁占上风经常是生存环境使然。

孟子有言:君视臣如手足,则臣视君如腹心;君视臣如犬马,则臣视君如国人;君之视臣如土芥,则臣视君如寇仇。海底捞把员工视为手足,员工自然把海底捞当做自己的心脏来呵护。那些被偷垮的餐馆,可以想象员工在那里受到的轻视。设身处地想想看,如果你既喜欢这个工作,又感激这个公司,特别是你还在意亲戚朋友、同学和老乡对你的看法,你愿意用几百元钱去交换它们吗? 如果对员工连这样的信任都没有,你怎么能期望员工把心给你?

当员工不仅仅是机械地执行上级的命令,他就是一个管理者了。按照这个定义,海底捞的员工都是管理者,海底捞是一个由几万名管理者组成的公司! 难怪张勇说:"创新在海底捞不是刻意推行的,我们只是努力创造让员工愿意工作的环境,结果创新就不断涌出来了。"如果你是海底捞的同行，想想看，你怎么跟这么多个总是想着如何创新的脑袋竞争？

5）培训员工

海底捞把培养合格员工的工作称为"造人"。张勇将造人视为海底捞发展战略的基石。海底捞要求每个店按照实际需要的 110％ 配备员工，为扩张提供人员保障。海底捞这种以人为本、稳扎稳打的发展战略值得不少中国企业借鉴。其员工的入职培训很简单，只有 3 天。主要讲一些基本的生活常识和火锅服务常识。真正的培训是在进入门店之后的实习中，每个新员工都会有一个师傅传帮带。"新员工要达到海底捞优秀员工的水平，一般需要两到三个月的时间"。袁华强解释。体会海底捞的价值观和人性化的服务理念，学会处理不同问题的方法，比起那些固定的服务动作规范困难多了。

为了保证这种价值观和氛围不被稀释，培养后续储备干部，将培训员工设置成考核中高层管理人员的重要指标。海底捞现在包括袁华强在内的 7 人核心管理团队，都是跟了张勇近 10 年的人。也因此，海底捞的扩张根本不可能快。现在新开店的核心人员，至少要在老店里有三五年的经验。而一般的服务员工，也会保证有 80％ 是从老店里调来的。海底捞有一段时间集中开了 7 家新店，新店开张大量抽调了老店的员工，新员工数量增多，管理层已明显感觉到顾客满意度的下滑。虽然公司做好了必要时候全民皆兵，把熟悉业务的配菜员、传菜员等二线人员调往一线的准备，但客户满意度的提升还是需要一个过程。

随着海底捞的成功，嗅觉敏锐的投资公司也闻风而至。IDG、国金证券、老虎基金先后找到了张勇，希望注资这家连锁餐饮企业，帮助其加速发展。虽然"海底捞"一大目标是在全国开分店，但为了实现这两者的满意度，却拒绝风投，进行稳扎稳打的缓慢扩张。因为"海底捞"认为，在没能拥有足够满足扩张需要的合格员工之前，拿钱拼店数，可能是让"海底捞"品牌消失的最快死法。

张勇既没有选择风投，又没有让海底捞上市，也没有盲目扩张店面。而如何储备更多拥有"海底捞"思维的管理者和一线员工，占据了他如今绝大部分精力。

"我们培训有很多种方式，一种是理论培训，一个老师讲 n 个学生听，还有一种在现实生活中摸索，一个师傅带一个徒弟。"张勇介绍道。目前，他正在寻找合适的人力资源公司来辅助海底捞进行人员招聘，并参与培训体系的建立和教材的编写。但是，在张勇看来，"制造"海底捞员工的真正关键并不在培训，而在于创造让员工愿意留下的工作环境。目前海底捞开设了海底捞大学以快速培养人才。

"餐饮业是低附加值、劳动密集型的行业，怎么点火、怎么开门并不需要反复教育，最重要的是如何让员工喜欢这份工作，愿意干下去，只要愿意干，就不会干不好。"张勇直言，"标准化固然重要，但是笑容是没有办法标准化的。"

在海底捞的公司目标里,"将海底捞开向全国"只排到第 3 位,而"创造一个公平公正的工作环境","致力于双手改变命运的价值观在海底捞变成现实"则排在前面。海底捞已经婉拒过几家著名的想要投资的风投,张勇对此的解释是:扩张得太快,海底捞就不是海底捞了。对一个公司而言,这显然已不再是纯粹的商业目标,而将其对员工和社会的责任,甚至理想放在了更高的位置。随着新开店面不断增加,如何保障根本的理念能够始终如一、不打折扣地坚持下去,恐怕是海底捞在成长过程中的最大变数。

案例思考

1. 何谓服务利润链理论?

2. 以服务利润链理论为基础,分析海底捞是如何通过员工服务创造企业佳绩的。

3. 试分析海底捞成功的原因。

4. 该案例给你何启示?

案例 3　携程的顾客投诉管理

案例摘要

携程旅行网是在纳斯达克上市的为数不多的中国服务业公司,主营酒店预订、机票预订、旅游服务三大业务,稳居中国在线旅游行业头把交椅。但是该公司2005年却因被客户质疑为"涉嫌消费欺诈"而陷入舆论风暴中心。投诉顾客——福建的马天兰女士,在参加携程的"非常之旅澳洲8日(2005年6月12~19日)轻松行"旅游项目后,认为自己从携程所购买的旅游产品未能达到携程先前的承诺水准,故而以携程涉嫌"消费欺诈"向携程提起投诉。但让马天兰始料未及的是投诉的艰难,在数次与携程客服人员协商未果后,她选择在各大网站发帖投诉。同样让携程始料未及的是,马天兰的投诉迅速掀起了一股舆论风暴,一时间携程处境尴尬,对该顾客投诉管理不力,使携程深陷公关危机。携程该如何处理顾客的投诉问题呢?

关键词

客户关系管理　顾客投诉　服务补救　服务差距理论

案例导读

作为中国领先的在线旅行服务公司,携程旅行网是在纳斯达克上市的为数不多的中国服务业公司,它成功整合了高科技产业与传统旅行业,向超过3 400万会员提供集酒店预订、机票预订、度假预订、商旅管理、特约商户及旅游资讯在内的全方位旅行服务,被誉为互联网和传统旅游无缝结合的典范。2009年,携程旅行网以超过3 400万会员的纪录入选中国世界纪录协会中国最多会员的电子旅游商务网站,稳居在线旅游行业头把交椅。但是在2005年,该公司却因被客户马天兰投诉而被质疑为"涉嫌消费欺诈",一时陷入舆论风暴中心。而究竟是什么导致了一次投诉掀起如此大的公关危机,面对顾客的投诉,企业又应该如何应对呢?

2005年8月19日,尽管上海遇到了夏日里难得的凉爽,但携程网度假产品部高级总监杨涛却仍难掩心中的焦灼。他怎么也不会想到,在2005年拥有970万注册用户的携程,会因为一位来自福建的名叫马天兰的普通女性客户的投诉而如此被动。

与此同时,在几家国内知名的网络论坛上,标题为《我在携程消费的不幸遭遇》和《世界第一差服务业公司——携程挨宰记》的帖子正以极高的点击率被推荐至首页。民间一些名为"抵制携程网"、"我们不会放弃"等呼吁携程就服务问题进行道歉的QQ群也正在悄然壮大。携程网一时陷入舆论风暴中心。

"马天兰,是携网友以令携程,"携程人抱怨道。面对社会舆论连续不断的"攻击",身为携程网度假产品部高级总监杨涛不得不面对媒体,期盼舆论能还携程一个"公道"。而目前,每天他平均有一小时是花在这件投诉事件的处理上。

与此同时,消费者——马天兰,即便面对业内巨头——中国最知名的旅游服务提供商之一的携程,也是毫不退让。因为在互联网上,她有着为数可观的同情者和支持者,这令她感到自己在与携程这场粗看宛若少年大卫与巨人哥利亚战斗的投诉事件中,并不处于下风,双方的强弱还未可知。

在开始了解马天兰与携程这场"少年大卫与巨人哥利亚之战"之前,我们首先来了解下携程和携程所处的在线旅游行业的相关信息。

3.1　携程旅行网

1999年初,携程旅行网通过吸纳海外风险投资组建成为携程计算机(上海)有限公司,成为中国最早的建立在电子商务平台之上的旅行服务公司。该年10月携程网站正式开通,此项目同年被上海市徐汇区科委定为高新科技项目予以扶持。

携程的总部设在中国上海,下有北京、广州、深圳、香港四个分公司,并在全国50多个大中城市设有分支机构,是国内最大的旅游电子商务网站,最大的商务及度假旅行服务公司,提供酒店、机票、度假产品的预订服务,以及国内、国际旅游实用信息的查询。

公司在成立30个月内实现了盈利,2002年10月的交易额突破1亿人民币,其中酒店预订量达到了18万间夜。2002年全年的交易额超过10亿人民币。2003盈利达570万美元;2004年盈利达到1640万美元。进入2005年,公司更是进入了一个高速发展期,全年交易额60亿元人民币,营业额5亿元,净利润2亿多元。携程占据了国内散客订房服务一半以上的份额。携程2005年全年交易额是国内商务旅行业第一名,而利润则稳居国内旅游服务业第一名。到了2006年,携程全年营业收入增长到8.3亿元。2007年销售额(净营业收入)为12亿元人民币,较上年增长了54%,总业务量占在线旅游市场份额超过50%。2008年营业利润为4亿6100万元人民币(6800万美元),较2007年增长14%。若不计股权报酬费用,则营业利润为5亿9000万元人民币(8600万美元),较2007年增长20%(见图3-1,图3-2)。

目前,携程是中国遥遥领先的在线旅行服务公司、中国最大的酒店分销网,拥有全亚洲旅游服务行业最大的呼叫中心(call-center)。先后荣获全国用户满意最佳旅行单位、中国旅游知名品牌、中国客户关怀标杆企业(旅游类)、中国企业信息化500强、中国驰名商标、上海市知名品牌、中国500最具价值品牌(品牌价值2005年为12亿人民币)、中国科技100强、中国商业科技100强、中国客户关怀80强、民营上市公司盈利能力 10 强、中国最佳呼叫中心、消费者最喜爱的网站 top 100、AAA 级企业信用等级,入选 2007《福布斯》中文版中国潜力 100 榜、《财富》中文版年度"卓越雇主"称号。

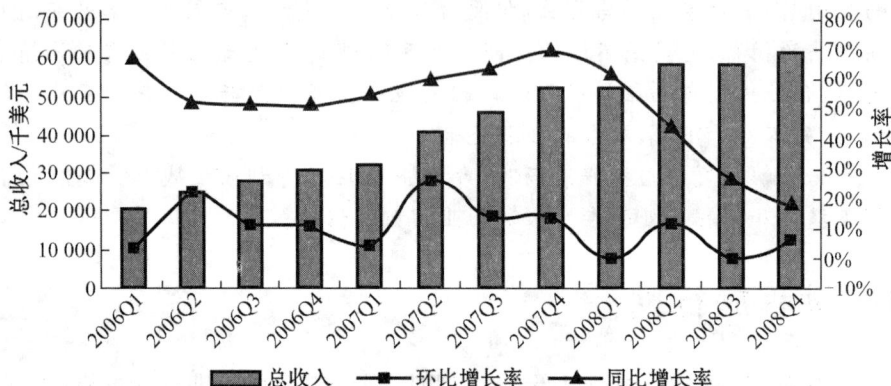

图 3-1　携程 2006～2008 年各季度总营收入增长表

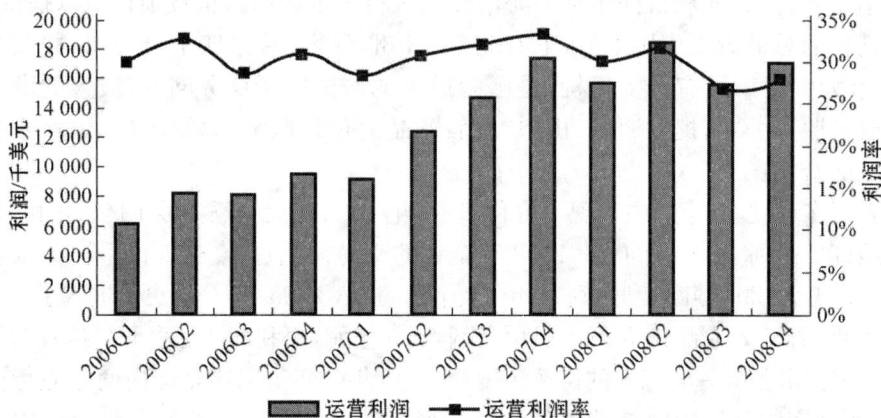

图 3-2　携程 2006～2008 年各季度运营利润与运营利润率增长表

3.2　在线旅游行业

3.2.1　行业现状

携程是国内在线旅游的老大,e 龙、芒果紧跟其后,这三家企业占有在线旅游市场 70% 以上的份额;而 e 龙和芒果仍然距携程有一大段距离:携程占据 50% 的市场份额。另外不到 30% 的市场由快乐 e 行、遨游网、同程、途牛、去哪儿、乐途等网站分割。

　　携程和 e 龙的模式可以归结为"酒店和计票的网络分销平台"。而芒果网是传统旅游服务商的线上服务(港中旅旗下),类似的还有遨游网,是中青旅旗下网站。另外,网络旅游平台模式有:乐途、通用是 B2C 模式;同程旅游网则属于 B2B,这类网站大部分是由旅游资讯做起,然后开展线上旅游超市业务。值得一提的是,近年来受到大家广泛关注的还有旅游垂直搜索类网站,包括去哪儿、酷讯。

3.2.2　行业前景

　　在线旅游市场在中国有很大的发展前景,如今该行业则迎来了爆发前夜。据艾瑞咨询近期发布的《2009~2010 年中国在线旅行预订行业发展报告》显示,2009 年中国在线旅行预订市场营收规模达到 38.9 亿元,同比增长 32.3%。随着用户在线预订需求的提高和多方主体的参与,未来在线旅行预订市场将继续保持快速增长的趋势,预计 2013 年该交易规模将突破 150 亿元。

　　中国正在兴起的旅游市场吸引了众多的投资者,中国在线旅游市场更是以每年 30% 的增幅快速增长着。携程的巨大成功使其成为备受追捧和关注的互联网的新星,"携程模式"也成为众多传统企业和新兴的互联网企业竞相模仿的对象。e 龙、中国通用旅游网、红泰、遨游、芒果网、去哪儿、游易网、中国订房联盟网、佰程国际旅游网……一批与携程有着相同或相近运营方式的旅游服务公司先后加入了旅游服务市场的激烈争夺中。

　　艾瑞咨询预计,2009~2013 年,中国在线旅游市场仍将保持超过 20% 的增长速度,至 2013 年规模突破 90 亿元(图 3-3)。另一方面,CNNIC 的数据显示,2009

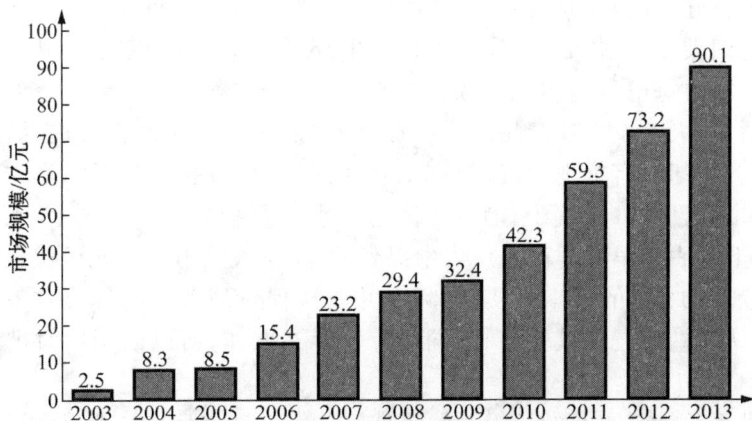

图 3-3　2003~2013 年中国网上旅行预订市场规模

年,网民使用在线旅游服务的比例从 2008 年的 5.6％上升到 7.9％,但与发达国家 40％的比例相比差距依然十分明显。面对诱人的增长潜力,线下供应商积极介入直销业务,而海内外的新竞争者也不断涌现。在它们的共同挑战之下,占据着中国在线旅游半壁江山的携程也加大了向上游延伸的力度。未来的中国在线旅游市场将一改过往单一增长的局面,竞争的加剧势必导致模式的创新与整合的提速。

3.3　马天兰对携程的投诉

在对携程网和携程网所处的在线旅游服务行业做过简单的了解之后,我们再次回到本案例的两位主角——消费者马天兰和携程旅行网的纠纷上来。整个事情的缘起是一位名为马天兰的游客,这位女士系厦门一家管理咨询公司的首席顾问,在圈内,以热心公益和环保事业闻名。

3.3.1　马天兰的投诉

2005 年 7 月 28 日,消费者马天兰女士在电话中向中国经济时报记者讲述了她和携程的故事。

2005 年 5 月 13 日马天兰预订了两份携程的 9 999 元的度假产品——"非常之旅澳洲 8 日(6 月 12～19 日)轻松行"。携程从她的建行信用卡内扣款后,于 5 月 17 日发来了度假产品确认单,并要求在的第二天(5 月 18 日)马上寄来所有他们要求准备的材料:护照、照片、银行存款证明、结婚证、房产证、户口本、退休证、在职人员工资证明等(在此之前未让她准备这些材料)。由于她报了两人,根本不可能在一日之内准备好如此多的材料。于是携程以此为借口把她们的行程推到了 6 月 23 日。如果此时要求退款,已经不足离出发日 18 个工作日的规定了(因一周只有 5 个工作日),需要每份负担 10％的费用。

出发后,马天兰发现在产品广告中提到的"搭乘澳航客机直飞往返,全程四星酒店(含早餐)"却没有兑现,全程只有两晚在四星酒店住宿,剩下四晚住宿的地方都不到三星,而且这 6 个晚上,有 3 个晚上分别需要半夜 3 点、4 点、5 点起床赶飞机,更谈不上吃酒店早餐。而且广告中提到的"支付人民币 699 元可优惠购买价值 2 500 悉尼观光护照"的承诺不实,实际上并非携程对消费者的优惠政策。在旅游过程中,她认为携程侵犯其知情权,同时广告存在欺诈,所以回国后对携程进行了投诉。

但令马天兰始料未及的是投诉的艰难。7 月 1 日马天兰向携程进行了电话投诉;4 日,第二次投诉,被转到客服部,由顾小姐负责处理;5 日,携程表示给份礼物和 2 天免费房,被马天兰拒绝;6 日上午,携程表示赔 400 元;下午,马天兰亲自去携程公司拜访了顾小姐及其主管倪小姐、李经理等,携程客服部高管称"店大欺客"并将她赶出公司。7月7日起,马天兰在携程网及各网站开始发帖进行投诉;7月19日前在携程发帖已达28次,全被删除,没任何解释;7月22日,向上海12315发传真进行投诉;7月28日晚,携程度假产品部经理电话邀请马天兰去上海跟他面谈,马天兰因工作繁忙未去。

3.3.2　携程的态度和回复

"兼听则明,偏信则暗",为了全面地了解整个事件,我们也来看看携程的内部报告(其中事态进展得到马天兰的证实):

7月1日:客户提出应返还总金额的30%作为赔偿,携程请度假部门联系供应商进行核实。

7月4日:因为周末假期,中午11:08首次与客人联系,并先上门解决了退还保证金事宜。

7月5日:携程提出第一次赔偿方案,400元(这恰是第一线客服人员的授权底线),因分歧巨大,双方未达成共识。消费者认为,她是出差上海顺道投诉,在停留5天后,携程还没给她满意的答复,而携程号称收到投诉是24小时内进行处理。

7月6日:消费者开始在携程网发布投诉帖,客服部门认为,其发帖内容和事实有所出入,故制止其继续发帖。当日消费者上门投诉,据马天兰表示,当天接待她的是客服主管,在她的强烈要求下和进行了充分等候下,才和客服经理有了交流,双方沟通了3个多小时,不欢而散。事后携程客户服务部高级经理刘洪兵表示,当天他第一次明确了解此事。据了解,携程客户服务部内部层级分为:客服、客服主管、客服经理、客服高级经理、客服总监。

7月7~18日:双方继续协商,携程在和供应商核实,并咨询相关权威机构(消协、旅委)后,认为他们的处理方法已较为妥善。其中,携程COO范敏第一次在每周例会上得知此事,决定停封该线路的预订。

7月19日:客人投诉至消协,携程表示会全力配合消协核实。同日,在屡次遭到携程删帖的情况下,消费者以"生气的蜜蜂"的网名将投诉帖贴到了天涯论坛的"天涯杂谈"版,事件演化为公众事件。

8月1日:携程度假产品部高级总监杨涛正式介入此事。

8月2日:第二次提出解决方案:对消费者补偿5 200元,约相当于消费者原先提出的30%的赔偿要求,并提交书面道歉信。消费者对此表示拒绝,并回应:"我明显看到您的解决方案没有诚意,此事已经是公众事件,请三思而后行,任何不妥的行动将带来更大的负面影响!"并于当天授权律师向携程发出了律师函,提出应按照《消费者权益保护法》"退一赔一"。

8月3日:《中国经济时报》刊登报道《携程网遭遇投诉风波涉嫌"消费欺诈"?》,将一些对携程的投诉案例进行了报道。事后,携程市场传播部高级经理吕济敏表示,当天市场传播部第一次正式介入此事。同时吕济敏表示,经过携程调查,媒体上登载的内容存在不实之处,甚至其中提到的一家酒店还不是携程的会员酒店。

8月5日:携程向国内主要网站发表声明:明确表示将对该消费者进行一定补偿,并对现有度假产品线作一次战略性调整。一小批被证实旅游体验度差,"低质低价"的度假产品已全面下线,而保留并将进一步发展壮大的是一批行程设计更合理、享受度更高、优质优价的中高端产品。

8月11日:携程再次提出第三次方案,并提供两种选择:

A. 退全款,但必须在发布消息的网站作出澄清,收回欺诈的说法;

B. 维持补偿5 200元的方案,由消协出具调解书,双方签字认可,不需要作出澄清声明。

消费者再次表示拒绝,并在网上提出携程的解决方案,几乎得到天涯杂谈上的网民的一致拒绝。对消费者将私下协议公开在网上的行为,携程表示强烈不满。

在携程度假产品部出具的内部报告中,对马天兰的指责有以下说明:

指责1:携程单方制订严重的"霸王条款"并剥夺顾客的知情权。

回复:由于客人是5/10下班时间后提交订单,5/11订单开始处理,5/16才确认产品并扣款,从5/10~5/16足有6天的时间做签证材料的准备。在前期联系中,由于马天兰是采用别人卡号预订携程产品,携程无法与马天兰直接联系。

此外,携程的"预订须知"对上述事项已有说明。客人应看过此类说明,因为只有客人在打钩"我接受——我已阅读过完整的订购须知,并接受所有规定事项"后才能进行下一步预订。

指责2:度假产品实际状况与广告宣传不符,携程有欺诈和误导游客的嫌疑。

回复:广告称"直飞往返",而航班QF129却在悉尼停了四个钟头才重新飞出。携程认为,直飞的定义是指乘坐飞机从一个城市飞到目的地城市,所乘航班的航班号不变,而不论飞机在中途城市是否有停留。此外飞机在悉尼停留的四个小时中,其中三小时为机械故障。另一方面,携程在网页上清楚表明了相关航班的起飞和抵达的时间,出具给客人的航空公司开出的机票上明确显示也是点到点的航班信息。

对于观光护照的问题,澳大利亚新南威尔士旅游局北亚区局长胡伟权证实,对于游客来说,旅行社在观光护照中提供的折扣不可能在一次旅行中全部都用到,而一些单张的折扣券可能会比观光护照提供的更加便宜,而这位旅客又恰恰用到。但从整体上来说,旅行社观光护照中提供的折扣是比一般的单张折扣要便宜。

而对于争论中的焦点,"全程四星酒店"的问题,消费者认为三家酒店中,只有一家达到了四星标准。对此携程认为,国外星级酒店与国内星级评定略有差别,马天兰去的这几家酒店确实都是四星,只是澳洲的四星标准条件稍微差一点。澳大利亚旅游局中国区首席代表邓李宝茵也证实,这三家酒店确为四星,"国内星级评定标准是一本书,而澳洲只是 16 页纸",邓李宝茵表示,相比国内酒店的金碧辉煌,澳洲四星酒店要质朴得多。

指责 3:行程安排极其不合理,"轻松行"丝毫都不轻松。

回复:夜赶飞机的情况,实际上携程在网上产品行程推荐部分,产品具体预订确认之时,以及相关的产品确认单上都已将行程中涉及的所有航班号、出发和抵达时间、机场信息等显示并告知客人。

携程与消费者的矛盾仍停留辩论"对错"上,事态相对僵持。"第一是实事求是,第二才是考虑客户感受,进行精神补偿。"携程认为,这是客服部门处理问题的原则。此外,携程对投诉帖成为"热帖"一直很委屈,因为有证据显示该帖有人工置顶的痕迹,经常有同一个 IP 用不同用户名发言。此外,在马天兰号召网友拒绝使用携程服务的同时,她曾使用的携程卡还购买了携程的服务。

携程投诉帖阅读人次超过 10 万,跟帖人数达到上千人。对于这样的尴尬境地,有携程人不得不发出感叹,早知这样,当初赔个 30% 也就得了。但更多的携程人却坚持认为,在与消协、旅委乃至律师接触后,觉得虽然携程有小错,但决不存在欺诈,此时若赔偿消费者,那等于承认了携程存在欺诈行为。"诚信是携程的底线,是不能超越的。"

3.3.3　第三方态度

对于马天兰的行为,上海市旅游行业协会秘书长黄光荣亦表示不赞同,他觉得目前旅游行业的投诉处理机制还是比较完善的,事情总能够说清楚的。上海市徐汇区消费者权益保护委员会新闻和公共事务部卞军,则对马天兰在消协还在调解、并未下定论的情况下,就在网上发帖认为消协与携程串通一气,表示不解。同时他指出,是否欺诈是由工商部门来认定的,消费者本身没权利认定。在此事中,携程并没有"主观故意性",只是工作上存在失误。

江苏博爱星律师事务所上海分所曹红武律师表示,综合这些投诉,根据《消费者权益保护法》以及《欺诈消费者处罚办法》,可以将携程的行为定性为消费欺诈,即在提供商品和服务的过程中有欺诈行为。因为携程在广告中所作的一些关键描述,足以影响游客是否选择一个旅游产品,而当携程未能按照有关广告承诺提供服务时,消费者事实上是受到了欺诈和误导,其合法权益受到了侵害;并且就旅游产品固有的整体特性,酒店、航班、行程等组成了一个旅游产品的关键环节,任何一个环节都足以影响游客是否购买该产品,因此任何一个环节的宣传不实均构成整个产品的欺诈,因此携程在这个问题上的解释并不合理。

案例思考

1. 企业是否应该鼓励顾客投诉?
2. 你如何评判此案例?
3. 携程在此事件上应该有何反思?
4. 该案例对你有何启示?

案例 4　新加坡航空的
顾客忠诚管理

案例摘要

2010 年 4 月,冰岛火山爆发,欧洲受火山灰的影响,航空业损失巨大,取消了 10 万个航班,经济损失 15～25 亿欧元。覆巢之下安有完卵? 亚洲的航空业也深受影响,首当其冲的就是新加坡航空公司(简称新航),日亏损额达 2 069 万港元。因为新加坡航空公司的航空网络覆盖全球 38 个国家和地区的 93 个目的地,其中四分之一的业务是来自欧洲的目的地。国际航空公司成就了新加坡航空,此次损失越大,越说明之前的生意好得不得了。自 1972 年从马来西亚航空公司分离出来,短短的不到 40 年,新航锐意进取,不断创新,获得了巨大的成功,目前它是全世界市值最大、利润最高的航空公司,也是全世界仅 6 家五星级航空公司中的一员。为何一个弹丸小国的航空公司,没有国内航线,完全依赖国际市场,在短短的时间内竟然取得如此的辉煌? 新航的答案是:保持和提高两个忠诚度,即顾客忠诚度和员工忠诚度。

关键词

新加坡航空公司　顾客忠诚　员工忠诚

案例导读

1993 年,英国伦敦著名的杜莎夫人蜡像馆,出现了一尊东方空姐蜡像。这是杜莎夫人蜡像馆第一次以商业人像为原形而塑造的蜡像,其原形是美丽的新加坡航空公司小姐,人们称她们为"新加坡女孩"(Singapore Girl)。杜莎夫人蜡像馆破例的原因,则是基于新加坡航空公司完善的机舱服务和长久以来成功塑造东方空姐以客为尊的服务形象。

如何通过高质量的产品或者服务,保持顾客的忠诚度,这是一个令众多公司绞尽脑汁、冥思苦想的问题,因为忠诚的顾客往往带来高额的商业利润。不可否认,享誉世界的新航无疑是最有资格回答这一问题的公司之一。

4.1　新加坡航空公司

4.1.1　新加坡航空公司简介

新加坡航空公司(以下简称新航)是新加坡国的国家航空公司。它以樟宜机场为基地,主要经营国际航线,在东南亚、东亚和南亚拥有强大的航线网络,并占据袋鼠航线的一部分市场。除此之外,新加坡航空的业务还有跨太平洋航班,包括以A340-500来营运的全球最长的直航航班新加坡—纽约和新加坡—洛杉矶。新航还是首个营运全球最大型的客机A380的航空公司。

袋鼠航线,特指来往欧洲及澳洲或新西兰间的客运航线;这些航班通常都会在东南亚中停。这条航线的航班为航空公司带来可观的利润,因为澳纽有大量的欧洲裔人口定居,以及欧洲与澳纽两地间极长的距离。然而,由于这条航线不同政府间的协议,能够经营此一航线的航空公司为数不多并且受到限制。袋鼠航线的名称由来,不只是因为袋鼠对澳洲的独特性,更因为这条路线的航班至少都会中停一站,类似于袋鼠"跳跃"的动作。

袋鼠航线的主要中停站是新加坡樟宜国际机场,在这里,新加坡航空与英国航空——澳洲航空联盟之间有着相当激烈的竞争。但其他的机场也尝试要在这条航线取得一个较重要的地位。曼谷国际机场的地位正在逐渐的上升,但是吉隆坡国际机场所占有的分量却在逐渐下滑,因为英国航空及澳洲航空都停止了往吉隆坡的航班,目前仅剩马来西亚航空以及奥地利航空继续经营途经吉隆坡国际机场的袋鼠航线。由于新款的空中客车及波音客机问世,在欧洲及纽澳间不中停的直飞已不是难事,其中,在纽澳,珀斯是主要的起降点。至于哪一家航空公司会在不停站直飞航班的竞争中获胜,还有待观察。

近年来,阿联酋航空及其他中东籍航空公司均积极推广经由中东地区,如迪拜的航班。而香港也开始开放空域,让维珍大西洋航空进入这块市场(自2004年12月起),同时也开放澳洲航空可以经香港飞往伦敦的航权,此举也造成与国泰航空间的直接竞争。新西兰航空也将于2006年10月起提供奥克兰经香港往伦敦的航班。

虽然面临亚洲籍以及中东籍航空公司的强力竞争,但是现今在袋鼠航线,从出发点到终点都维持同一架飞机并仅使用一个航班号的只有新西兰航空、奥地利航空、英国航空、澳洲航空以及维珍航空。

4.1.2　新航集团成员

新加坡航空公司自独立近四十年以来,赢得了创新市场领先者的荣誉,同时可提供优质服务和高质量产品。新加坡航空品牌在航空界中已广为人知,尤其是在安全、服务质量和革新风格方面。新加坡航空公司一直被誉为最舒适和最安全的航空公司之一。

新加坡航空公司还有一些与航空有关的子公司,包括胜安航空和新加坡航空货运,前者主要负责区域性航班和载客量较低的航班,后者是负责新加坡航空的货运业务。另外新加坡航空还有其他航空公司的股权,例如拥有维珍航空和廉价航空公司欣丰虎航的 49% 股份。若以市场资本额计算,新航是全世界最大的航空公司;以人均公里收入计算,新航是全世界前 15 大航空公司,也是亚洲第 8 大航空公司;以国际航线载客量计算,新航是全球第六大航空公司。

4.1.3　新加坡航空公司历史

新加坡航空成立于 1947 年,原本名为马来亚航空公司。

在 1940 年和 50 年代,马来亚航空继续扩展其业务,包括引入 DC-3、DC-4、维克斯子爵式、L-1049、彗星型客机和福克 F27 等客机。

1966 年新加坡宣布独立,又使马来西亚航空更名为马来亚—新加坡航空。马来亚—新加坡航空在接下来的数年急速扩张在 1972 年,新加坡与马来西亚政府间的合作破裂,这使马来西亚航空一分为二,分别为马来西亚航空和新加坡航空,自此两家公司各自发展。

分裂之后,新加坡航空保持了 10 架原马来西亚—新加坡航空的波音 707 和737,以及其国际航线,而女性空中服务员的制服亦没有变更。在 70 年代,新航急速扩张其业务,包括在亚洲和印度次大陆开拓更多新航点,并购入波音 747 壮大其规模。到了 80 年代,进一步开拓更多北美洲和欧洲航线。新航亦是首批购入波音747-400 的航空公司之一,首架新航 747-400 在 1989 年投入服务,后来更购入波音777、A310 和 A340。到了 90 年代,新航开拓了南非的约翰内斯堡航线,随后亦开通了开普敦和德班航线。

在 2004 年,新加坡航空用当时续航力最远的 A340-500 客机开通了全球最长的不停站航班,由新加坡出发前往洛杉矶和纽约,这也是新航首个前往美国的不停站航班,而前往纽约的航班更需要 18 小时才到达,因此成为了全球最长的不停站航班。在 2008 年 5 月开始,新航会把旗下 5 架 A340-500 改装为全商务舱,全力服务这两条航线。

2000 年 9 月 29 日,新航宣布订购 25 架 A3XX(今日的 A380),总值 86 亿美元。

2006 年 2 月,涂上新加坡航空涂装的 A380 在 2006 年亚洲航空展中亮相。

2007 年 10 月 25 日,新航首架 A380 正式投入服务,载着 455 名乘客的 SQ 380 航班由新加坡出发前往悉尼,在当地时间下午 5:24 降落在悉尼。

2008 年至 2009 年,新加坡航空扩展 A380 服务至伦敦、巴黎、东京及香港。

2009 年 7 月 9 日,新加坡航空使用 A380 飞行的 SQ856 班机在香港时间下午1:30 降落于香港国际机场,成为首班前往香港的定期航班,更成为 A380 投入服务以来最短的航线。

4.1.4 新航经营现状及面临的挑战

　　新加坡航空公司在 CEO 张松光的领导下,于 2006 年年底开始在原有的基础上重组金融结构,集中资金合理经营,优化经营体制,并开展多项服务业务,如飞机租赁和周边航空服务业务;建立起一个综合性航空经营体系,同时建立起以新加坡为主基地的低成本航空运营集团公司——飞虎航空公司。这一系列的改革和发展使新加坡航空公司的运输服务持续获利,平均每年盈利 14 亿新加坡元,从未出现过负债。2006～2007 年间新加坡航空公司的利润增长了 72%,达到 2.43 亿新加坡元(1.40 亿美元),当年的总收入为 14.49 亿新加坡元。在 2006～2007 财政年的一半的时间里,新加坡航空公司持续保持着强大的财政增长势头,整个集团共获利 9.3 亿新加坡元,同期增长了 7.3%,而且营业利润超出了前一年同期的二倍,总收入增长 11%,相当于 6.06 亿新加坡元的增额。有一段时间虽然载运率下降了 2.8%,客/公里下降了 1%,但是客/公里收入却增加了 2.6%,仍然达到了盈亏平衡。这一现状充分显示了新加坡航空公司具有良好的经营方略。

　　2009 年航空业竞争激化、市场环境恶劣。受国际金融危机影响,全球经济放缓,航空服务需求受到巨大冲击。亚太航空协会的统计显示,亚洲航空公司 2010 年 1 月份航空货运量减少了 23.6%,客运量减少 7.8%。

　　新航预订机票走势明显反映出旅客对航班服务需求趋弱甚至疲软的态势。航空货运的货运量近期下滑超过 20%,新航宣布在新财政年度(2009 年 4 月至 2010 年 3 月)将其航线网络的运力下调 11%。除了削减载客量,新航也宣布将让现有机队中的 17 架客机退役,数量远远超过金融危机冲击市场前所预计的 4 架。此前,新航已经宣布并做出了一系列航班调整,甚至已经先后取消了两条航线,一条是从 2 月 4 日起取消飞往印度阿姆利则的航线,另一条甚至不惜忍痛放弃经营了 20 多年的来往加拿大西岸城市温哥华的航线,从 2010 年 4 月 26 日起停飞每星期三趟途经韩国首都首尔到温哥华的班机。

　　在亚太地区,新航将飞往澳大利亚悉尼的航班减少至每日三班,此航班频率将持续至 2010 年 7 月。在日本,从新加坡经停曼谷飞往东京的航班将从目前的每周六班减少至每周五班。新航飞往韩国首尔的航班将减少至每日两班(目前该航线的航班已减少至每周 17 班)。其中一班航班在经停首尔后将继续飞往旧金山。新航飞往中国的航班也将有所变化。飞往北京的航班将从目前的每周 21 班减少至每周 17 班,而飞往广州和南京的航班则将分别减少至每周五班和每周两班。

　　在南亚,除了已经宣布的针对印度门户城市所做的变化外,飞往科伦坡和马尔代夫的航班也将分别从每周七班减少至每周五班。其他航线如布里斯班、珀斯、福冈、名古屋和罗马等城市,新航将视季节调整其航班运营频率。

新航主动收缩,削减运力,似乎应当列入"冬眠"型的企业范畴。尽管如此,新航称,展望未来,新航将继续关注运力需求变化,并适时调整其航线网络的运力。

4.2　外部顾客忠诚管理

对外提高顾客忠诚度的方法——全方位的人性化服务打造一流品牌。

哈佛大学赛萨教授的研究表明,企业忠诚顾客增加5%,企业利润则相应增加35%~95%。新航一直强调其顾客哲学和服务文化的重要性,坚持以顾客满意为中心,不懈追求顾客忠诚。为顾客提供高质量的服务对公司有至关重要的意义。公司的政策表明:如果顾客不满意的话,公司的高层决策者就有降职的可能。新航从如下方面为顾客提高高质量的服务。

1) 餐饮

新航在餐饮方面一直致力于提高优质的餐饮服务,也尽量做到差异化和创新。自1998年9月起,新航为乘客提供国际风尚美食,邀请世界各地名厨组成顾问团精心规划新航佳肴及佐餐佳酿葡萄酒,其莱佛士商务舱乘客可于登机前24小时预订主菜,还可享受多样化的餐后饮料,包括巴西Santos Bourbon、哥伦比亚Supremo和肯尼亚AA Kilimanjaro的各式精选单品与Espresso和Cappuccino等多种特调咖啡。往返中国的航班上均向乘客提供中餐选择。

在新航高度频繁的班次中,菜单每星期就要改变一次,而在其他航空公司每年只变更四次。信息技术使厨师能够调整食物和立即撤回不受欢迎的食物,尽管这样提高了服务成本,但这些努力会使新航的服务有更高的顾客满意度,而员工则被训练通过其他途径来减少开支,如厨师只从应时节的原料中准备食物,服务人员在如何准备和服务新品种都要严格遵循程序等。

2) 客舱

高雅的蓝紫色调的座椅间距达1.98米、宽度达58.4厘米。乘客想要入睡时,只要一按电钮,座椅可以完全放平,立刻变成一张长1.93米、宽58.4厘米的睡床。另配有电动脚踏、气压式腰部垫、可调节头、可调整高度的座椅隔间屏幕、物品收纳格、AC电源、阅读灯等。

3) 娱乐

新航为所有航班提高优良的娱乐系统。如所有自中国出发的航班每个座位都配有"银刃世界"个人娱乐系统,提供超过200种不同类型的娱乐项目,让乘客随意挑选。无论是最新最叫座猛片、热门电视剧、紧张刺激的互动游戏、曲目广泛的音乐或不断更新的卫星新闻,都能让乘客乐在其中。每月提供最新中文影片及7部中文字幕的最新外语院线片供乘客欣赏,并提供中文的定位操作指南。银刃世界系统安装在每个座位上,其遥控器本身就是一部卫星电话。在莱佛士商务舱,电视屏幕设在座椅的扶手里,高分辨率显示屏宽达 26.4 厘米。机上无限宽带上网服务将于 2004 年 3 季度启动。

4) 服务

新航的 Michael Tan 说:"我们认为航空公司要想获得成功,就必须是服务创新者而不是价格领导者。以顾客为导向意味着引进顾客导向的新特征和新标准。"

1991 年,新航率先引进了全球卫星通讯服务和常规的空中传真服务。新航还为所有长途飞行的旅客提供一包赠送的化妆用品,包括牙膏、牙刷、短袜和梳子。新航的顾客还能享受到一些独特的便利和服务,如新航的总部的健身房,会议厅,展览厅,商业中心,全天服务的银行,旅馆,超过 100 家的商店和许多其他服务。以美国作为目的地的乘客使用蓝色航线 APIS(先进的乘客信息系统)设备,乘客的资料在飞机着陆前就被传输给了美国移民局,这样,移民局就可以对乘客进行审查,而在机场上用于完成入境手续的实际时间就可以缩短。1993 年 10 月起,为飞往日本的乘客提供日本菜,并提供各种日式餐具;1996 年 11 月,新航引进了用于头等舱、商务舱和领先顾客的联网的登机系统;自 1997 年下半年起,新航在新加坡樟宜机场为没有办理包裹登记手续的乘坐科伦坡穿梭机的乘客安装了自我登记系统;新航还运行了以集中的包裹跟踪单位而知名的集中信息系统。该系统能够更有效地管理被错误处理的包裹。

5) 重视顾客反馈

为了增加非正式的沟通渠道,新航定期进行乘客意见调查以检测它的服务质量。乘客被要求对新航的空中服务、食物、饮料、招待、飞机内部、机场运行、预定和售票部门的质量进行评分。调查表以五种不同的语言打印出来,这样就可以覆盖最大范围的乘客。乘客填表仅需花五分钟的时间。之后分析调查的结果,并且有关服务和行为的索引,过去和现在的运行状况皆被传送至组织中的关键人员。相对低廉的评分体系促使新航决定投资 5200 万新加坡元用于舱室管理和交互式的电视系统。

6) 技术与创新

新航有计划的推行技术创新。其中一项就是在每个头等舱和商务舱的座位上安装一个小电视屏幕来为顾客提供电视服务。随后由于其他公司也准备这样做,公司进而提供综合服务。另一项就是卫星电话服务,它可以允许顾客通话,即使是在海面上也是可以的。尽管这些创新是很重要的,但觉得还是不够。新航领导认识到有无限的可能性来为顾客的整个飞行经历增加价值——但这里须正确地运用技能和技术。

为了服务到位,公司把 80 000 名旅客记录在公司的优先顾客服务(PPS)程序中。

要成为 PPS 的一员,乘客要在一年的时间里乘坐头等舱或商务舱飞行至少 60 000 公里。PPS 的成员享有包括允许额外的行李及各种打折在内的多种优惠措施。每个 PPS 成员的信息——例如座位和食物的偏好——被储存在计算机内。这种服务仅仅是个开端,而信息技术给服务带来的提高是没有尽头的,将来会有更多的顾客享受到这种服务。

　　新航的飞机在所有的主要国际航空公司中是最新的、机龄最年轻的。新航飞机的平均机龄是五年零三个月,而该行业的平均机龄是 13 年。由于更年轻,新航的飞机就更可靠、更安静和更宽敞,并缩短飞行时间。新航也是世界上首家认识到为旅客提供不中间停留这种服务的公司,特别是对中间不停顿的飞往远距离的目的地的商务人员而言,是很受欢迎的。

　　新航在空中娱乐领域也是世界领先的。例如,新航娱乐系统(Krisword)提供了安装在每个座位上的六英寸电视屏幕和兼作电话用的遥控器。这种系统的关键特征包括 22 个电视频道、电视游戏和最新的新闻。

　　新航在维持公司的运作上也采用了最新式的技术。1988 年,新航成为世界上首家安装了用于飞行员培训的 B747-400 飞行模拟装置。新航也是第一家选用 Learjet 31s 来训练它的见习飞行员的商业航空公司。通过这些措施,新航保证了它的飞行员能受到极好的训练。新航还与新加坡政府一道投资樟宜机场上的高度自动化系统。该系统极大地增强了旅客输送能力并便于提供不会对顾客造成麻烦的服务。提供餐饮服务的 AATS(新航的一个分公司)拥有世界上最大的全自动碗柜清洗系统。目前它正在投资 1.7 亿新加坡元用于新建一个每天能提供 30 000 份饮食的厨房联合体。

4.3　内部顾客忠诚管理

　　内部顾客即员工也是新航的重要顾客,新航在如下方面着力培养员工的忠诚。

　　1) 良好的劳资关系

　　新航的雇员约有 37% 是新航工会的成员。1997 年 7 月,NTUC(全国商业联盟大会)的主席,Lim Boon Heng 进入了新航的董事会。他说管理文化必须转变为团结每一个新航员工以符合全球竞争的需要。他答应帮助工会改善条件。不久,劳资关系就有了改善。双方都努力寻求良好合作的途径。新航的劳务费用仅占其收入的 16%～17%,这远远低于其他所有的主要航空公司,其他公司如汉莎、美国航空公司的比例约为 35%～37%。

　　2) 有效的人力资源培训

　　由于新加坡缺乏自然资源,对人力资源的投资就是新航发展计划的重要因素。

新航非常重视员工的培训和发展,每年用于员工发展和培训的开支是非常巨大的。1992 年,新航花了 8 400 万新元用于员工培训,平均每人约为 5 000 元,这是新加坡全国平均水平的 12 倍。1993 年,新航建立了一个价值 8 000 万元的培训中心,这样所有的新航培训就可以在一个地方进行。

新航还定期进行评审以保证它的薪酬在市场上是有竞争力的。这种巨额投资收到了很好的回报。例如它的电力技术员工几乎可以维护任何最新生产的飞机和发动机。新航的培训计划是非常严格的。新的空中机舱人员在正式工作以前要经过 3 个月的培训。

在个人培训、统一制服、自制和自我管理上存在一些原则。在洗烫制服、化妆和发型上还有统一而特殊的规定。每六个月,机组人员都要检查和清洗牙齿,并向新航的专门医院报告。大多数新航地面服务外包给 SATS 公司来管理。SATS 机场服务的宗旨:

- 笑迎每一位乘客;
- 通过称呼姓名、军衔或头衔的方式向他们致以问候;
- 用友好的微笑提供个性化的服务;
- 在交谈中保持目光接触;
- 全力以赴提供服务。

3) 独特的激励方式

新航建立了获胜途径颁奖制度(WWA)以承认和奖励向顾客提供优质服务的员工。这种是基于顾客的好评的基础上的,每季度一次。年度获胜者会收到一只独特的 Omega 星座表。WWA 获胜者的名字被刻在金质的荣誉名册上。该名册永远地陈列在新航的管理中心。根据利润分配计划,员工会收到一份基于公司赢利状况的特殊红利。这种红利在员工的年薪中可占到相当大的百分比。新航还制定了"地面杰出服务"的计划以激励一线的地面人员提供名副其实的创新服务。

4) 结果

作为服务业的航空产业,航空公司的形象建设是很重要的。新航装饰在飞机尾部的一只传统风格的黄鸟标志着新航翱翔于蓝天之中,它显示了新航是一家世界性的航空公司,同时又不失亚洲公司的特色。服务,服务,再服务是服务业的产品,公司认为提供服务是公司存在的唯一的理由,新航的人力资源竞争优势造就了航空业的一个世界名牌。

新航毛收入的 2% 用于广告和促销活动。对广告支出实行有效的集分权管理,战略性的广告决策由总部制定,而地域性、局部性的战术性的广告是由当地的公司来处理,但总部进行严格监测以保证其一致性。研究发现,新航的广告使它在顾客中获得了很高的回报。

作为服务于一线的空姐"新加坡女孩"是最漂亮和最乐于助人的年轻姑娘,她们经过艰苦而严格的培训。她们的待遇在公司最高,地位也最高。优秀的职员在工作 15 年之后就有可能进入资深工作领域。她们穿着巴黎时装设计师设计的由传统的织物制成的莎笼服装。男性服务员则穿着更为传统的浅蓝色的西装和黑色的裤子。她们漂亮的制服和魅力成为公司提供高质量服务的团体的象征,给乘客留下了深刻而持久的印象。

案例思考

1. 什么是顾客忠诚和员工忠诚? 两者的忠诚对企业的重要意义何在?
2. 新加坡航空是如何培养外部顾客和内部顾客的忠诚的?
3. 该案例给你何启示?

案例 5 德士高的忠诚计划

案例摘要

在德士高(Tesco,中国门店称"乐购")公司的官网上可以看到这样的一句话:"为了感谢您在德士高购物,我们用积分卡的方式来表达我们的心意"。这句话正是对德士高公司俱乐部卡项目的高度概括,时至 2010 年,德士高公司推出的积分卡已经有 15 个年头。在这 15 年里,德士高公司在积分卡的帮助下取得了一系列辉煌的成就。目前已经跃居财富杂志世界 500 强公司的第 51 位,它也是全球最成功的网上超市,英国最大的食品连锁店,欧洲增长最迅速的金融服务机构,世界上最成功的"客户管理商"等。俱乐部卡所提供的顾客数据和情况改变了德士高的经营方式,因为它大大减少了经营风险甚至摆脱了零售商间的价格竞争,而通过俱乐部卡,德士高将和顾客之间建立起情感依赖。与其他失败的忠诚计划相比,德士高的俱乐部卡并不是一项庞大的运营开支,它能够发现顾客需要什么,并从满足这些需要产生足够的销售量来支付发现这些需要的开支。德士高的忠诚计划成功模式已经被其他行业的很多公司所借鉴,成为一种广泛被采用的客户关系管理模式。

关键词

德士高(Tesco)　忠诚计划　俱乐部卡

案例导读

德士高最早以销售食品起家,逐渐延伸至服装、电器、客户财经服务、互联网服务及电信业务。

德士高俱乐部卡于 1995 年推出,它是世界上最成功的零售忠诚计划。自从俱乐部卡推出以来,德士高改变了它与顾客的关系。今天,它不仅是英国名列榜首的零售商,而且还是世界上最成功的网上超市、欧洲增长最快的金融服务公司,也是当之无愧的世界顾客关系管理(CRM)最成功的典范之一。德士高的忠诚计划有什么与众不同的特点? 与一般忠诚计划区别到底在哪里? 当时是如何成功实施客户忠诚计划的?

2010 年 3 月 15 日下午 4 点,德士高集团公司 CEO 戴维·里德站在办公室里巨大的地图前,地图上密密麻麻标记着德士高公司在全球的门店分布图。德士高公司经过近些年的快速扩张已经成为全球第二大的连锁超市,企业的多项能力使其成为业内的领军人物。在不久召开的董事会里,管理层将讨论新的公司战略问题,但是无疑,他们一定会在世界上的任何国家牢牢地复制其"俱乐部卡"的管理模式。至今为止,他们的这一模式在全世界范围内获得了巨大的成功,回忆起当初公司实施忠诚计划的艰难决策,戴维·里德不禁感慨万千!

5.1　德士高公司

5.1.1　德士高公司的发展

德士高(Tesco)始创于 1919 年,最初的形式是杰克·古汉先生在市场里设立的一个小货摊。"德士高"作为一个店铺的品牌于 1929 年首次在伦敦艾奇韦尔(Edgware)大街亮相,1932 年正式成立德士高(德士高公司)。自此,德士高不断发展壮大,抓住各种有利商机,在诸多领域引领创新潮流,在英国蓬勃发展。然而德士高公司真正的发展期是在 20 世纪 90 年代,这时德士高公司一方面确立了以顾客为中心的战略,另一方面也开始了其海外进军的计划。

德士高获得过如下骄人的成绩:

- 财富杂志"2008 年全球 500 强企业"排名第 51 位;
- 财富杂志"最受尊敬的全球 500 家企业"排行第 30 位;
- 财富杂志"全球最受尊敬的英国公司"专项排行第 1 位;
- 财富杂志"全球最受尊敬的食品及医药店铺"专项排行第 1 位。

目前德士高集团是英国领先的零售商,也是全球三大零售企业之一。德士高在全世界拥有门店总数超过 3700 家,员工总数达 440000 多人。除英国外,德士高还在其他 13 个国家开展业务。据统计,在 2009 至 2010 年度,尽管全球金融危机、经济低迷,德士高全球业务增长迅速,集团销售额继去年增长后再度取得了骄人的成绩,销售总额突破 625 亿英镑,集团总利润达到 31.76 亿英镑。此外,公司近些年来获得了一系列的殊荣,例如在财富杂志"全球最受尊敬的英国公司"专项排行第 1 位,在财富杂志"全球最受尊敬的食品及医药店铺"专项排行第 1 位等。德士高全球销售情况如图 5-1 所示。

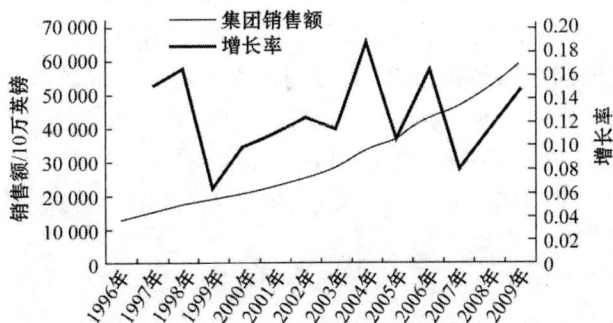

图 5-1　1996~2009 年德士高集团全球销售情况

5.1.2　德士高公司在中国的发展

在 2004 年 7 月之前,德士高在中国几乎都没有留下什么痕迹,中国的消费者也很少听说过德士高。2004 年 7 月斥资 21.3 亿元人民币收购顶新-乐购 50% 的股权正式进入中国。2006 年 12 月 12 日下午 3 点,德士高于当地时间 12 日早上在伦敦交易所发布公告,公司再度出资 1.8 亿英镑(3.5 亿美元)从顶新集团手上买入乐购 40% 股权,持有乐购股权从 50% 增加到 90%。

截至 2010 年,德士高在中国已拥有 81 家大卖场、11 家试验阶段便捷店和 3 家 Lifespace 乐都汇购物广场,主要覆盖华北、华东及华南三大区域的 35 个城市。从德士高进入中国后的"温水炖豆腐"似的市场推进速度,到现今的频频发力,加速开店,在此过程中"低价、扩张、节能、地产"成为用在德士高乐购身上最能概括的词语,也是德士高在中国攻城略地中出招的一系列妙棋。

理念:"我们服务的理念就是了解顾客的需求,我们会根据不同国家的特点来了解顾客的需求,在中国我们的理念就是'快乐购物每一天',这个理念就意味着我们为顾客提供经济实惠的价格、优质的服务、良好的购物环境。同时,作为国际零售企业我们还向顾客倡导节能环保的理念。"一直以来,正是由于德士高坚持"为顾客创造价值"的核心理念,赢得了众多顾客的信任和支持。

扩张:从最初进入中国投石问路般的扩张速度,到 2008 年下半年开始的加速扩张,即使是在 2009 年金融危机的大背景下,更多的企业搁置扩张计划时,德士高却选择逆市加速扩张,德士高为中国市场制定了"张弛有度"的发展策略。

节能:在中国,德士高不断努力打造节能门店,所有在 2008 年及其后新开的门店均沿用节能店的标准进行建设,现在德士高中国已拥有 27 家节能门店,预计每家门店年能耗降低 25%。不仅如此,德士高还完成了所有 2008 年以前开设的门店的节能改造,共 54 家,预计单店年节能 15%。环境问题一直是德士高非常关注的企业社会责任的重点。

门店选择:中国是德士高(在中国门店为"乐购超市")最为重要的市场之一,但德士高在中国新增门店将慎重选择,有专门独立的团队对地域选择进行研究,将主要集中在已有门店的城市增开新店。此外,城市的人口数量也是德士高开店的重要考量指标。据悉,德士高中国在 2010 财年将新增 23 家,至少将和 2009 年的开店数持平,在这 23 家门店中将有 9 家左右的自有地产的项目。

5.1.3　德士高公司的经营状况

除了在英国本土的 691 家大型购物中心外,该公司 42% 的店铺分布于中欧与东南亚各国,是个国际化的超市巨人。

　　德士高超市连锁集团（Tesco）1995年开始实施忠诚计划——"俱乐部卡"（Clubcard），并且根据俱乐部卡得到的信息数据细分的消费者数据来设立德士高13个"利基俱乐部"，通过俱乐部提高客户对公司的忠诚度，帮助公司将市场份额从1995年的16％上升到了2003年的27％，成为英国最大的连锁超市集团。

　　• 2001年7月，德士高开始了在美国的网上食品零售业务；

　　• 2003年10月，电信业务开始营运，包括移动电话及家用电话的服务；

　　• 2004年8月，宽带业务正式营运；

　　• 2006年，德士高出资3亿2000万英镑收购乐购90％股份借道进入中国零售市场；

　　• 2007年，德士高与英国电信公司O2在爱尔兰成立合资公司，经营其在爱尔兰的移动电话网络业务。

　　根据德士高集团公布的2009/2010年度的全球财年报告，德士高全球业务增长迅速，集团销售额继去年增长后再度取得了骄人的成绩，销售总额突破625亿英镑，集团总利润达到31.76亿英镑。

　　德士高擅长数据库营销，通过架设EDMSYS平台，根据顾客的生理、心理、行为等特征，将数千万顾客划分为年轻学生、家庭主妇、注重健康的、爱好运动的、实惠的、情调的、忠诚的、游离的等80个顾客群类别。对这些数据的娴熟运用，使它获得了不可替代的竞争优势。

5.2　行业背景

5.2.1　我国目前零售企业竞争格局表现

　　企业规模化趋势逐渐明显，产业集中程度有较大幅度的提高，同时零售企业间并购进程加快，集团规模增大，出现了一批初具规模的大型企业集团，并且零售业向超大型零售企业的发展开始加速。其次，外商企业占有相当优势，增长也十分迅速。2004年我国零售业外商投资法人企业数264家，分店2200多个，比上一年增长了89％；2004年零售企业前30名中国内企业销售额增幅为17.8％，而外商企业为21.6％，销售额占零售企业30强销售总额比例为20.8％，优势较为明显。

　　外资的大量涌入，高投入、掠夺性布局及其迅速壮大，显示出了对零售企业乃至整个行业的威胁，也在客观上刺激和加速了我国零售企业的规模化整合及行业集中程度的提高，唯有自我发展壮大，方可应对外资在各方面的大冲击，保护本国零售企业的市场地位。

　　长期以来小、散、乱、差的竞争格局导致零售市场中的过度竞争和无序竞争，严重影响了零售企业的平均利润水平,无益于企业的发展和效益的提高,也无益于整个零售行业的发展。要改变这一局面,必须走规模化、集团化发展的道路,而我国零售业目前无论是规模还是集中程度与合理的市场结构都相差悬殊,因此作为一种趋势,零售企业的规模仍将继续增大,零售市场的集中度必将进一步提高。

5.2.2　跨国零售企业在华发展的特点

(1)业态扩张以大型超市为主。

跨国零售企业进入中国市场时,一般避开了在国内外市场都已步入成熟期的百货店的业态模式,而主要集中在大型综合超市、仓储式商场、大型家居建材专业店、便利店等在全球最具成长性的新型业态模式上进行投资,其中大型综合超市占据了主导地位。目前,中国的大型综合超市中,外资比重已经超过了六成。

(2)独资化趋势明显。

2005年后,我国政府取消了对外资零售企业的股权限制,外资零售企业进入中国市场的方式越来越与国际趋同,独资、并购将成为未来外资零售企业进入中国市场的主导方式。以内资合作进入中国市场的麦德龙等企业收回股权,实行对其更为灵活自主的独资经营。

(3)区域扩张转向中西部和中小城市。

跨国零售企业在中国市场总体集中在东部沿海地区和大型城市,但是,资料表明,中西部地区和中小城市的发展速度快于东部和大城市。这表明东部地区和大型城市对于跨国零售企业的吸引力在趋于稳定,中西部地区(尤其是西部地区)及中小型城市正日益受到外资零售企业的重视。

5.2.3　零售企业竞争模式

(1)沃尔玛模式:通过提高供应链效率,挤压上下游成本,以价格和地理位置作为主要竞争力。

(2)德士高模式:通过对顾客的了解和良好的顾客关系,将顾客忠诚计划作为企业的核心竞争力。

5.3　忠诚计划

5.3.1　顾客忠诚计划的兴起

顾客忠诚计划起源于20世纪初美国零售商使用的赠券和小票。当时美国零售商按顾客购买量发给顾客一定比例的小票,顾客将其积累到一定数量后可兑换现金。顾客忠诚计划的现代形式诞生于 1981 年"美利坚航空公司常客项目",其形式是按乘客飞行里程奖励里程分,并将里程分兑换为免费机票,以此作为培育顾客忠诚的一种手段。由于应用了计算机的数据存储功能,奖励项目不再需要小票和其他凭证。该计划的实施,不仅回报了忠诚顾客,更重要的是获得了带给公司最大收益的顾客个人信息,使一对一营销成为可能。目前,基于计算机数据库的顾客忠诚计划广泛流行于国外的酒店业、航空业、零售业等服务型行业。在美国,有近一半的人口至少参与一项顾客忠诚计划,年增长率达 11%(Schneiderman,1998)。

顾客忠诚计划的兴起主要是受到下面两个因素的影响:

(1) 营销理念的转变。

20 世纪 80 年代以来,随着企业间竞争的加剧和国际化进程的发展,片面强调赢得新顾客的交易营销理论日益显出局限性。此时的营销思想开始发生了较大的转变:由重视市场份额的争夺转向重视现有顾客的维系,力图通过现有顾客的生命周期价值最大化,实现企业获得长期稳定收益。伴随这种营销思想的转变,越来越多的企业意识到,与寻求新顾客相比,保留住老顾客更便宜、更经济。企业开始重视顾客资产经营,采取深度管理模式,区分出最有价值的顾客,然后给予适度的关照,确保和顾客的关系能抵挡竞争者的营销攻势,以保持双方具有较稳定的互利关系。

(2) 现代信息技术的发展。

随着现代信息科技的发展,尤其是在电讯和数据管理领域的发展,为管理大量纷繁复杂的顾客数据提供了可能。现代先进的通讯技术拉近了企业和顾客的距离,使企业可以更为方便地收集顾客信息以及与顾客进行沟通。如:因特网提供了人格化的信息反馈环,能将大规模的顾客信息反馈给企业。而数据仓库、数据挖掘等数据库技术提供了获取顾客知识的各种工具,解决了客户资料、交易数据等基本数据的存储和查询问题,提高信息资源的利用效益,为企业留住有价值的顾客,开展高效的促销活动提供帮助。

5.3.2　德士高公司忠诚计划

1) 发展过程

在超市行业激烈竞争背景下,德士高面临两种战略选择:①价格突围战;②服务持久战。然而以沃尔玛为代表的超级市场已然占据高供应链效率和低运营成本的绝对优势,其运营系统之庞大及完善难于超越。而在消费者数据管理及个性化市场细分领域,很多超市都尚停留在粗糙的积分制度以及简单的消费者身份信息记录程度上,顾客忠诚的长久建立与维系成为德士高赢取核心竞争力的一大契机。

由此,德士高公司率先推出了"俱乐部卡"。持有该卡顾客可以从他们在德士高消费的数额中得到 1％的奖励,每隔一段时间,德士高就会将顾客累积到的奖金换成"消费代金券",邮寄到消费者家中。德士高的营销人员注意到,很多公司积分计划章程非常繁琐,消费者往往是花很长时间也不明白具体积分方法,而另一些企业推出的忠诚计划奖励非常不实惠,看上去奖金数额很高,但是却很难兑换。这些情况造成消费者根本不清楚自己的积分,也不热衷于累计兑换,成为了"死用户"。而"俱乐部卡"的积分规则十分简单易懂,避免了以上情况。这种方便实惠的积分卡吸引了很多兴趣,产生了立竿见影的效果。据德士高的统计,俱乐部卡推出的头6 个月,在没有任何宣传的情况下,取得了 17％左右的"顾客自发使用率"。

德士高取得了骄人业绩增长后,Sainsbury、Asda 等连锁超市也相继推出了类似的积分计划。但德士高并没有陷入和它们打价格战、加大顾客返还奖励等,而是采取了精准营销的战略——德士高通过顾客在付款时出示"俱乐部卡",掌握了大量翔实的顾客购买习惯数据,通过这些数据德士高将超市中顾客经常购买的商品分为 50 种类别,每种类别和消费者的一种生活习惯和家庭特征相对应。系统运行了 6 个月,德士高的数据库成功细分出了 13 个"利基俱乐部",比如有单身男人的"足球俱乐部"、年轻母亲的"妈妈俱乐部"等。"俱乐部卡"的营销人员为这十几个"分类俱乐部"制作了不同版本的"俱乐部卡杂志",刊登最吸引他们的促销信息和其他一些他们关注的话题。一些本地的德士高连锁店甚至还在当地为不同俱乐部的成员组织了各种活动。现在,"利基俱乐部"已经成为了一个个社区,大大提高了顾客的情感转换成本(其中包括个人情感和品牌情感),成为了德士最高有效的竞争壁垒。图 5-2 为德士高忠诚模式的四个关键步骤。

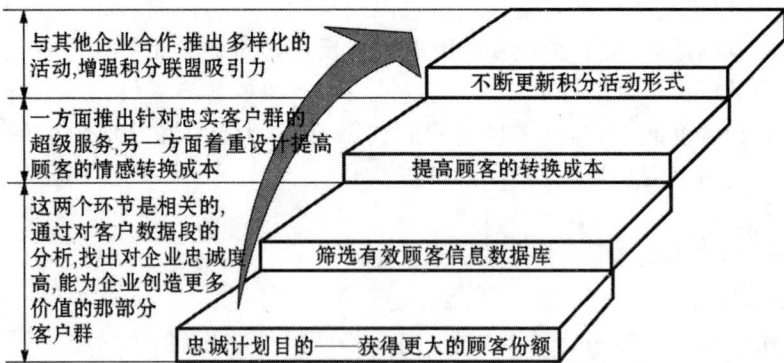

图 5-2　德士高顾客忠诚模式的四个关键步骤

2）忠诚计划的成本控制

德士高的上述营销措施也需要消耗巨大的投入。德士高维持的俱乐部约有1000 万会员,而且是以现金返还为主要奖励方法。除此之外,德士高还要为不同

"利基俱乐部"成员提供量身定做的促销活动,这其中的日常管理和营销沟通非常庞大。如果不进行有效的成本控制,德士高肯定会陷入自己设计的成本泥潭。

据德士高自己的统计,"俱乐部卡"每年返还给顾客的折扣大约为 1.5 亿英镑,而德士高自推出该卡以来随后的 9 年里共为此付出了 10 亿英镑的代价。为此,德士高在执行该卡计划的同时也总结出了一整套成本控制方法。

首先,德士高几乎从来不使用电视等大众媒介来推广"俱乐部卡"。德士高"俱乐部卡"设计者 Clive Humby 解释说:德士高以前是电视媒体的主要广告商之一,但是后来他们通过调查发现,直接给顾客寄信,信息到达率更高,更加能引起消费者的注意。并且,很多消费者认为,定期收到一些大公司的沟通信件,让他们有抬高了社会地位的感觉。在英国这个有限的市场里,德士高的市场目标不可能是赢得更多的消费者,而是怎样增加单个消费者的价值,所以直接和消费者建立联系,既便宜又有效。

如果有的"利基俱乐部"要进行一次"获得新顾客"的营销活动时,他们往往会选择一两本这些细分市场经常阅读的杂志。然后花很低的广告费,在杂志中夹带"利基俱乐部"的促销信件。为了更好地控制成本,德士高还经常和供应商联手促销,作为返还给消费者的奖励,把维系忠诚计划的成本转移到了供应商身上。由于德士高这种按照消费者购买习惯细分市场的"利基俱乐部"数据库,内容真实详细,促销非常具有针对性,供应商十分愿意参加这样的促销活动,提高品牌知名度、加强与消费者的关系。较之沃尔玛强制供应商降价促销而言,德士高的供应商基本上都是自愿与德士高联手,实现了共赢。

3) 忠诚计划中的数据库营销

德士高会员卡上带有条形码,如果每位消费者每周购买 30 件商品,那么德士高的数据库中每年就将增添 180 亿个新数据;而如果每位消费者每周购买 40 件商品,那么德士高的数据库中每年就将增添 240 亿个新数据。这是个非常庞大的数据库,所以德士高需要用最先进的统计和分析技术将其归类分析,得出有价值的信息。通过会员卡的记录,德士高可以精确统计顾客在某段时间内购买了何种商品,以了解不同商品之间的潜在购买联系,并据此改变这些商品在店铺中的摆放位置。

庞大的数据库为德士高带来了两点好处。第一,这些数据有助于公司向消费者提供特殊的、有针对性的优惠服务。每季度末,会员卡持有者都能收到德士高寄来的现金折扣券,其价值相当于顾客当季消费金额的 1%。第二,德士高还根据数据库中储存的顾客数据,查出顾客过往购买的商品,分析出顾客可能有兴趣购买的商品,并将这些商品的折扣券一并寄给消费者。

所以,这个系统有几个方面的功能:有针对性的客户服务、超市货品陈列的优化、对消费者需求做出更好的预测,这一切都是为了更好地服务客户。

4）忠诚计划的精确细分

德士高最令人羡慕的还是在于它准确的客户细分，事实上，虽然人人都知道客户细分非常重要，但少有公司真正在这方面做得很好。从技术层面上来看，根据驱动消费行为的态度和习惯分析，德士高要面对万种潜在的细分类别。到底该怎样才能将每一个客户放在合适的细分群体中？解决的办法就是"按图索骥"。"探索型"的客户会购买初榨橄榄精华油或者马来西亚咖喱，可以通过付款时检查他们的购物篮来了解他们购买的商品，而有些商品，比如人人都可能买的香蕉，被扔在一边，就可以帮助公司发现哪些是"探索型"的客户。一个相似的推理加上复杂的数学计算，最终可以分辨出他们更感兴趣的是"新鲜的"、而不是"新奇的"产品，后者恰好是"探索型"客户的最爱。

精确的细分另一个重要的议题是可以指导高效的定价。在市场中，有一家名为 ASDA 的大型连锁超市，是德士高的竞争对手。由于没有花费多少费用在打造忠诚，它被视为价格领先的业内标杆。通常为了具有价格优势，大多数公司都会选择参考竞争者的价格，然后确定一个更低的价格，成为业内公认的价格标杆。但这样的结果往往是导致一场几败俱伤的价格大战。而德士高却逃离了这样的厄运。它先是用已有的数据，找到那些对价格敏感的客户。"如果通过会员数据可以挑出哪些是价格敏感型的客户喜爱购买的商品，而不是其他的人和商品，然后给在公司可以接受的最低成本水平上为这些商品确定一个最低价来吸引这类'价格敏感型'的客户"。实际上，由于不了解自己的客户，很多零售商都把钱浪费在降价促销一些人们其实必须购买的产品上了。这样有目标的降价让德士高可以从竞争对手那里吸引来更多的顾客，更妙的是，这样的低价无损公司整体的盈利水平。

5）忠诚计划的继续发展

而从 1996 年开始，德士高不满足于经营单纯的零售积分卡，而是把业务延伸到了金融服务领域，他们与苏格兰银行合作于当年 6 月推出了"Clubcard Plus"联名卡。

联名卡（Co-Branded Card）一般是非金融界的营利性公司与银行合作发行的信用卡，近年来被市场广泛接受、发展很快。在管理方式上，联名双方（或多方签有详细的利润分成），可以利用公司的品牌和忠诚顾客基数，针对有一定特殊共性的消费群体来设计品牌，是一个极好的市场细分的手法。

德士高的"Clubcard Plus"推出时针对的是"俱乐部卡"会员中最忠诚、消费额度最高的那 20％中产阶级家庭。而现在，不仅"Clubcard Plus"信用卡在英国颇受欢迎，2003 年公司在"俱乐部卡"的基础上还推出了"德士高个人金融服务"和"德士高电信服务"等其他利润更高的衍生服务。推出不到一年，用户已经超过了 50万。正如德士高自己形容："我们不仅仅是用'俱乐部卡'的积分来奖励消费者，我们还根据它的数据来决定企业的发展方向。"

当前,全球零售业竞争异常激烈,然而德士高却凭借着优秀的客户关系管理在行业中独占鳌头,戴维·里德作为德士高公司的掌舵者带领着他的员工把德士高的优质服务带到世界上的多个国家,而此时的戴维·里德也踌躇满志,他必将把德士高带到一个更辉煌的明天。

案例思考

1. 一般忠诚计划的原理及其利弊分析。
2. 德士高的忠诚计划与一般忠诚计划有何不同?
3. 试分析德士高的忠诚计划成功之处。
4. 德士高忠诚计划的成功对零售企业的启示何在?

案例 6　星巴克咖啡

案例摘要

星巴克自 1971 年创建、1992 年上市,经过快速发展,取得了巨大的成功。早在 2001 年《商业周刊》评出的全球 100 个最佳品牌中,星巴克排名第 88 位,《商业周刊》称其是"最大的赢家",因为在许多著名品牌的价值大跌的 2001 年其品牌价值猛增了 38%,位居第一。如今星巴克的版图扩张到全球 50 个国家和地区,拥有 16 000 家门店,拥有员工 14 万之众,以其童话般的奇迹让全球瞩目。星巴克靠着给顾客创造工作场所、生活居所之外温馨舒适的"第三生活空间",不断创新价值、营造星巴克体验和独特的咖啡文化来吸引顾客,一杯一杯的星巴克咖啡使整个世界为之着迷,也使其获得巨大成功。由于快速扩张,不断进行品牌延伸,其品牌核心价值不断稀释,近年遇到空前的危机。舒尔茨不得不重返星巴克,裁员减店,以重新寻回星巴克的灵魂,重现其辉煌。

关键词

星巴克　第三空间　顾客体验　咖啡宗教　价值创新　霍华德·舒尔茨

案例导读

自 1992 年上市以来,十几年来深受华尔街宠爱的星巴克稳定成长的光环似有褪色之势,2006 年 7 月,同店销售额成长率只缴出 4% 的成绩,创下近 5 年新低增幅,单月业绩一公布吓坏许多投资人。2006 年 11 月起,公司股价下跌了近 30%。在 2007 年第二季度,公司历史上首度出现消费者数量停滞增长的局面;2008 年第三季度,星巴克自上市以来首次亏损,亏损额度为 650 万美元。过度的扩张和没有节制的发展使得星巴克品牌延伸,渐渐远离了其核心价值,曾经给顾客的第三空间不再,顾客在星巴克的体验不如从前,那条让顾客流年忘返的美人鱼游走了。

2008 年 1 月,星巴克集团公司董事长霍华德·舒尔茨重新回到首席执行官 (CEO) 的位置上,以应对正遇到的巨大挑战。为了拯救星巴克,他痛下决心,毅然决然宣布裁员减店,即刻宣布要复兴咖啡体验,在店内为顾客现场研磨咖啡豆,很多原来星巴克的爱好者纷纷欢呼:星巴克的灵魂回来了,那条小美人鱼又游回来了。那么什么是星巴克的灵魂? 过去的星巴克给顾客怎样的体验? 它是如何为顾客创造价值的?

6.1　星巴克

6.1.1　星巴克概况

星巴克(Starbucks)咖啡公司成立于 1971 年,是世界领先的特种咖啡的零售商,烘焙者和星巴克品牌拥有者。目前旗下零售产品包括 30 多款全球顶级的咖啡豆、手工制作的浓缩咖啡和多款咖啡冷热饮料、新鲜美味的各式糕点食品以及丰富多样的咖啡机、咖啡杯等商品。此外,公司通过与合资伙伴生产和销售瓶装星冰乐咖啡饮料、冰摇双份浓缩咖啡和冰淇淋,通过营销和分销协议在零售店以外的便利场所生产和销售星巴克咖啡和奶油利口酒,并不断拓展泰舒茶、星巴克音乐光盘等新的产品和品牌。

目前。星巴克在全球的如今星巴克的版图扩张到全球 50 个国家和地区,拥有16 000 家门店,拥有员工 14 万之众。

6.1.2　星巴克发展历程

星巴克这个名字来自麦尔维尔的小说 Mobby Dick(中译名为《白鲸》)中一位处事极其冷静、极具性格魅力的大副。他的嗜好就是喝咖啡。麦尔维尔被海明威、福克纳等美国著名作家认为是美国最伟大的小说家之一,在美国和世界文学史有很高的地位,但麦尔维尔的读者并不算多,主要是受过良好教育、有较高文化品位的人士,没有一定文化教养的人是不可能读过《白鲸》这部书,并知道 Starbucks 这个人的。星巴克咖啡的名称暗含其对顾客的定位——它不是普通的大众,而是有一定社会地位、有较高收入、有一定生活情调的人群。星巴克咖啡不是饮料领域的麦当劳的翻版——后者面向所有人,尤其是对儿童和收入不高的消费者有很大的吸引力。星巴克的这种有所为有所不为的经营方式取得了巨大的成功。它追求的不是顾客的数量而是顾客的质量,是特定人群对于星巴克咖啡的“顾客忠诚度”。在美国,有些顾客每月光顾星巴克咖啡店的次数竟高达 18 次。星巴克文化仍然属于美国大众文化的一部分,但它是大众文化中的精英文化,也可以说是精英文化中的大众文化。

下面是星巴克的发展轨迹:

1971 年,其创始人 Jerry Baldwin,Zev Siegl 和 Gordon Bow 用 9050 美元进行投资,星巴克在西雅图派克市场成立第一家店,开始经营咖啡豆业务。

1982 年,霍华德·舒尔茨先生加入星巴克,并担任市场和零售总监。

1985 年,霍华德·舒尔茨先生离开星巴克,自己创业天天咖啡。

　　1987 年,舒尔茨先生收购星巴克,天天咖啡与星巴克咖啡合并,并开出第一家销售滴滤咖啡和浓缩咖啡饮料的门店。

　　1992 年,星巴克在纽约纳斯达克成功上市,从此进入一个新的发展阶段。

　　2004 年,遍布全球 60 个国家和地区,成为拥有 8 000 多家连锁店的咖啡王国。

　　目前,星巴克在全世界 50 个国家,拥有超过 16 000 家门店,145 000 名伙伴(员工)。

　　"星巴克正用咖啡毒害这个世界",美国《商业周刊》这样写道,星巴克的增长速度让人们不可思议。在全球各地,星巴克一周销售 4 000 多万杯咖啡饮料,每月销售差不多 2 亿杯,按每杯 3 美元算,星巴克咖啡销售每月就达 6 亿美元销售额。自 1992 年在纳斯达克公开上市以来,星巴克的销售额平均每年增长 20% 以上。2006 财年公司净收入总量增长 22%,达到 78 亿美元;净收益增长 14%,达到 5.64 亿美元。2007 财年的第一季度净收入增长 22%,达到 24 亿美元,净收益达到 2.05 亿美元,同比增长 18%。过去十几年,星巴克的股价上涨了 5 000%,过去 300 多年来,没有咖啡馆公司能够做出这种规模,这是史无前例的!

　　星巴克单独引导了 90 年代消费和休闲方式,其年增长率高于包括 IT 在内的各行业的大多数公司。

　　星巴克每年广告花费不过 100 万美元。10 年间股价翻了 22 倍,股票收益超过了通用电气、百事可乐、可口可乐、微软以及 IBM 等大公司股市收益的总和。2005 年美国《财富》评出"全美 10 家最受尊敬的公司",星巴克位居第三,排在沃尔玛的前面。

　　品牌的建立,似乎永远与巨额的广告费联系在一起。这方面的例子举不胜举。星巴克之所以值得关注,在于它开创了一种不依赖于广告的品牌创立方式。

　　这是一种什么样的品牌创立的方式? 星巴克到底靠什么取胜? 雅斯培·昆德(Jesper Kunde)在《公司宗教》(Corporate Religion)一书认为,星巴克的成功在于,在消费者需求的重心由产品转向服务,再由服务转向体验的时代,星巴克成功地创立了一种以创造"星巴克体验"为特点的"咖啡宗教",并以此为顾客创造新的价值。

6.1.3　星巴克在中国的发展

　　星巴克在全球有三种商业组织结构:独资自营、合资公司、许可协议。在早先的星巴克看来,中国这个习惯喝茶的古老国度咖啡市场应该会很有限,再加上对中国市场的陌生,所以当星巴克准备进入中国的时候,他们选择了授权的方式。1999 年 1 月,经星巴克授权的北京美大星巴克咖啡有限公司在北京开设了星巴克在华的第一家咖啡店,而北京地区的开店至今仍由美大在负责。之后第二年,星巴克开始进入上海,这一次他们选择的方式是与台湾统一合作成立了上海统一星巴克公司,星巴克占有合资公司 5%的股份。随后,星巴克又与美心食品国际有限公司合作,成立了美心星巴克咖啡餐饮(南中国)有限公司,共同进军华南市场。迄今为止,星巴克已经在北京、上海、宁波、青岛、大连、成都和重庆等城市开设了上百家门店。

而目前企业结构成为商业利益的纠葛,星巴克总部收取特许经营商的专利金后,将星巴克的商标使用权授予特许经营商使用,总部只能在特许经营商的营业收入中提取少量固定比例的提成,这本身就使星巴克总部心理很难平衡,再加上对中国市场的日益熟悉,星巴克品牌在中国的日益知名,部分店面服务标准的变形与走样,"单飞"的念头日渐强烈。上海统一星巴克咖啡有限公司行使其在上海、杭州和苏州等江南地区的代理权;美心星巴克餐饮(南中国)有限公司目前拥有在中国澳门、广东和海南的星巴克经营权;北京、天津为主的中国北方地区的代理权授予了北京美大咖啡有限公司。

短短几年的时间,中国区成为星巴克全球业务中的一个亮点。香港星巴克分店开业第一个月就创下了全球最快盈利纪录,上海统一星巴克发展堪称奇迹,在两年内就获得了 3 200 万元的利润。这使得星巴克总部眼红不已,如果能将这些代理权统一收回并能在此基础上继续发展壮大,那么星巴克在中国餐饮市场的地位真是无法估量。

星巴克中国大事记:

1998 年 3 月,进入台湾,开出第一家。

1999 年 1 月,进入中国大陆,在北京国贸开设中国和华北第一家门店。

2000 年 5 月,进入华东,在上海淮海路力宝大厦开设华东第一家门店。

2000 年 5 月,进入香港,开出第一家店。

2002 年 8 月,进入华南,在深圳中信广场开设华南第一家门店。

2005 年 4 月,进入青岛,开设中国第一家独资店。

2005 年 9 月,进入东北,在大连开设东北第一家门店。

2005 年 9 月,进入西南,在成都开设西南第一家门店。

2005 年 9 月,设立星巴克中国教育项目,帮助改善中国特别是西部地区的教育状况。

2005 年底,星巴克在上海成立星巴克企业管理(中国)有限公司,主要负责星巴克大中华区战略发展、市场开拓和营运等事务。

2006 年 10 月,收购北京美大咖啡有限公司多数股权,获得北京和天津地区营运权。

2006 年 11 月,进入西北,在西安开设西北第一家门店。

2010 年 9 月 16 日,星巴克正式登陆湖南长沙,位于五一广场王府井和东塘平和堂的第一和第二家店同时开业。

2010年9月28日,星巴克落户美丽的榕城,选址在中国十大历史文化名街的三坊七巷。

短短数年间,星巴克已在中国28个城市开设近400家分店,中国已成为星巴克最大的海外市场。

6.2 行业竞争

6.2.1 主要竞争对手

1)国际专业咖啡连锁企业

如英国的Costa和美国的香啡缤。Costa咖啡于2007年挺进中国,与中国市场的先行者星巴克所代表的美国咖啡不同,Costa源自意大利风格,并带有欧洲贵族气质,风格上的差异带来了竞争。香啡缤目前是美国最老和最大的咖啡和茶特许加盟连锁供应商,在国际上已经有700家加盟连锁门店、289家直营连锁店和403家特许加盟连锁店,风格和星巴克类似,产生了替代威胁。

2)速溶和包装咖啡企业

星巴克旗下Via速溶咖啡2010年开始在美国和加拿大市场全面销售。这标志着这家以自制咖啡闻名的公司正式进军速溶咖啡市场。速溶咖啡品牌雀巢占据全球咖啡市场25%的份额,而在中国市场占有率则高达80%。面对雀巢等成熟的竞争对手,星巴克自降身价,投身低端市场,多少有些背水一战的无奈。

3)其他类型的饮料门店

避风塘的茶文化,麦当劳的麦咖啡,85度C的复合连锁店和哈根达斯的顶级冷饮都对星巴克产生了竞争威胁。其中全球快餐食品的龙头麦当劳,在2006年2月推出了极品咖啡,之后又在美国800家分店增加了咖啡饮料产品,并宣布到2009年会在美国所有店面增加饮料品种。麦当劳推出的饮料价格比星巴克低约50美分,同时又有质量的保证。麦当劳由于近几年来不断地推陈出新,他们的业绩已经连续6年持续好转,而星巴克的财务状况则令人不甚满意。2007年星巴克的股价暴跌了42%,使其成为纳斯达克证券交易市场表现最糟糕的公司之一。85度C是诞生在台湾地区的一个年轻的咖啡连锁品牌。它的模式是咖啡面包蛋糕复合连锁店。诞生三年,其市场占有率便赶超在台湾地区打拼8年之久的星巴克,成为台湾地区连锁咖啡领域的老大。

4)种植、加工领域

云南、海南从事咖啡种植和加工的企业比较多,但大多以粗加工产品为主,且数量有限。缺乏具有竞争力的品牌,缺少深加工产品。总而言之,低水平竞争的情况比较普遍。

6.2.2　未来咖啡行业竞争格局展望

1) 生产将逐渐集中

虽然近年来我国咖啡豆种植面积有不断下降的趋势,但咖啡豆产量却保持增长,说明咖啡豆的种植技术有比较明显的提高。由于国家对外资投资咖啡种植持鼓励态度,因此可以预计,未来几年我国咖啡豆的产量将保持继续增长。"公司＋基地＋农户"将成为主要的咖啡种植和加工模式。出于规模经济的考虑,未来咖啡种植园的生产经营必将逐步呈现集中化、集约化的趋势。

2) 加工领域竞争将日趋激烈

与咖啡种植领域的集中化趋势相对应的是,加工领域的竞争将日趋激烈。如何摆脱低水平的竞争,开发出高附加值的咖啡产品的过程同时也将是咖啡加工领域洗牌的过程。

3) 营销模式多样化

目前,在大中城市,咖啡消费日渐成熟,经营业态向小型、简约的大众化咖啡厅形式发展,推出咖啡餐厅、咖啡推车、咖啡小巴等营销模式。未来针对不同消费人群、不同定位的咖啡销售业态将会陆续涌现。咖啡消费的大众化将使咖啡营销模式向多样化的方向发展。

6.3　星巴克词典

6.3.1　霍华德·舒尔茨

星巴克的成功,霍华德·舒尔茨功不可没。1982 年他放弃在纽约一家瑞士公司的高管和高薪工作加入星巴克,之所以愿意加入该公司,是因为他对星巴克的第一印象很好,觉得星巴克的文化很有潜质。他说:"最初的星巴克店是一个很普通的地方,但充满特色。门打开的一瞬间,一股令人陶醉的咖啡芳香扑鼻而来,把我拉了进去。我进到里边,看到的就像是一座咖啡崇拜的庙宇。喝到第三口,我便吸引住了。我感觉好像发现了一个新的大陆。"

当时,星巴克只不过是一家咖啡烘干厂和 5 家咖啡店。1983 年,舒尔茨在意大利发现,咖啡店在意大利的日常生活中处于中心地位。他意识到美式咖啡和咖啡店在美国的市场尚未开发。1985 年舒尔茨创办了自己的公司,1987 年他又回到星巴克,以 380 万美元收购了它。

星巴克能有今天的成功,显然与舒尔茨独特的经营理念和管理方法密切相关。美国《语境》(CONTEXT)杂志曾说,舒尔茨"改变了我们对于咖啡的想象力"。

霍华德的管理作风与他的出身有关。他的父亲是货车司机,家境贫寒,所以他理解和同情生活在社会底层的人们。据说他从小就有一个抱负,如果有一天他能说了算,他将不会遗弃任何人。所以他提出了全员股票期权方案。

由于他曾生活在社会的底层,他坚信只有靠诚实的、持续的努力才可能获得财富。他说:"管理品牌是一项终生的事业。品牌其实是很脆弱的。你不得不承认,星巴克或任何一种品牌的成功不是一种一次性授予的封号和爵位,它必须以每一天的努力来保持和维护。"

可以说,舒尔茨的这种平民主义的思想直接影响了星巴克的股权结构和企业文化,这种股权结构和企业文化又直接导致了星巴克在商业上的成功。

6.3.2　顾客体验(Starbucks Experience)

星巴克的价值主张之一是:星巴克出售的不是咖啡,而是人们对咖啡的体验。这令人想起了东方人的茶道、茶艺。茶道与茶艺的价值诉求不是解渴,而是获得某种独特的文化体验。著名作家董桥说过,有身份的人不饮无道之茶,茶有茶道,但咖啡也有自己的道。而星巴克的成功在于它创造出"咖啡之道",让有身份的人喝"有道之咖啡"。

(1) 他们对产品质量达到了发狂的程度。无论是原料豆及其运输、烘焙、配制、配料的掺加、水的滤除,还是最后把咖啡端给顾客的那一刻,一切都必须符合最严格的标准,都要恰到好处。

(2) 除了产品本身之外,"星巴克体验"还包括店内诱人、浓郁的环境——时尚且雅致,豪华而亲切。人们来到星巴克,为的是放松,摆脱繁忙的工作稍事休息,或是约会。人们每次光顾咖啡店都能得到精神和情感上的报偿。因此,无论是其起居室风格的装修,还是仔细挑选的装饰物和灯具,煮咖啡时的嘶嘶声,将咖啡粉末从过滤器敲击下来时发出的啪啪声,用金属勺子铲出咖啡豆时发出的沙沙声,都是顾客熟悉的、感到舒服的声音,都烘托出一种"星巴克格调"。

星巴克将咖啡豆按照风味来分类,让顾客可以按照自己的口味挑选喜爱的咖啡。"活泼的风味"——口感较轻且活泼、香味诱人,并且能让人精神振奋;"浓郁的风味"——口感圆润,香味均衡质地滑顺,醇度饱满,"粗犷的风格"——具有独特的香味,吸引力强。

星巴克分别在产品、服务和体验上营造自己的"咖啡之道"。

产品:星巴克所使用的咖啡豆都是来自世界主要的咖啡豆产地的极品,并在西雅图烘焙。

服务:星巴克公司要求员工都对于咖啡的知识及制作咖啡饮料的方法。除了为顾客提供优质的服务外,还要向顾客详细介绍这些知识和方法。

体验:来过 Starbucks 咖啡店的人都会产生一些独特的经验,即"星巴克体验"。星巴克一方面鼓励顾客之间、顾客与星巴克员工之间进行口头或书面的交流这些体验,另一方面,也鼓励员工之间分享在星巴克的工作体验。比如在公司内部流传着一些动人的故事,这些故事员工为自己是一个星巴克人而感到骄傲。

6.3.3　浪漫(Romance)

星巴克人认为自己的咖啡只是一种载体,通过这种载体,星巴克把一种独特的格调传送给顾客。这种格调就是"浪漫"。星巴克努力把顾客在店内的体验化作一种内心的体验——让咖啡豆浪漫化,让顾客浪漫化,让所有感觉都浪漫化……这些都是让顾客在星巴克感到满意的因素。舒尔茨说:"我们追求的不是最大限度的销售规模。我们试图让我们的顾客体会品味咖啡时的浪漫。"

6.3.4　第三空间(Third Place)

星巴克公司努力使自己的咖啡店成为"第三场所"(Third Place)——家庭和工作以外的一个舒服的社交聚会场所,成为顾客的另一个"起居室",既可以会客,也可以独自在这里放松身心。可以说,星巴克的这个目标实现了,因为有相当多的顾客一月之内十多次光顾咖啡店。

6.3.5　合伙人(Partners)

在星巴克公司,员工不叫员工,而叫"合伙人"。这就是说,受雇于星巴克公司,就有可能成为星巴克的股东。星巴克现有"合伙人"约 25 000 人。星巴克把员工都看成是自己的合伙人,这样就把每个员工与公司的总体业绩联系起来,无论是 CEO 还是任何一位合伙人,都采取同样的工作态度。为此,1991 年,星巴克开始实施"咖啡豆股票"(Bean Stock)。这是面向全体员工(包括兼职员工)的股票期权方案,每个员工都持股,都成为公司的合伙人,要具备获得股票派发的资格,一个合伙人在从 4 月 1 日起的财政年度内必须至少工作 500 个小时,平均起来为每周 20 小时,并且在下一个一月份即派发股票时仍为公司雇佣。1991 年一年挣 2 万美元的合伙人,5 年后仅以他们 1991 年的期权便可以兑换现款 5 万美元以上。

霍华德·舒尔茨将公司的成功很大程度上归功于这种伙伴关系的独特性。他说,"如果说有一种令我在星巴克感到最自豪的成就,那就是我们在公司工作的人中间建立起的这种信任和自信的关系。"

舒尔茨相信,最强大最持久的品牌是在顾客和合伙人心中建立的。品牌说到底是一种公司内外(合伙人之间,合伙人与顾客之间)形成的一种精神联盟和一损俱损一荣俱荣的利益共同体。这种品牌的基础相当稳固,因为它们是靠精神和情感,而不是靠广告宣传建立起来的。星巴克人从未着手打造传统意义上的品牌。他们的目标是建设一家伟大的公司,一家象征着某种东西的公司,一家高度重视产品的本真性(authenticity),高度重视员工激情之价值的公司。

6.3.6 学习旅程(Learning Journey)

星巴克的"学习旅程"(每次4小时一共5次的课程),是所有新合伙人在就业头80个小时中都要上的课程。从第一天起,新合伙人即熏陶在星巴克的这种价值和基本信念体系之中。

星巴克的培训包括:

• 基本的和更精细的关于咖啡的知识;

• 如何热情地与他人分享有关咖啡的知识;

• 准备膳食和饮料的一般知识,包括基本知识和顾客服务高级知识;

• 为什么星巴克是最好的;

• 关于咖啡豆、咖啡种类、添加物、生长地区、烘焙、配送、包装等方面的详细知识;

• 如何以正确的方式闻咖啡和品咖啡,以及确定它什么时候味道最好;

• 描述咖啡的味道;唤醒对咖啡的感觉,习惯使用一套全新的词汇。熟悉咖啡的芳香、酸度、咖啡豆的大小和风味;

• 经常回答人们提出的问题,经常谈论咖啡。

在新店正式开业之前一周,新合伙人的亲友们会参加开业前聚会,目的是在店门正式向公众打开之前,让团队熟悉真实的东西。这些日子晚间所获得的收入,作为慈善金交给咖啡店所在的社区。在聚会当天,鼓励合伙人们煮咖啡品尝,并与其他合伙人与顾客讨论。这有助于合伙人与顾客学到更多关于星巴克提供的不同咖啡的知识。

6.3.7 咖啡宗教(Coffee Religion)

这是雅斯培·昆德在《公司宗教》一书中讨论星巴克品牌时使用的一个词汇。把咖啡与宗教这两样东西相提并论似乎不伦不类,其实不然。著名的宗教社会学家卢克曼认为,在现代社会,随着体制化的宗教("有形的宗教")的式微,将出现越来越多的"无形的宗教"。我们在少男少女对明星的崇拜中,在球迷们狂热的呐喊中,在各种亚文化群体(如同性恋群体)中,都能感受到不似宗教胜似宗教的东西。《经济学家》杂志发表的一篇文章说:"从仅仅为了确认产品到包含整个生活方式,品牌正逐级演化成一个不断增长的社会空间。在发达国家里,有人认为品牌已经扩张到有组织的宗教衰落后留出的真空中。消费者愿意为一个品牌付出额外的钱,是因为这个品牌似乎代表了一种生活方式或者一套理念。公司利用人们的情感需求一如它们利用人们想要消费的欲望。"

因此,耐克用"just-do-it"来说服跑步者,他们出售的是个人的成功;可口可乐则把其嘶嘶作响的饮料与无忧无虑的快乐联系在一起。

星巴克的"咖啡宗教"是由具有大致相通的人生情调、社会身份的人组成的一个共同体。用舒尔茨的话来说,"如果人们认为他们与某公司有着相同的价值理念,那么他们一定忠于该公司的品牌。"星巴克公司就是这种"咖啡宗教"的"教会",星巴克咖啡店就是散布在各处的"教堂",星巴克的合伙人就是这种"宗教"的"神职人员",在经过严格的教育和价值熏陶后,他们把一套知识、格调传达给他们的"教民"——常常到咖啡店来做"晨祷"和"晚祷"的顾客。

把星巴克定义为一种"咖啡宗教"后,我们更能理解星巴克品牌战略。所有的传统宗教都是以口口相传的窄播的方式传播的。这种看似原始、笨拙的传播方式的力量是惊人的,比如耶稣最初只有十二个门徒(其中还有一个叛徒),如今信仰他的人接近十二亿人。有强烈人文精神的人会把这种"咖啡宗教"斥为"拜物教",但他们无法否认这种"无形的宗教"的影响力是难以抵挡的。

6.3.8　零售复制法(Retail Duplication)

舒尔茨经常说,星巴克以一种商业教科书上没教过的方式创立了自己的品牌。星巴克的"第三个场所"的概念,集中体现了成功的"零售复制法",而又不成为咖啡店行业中的麦当劳。星巴克的品牌传播不是通过一点对多点的"广播"模式——这种做法的特点是见效快(当然失效也快),耗资多,而是一种看起来相当缓慢的一点对一点的模式——这种做法的特点是见效慢口碑式营销。舒尔茨说,"星巴克的成功证明了一个耗资数百万元的广告不是创立一个全国性品牌的先决条件,即它并不能说明一个公司有充足的财力就能创造名牌产品。你可以循序渐进,一次一个顾客,一次一家商店或一次一个市场来做。实际上,这也许是在顾客中建立信任的最好方法。通过这种直接对话的方式,再加上你的耐心和经验,用不了多久,你就会将一个地方性品牌提升为一个全国性的品牌——一个多年来关切个人消费者和社区利益的品牌。"这说明为什么广告并非星巴克发展的推动力。从建立至今,星巴克花在广告上的费用不到2000万美元。

"办好一个店,就等于办好了一万个店。"这听起来匪夷所思,然而是事实。实际上,创办至今只花了不到2000万美元广告费的星巴克公司的目标是——在全球开20000家星巴克咖啡店。如果你了解星巴克经营之道,那么对于星巴克,这并非什么难于实现的神话。

上述星巴克词典是业界总结的星巴克成功的关键要点。对于星巴克主席兼 CEO 霍华德·舒尔茨而言，在谈到星巴克的成功之道时，他这样说道："顾客越来越精明了，再也不像以前那样相信商家了。因此我相信，今天建立一个品牌变得更为复杂了，因为人们有更多的选择。"

案例思考

1. 分析星巴克所属的行业背景、行业现状、特点与竞争情况。

2. 何谓价值创新理论？

3. 相对于竞争对手，星巴克给顾客的价值创新何在（如较之欧式咖啡和速溶咖啡）？请根据价值创新理论画出星巴克的价值创新曲线图，并予以解释。

4. 分析星巴克带给顾客的体验。

案例 7　宜家家居的体验

案例摘要

宜家家居(IKEA)进入中国以来,获得了中国正在崛起的中产阶级消费者的关注,并成为了时尚家居和小资生活的符号,至少目前还没有任何一个家居用品企业能够和宜家形成正面的竞争,并且能够做到像宜家一样为消费者着想,能够使用一种近乎让中国消费者看到就会怦然心动的营销模式来进行营销。独特的营销策略是宜家家居成功的关键因素,本案例以宜家家居商场给消费者的实际体验来分析宜家家居的营销策略。

关键词

宜家家居　营销　体验营销　梦想营销

案例导读

现如今,宜家已经成为中国人购买家具家居用品的首选商家。有人说,在中国"喝星巴克咖啡、吃哈根达斯、买宜家家居"已经成为一种时尚。

宜家家居自从 1998 年进入中国,10 多年来在上海、北京、广州、成都、深圳、南京等城市开店,10 年中成长十分顺利,有着非常高的人流量与销售量。在 10 年的过程中,宜家集团是运用什么样的营销策略,来经营中国——全球家居最重要的市场,从而达到吸引中国消费者的目标的呢?

7.1　宜家家居

7.1.1　宜家家居概况

瑞典宜家集团已成为全球最大的家具家居用品商家,销售主要包括座椅/沙发系列、办公用品、卧室系列、厨房系列、照明系列、纺织品、炊具系列、房屋储藏系列、儿童产品系列等约 10 000 个产品。

宜家家居于 1943 年创建于瑞典,"为大多数人创造更加美好的日常生活"是宜家公司自创立以来一直努力的方向。宜家品牌始终和提高人们的生活质量联系在一起,并秉承"为尽可能多的顾客提供他们能够负担、设计精良、功能齐全、价格低廉的家居用品"的经营宗旨。

在提供种类繁多、美观实用、老百姓买得起的家居用品的同时,宜家努力创造以客户和社会利益为中心的经营方式,致力于环保及社会责任问题。

目前宜家家居在全球 34 个国家和地区拥有 240 个商场,其中有 8 家在中国大陆,分别在北京、上海、广州、成都、深圳、南京、沈阳和大连。宜家的采购模式是全球化的采购模式,它在全球设立了 16 个采购贸易区域,其中有 3 个在中国大陆,分别为:华南区,华中区和华北区。目前宜家在中国的采购量已占到总量的 18%,在宜家采购国家中排名第一。根据规划,至 2010 年,宜家在中国内地的零售商场将达到 10 家,所需仓储容量将由现在的 10 万立方米扩大到 30 万立方米以上。中国已成为宜家家居最大的采购市场和业务增长最重要的空间之一,在宜家的全球战略中具有举足轻重的地位。

7.1.2　宜家家居的发展历程

1943 年,英格瓦·坎普拉德创立了宜家。宜家(IKEA)这一名字就是创始人名字的首写字母(IK)和他所在的农场(Elmtaryd)以及村庄(Agunnaryd)的第一个字母组合而成的。宜家起初销售钢笔、皮夹子、画框、装饰性桌布、手表、珠宝以及尼龙袜等几乎英格瓦能够想到的任何低价格产品。随着生意的不断扩大,英格瓦·坎普拉德开始在当地报纸上做广告,并制作临时函购目录。他通过当地的收奶车分销产品,利用收奶车将产品运送到邻近的火车站。

1947 年,家具被引入宜家的产品系列中。家具由当地的生产商生产。产品得到人们的欢迎,生产品种得到扩大。

1951 年,出版第一本宜家目录。宜家的创始人看到了成为大规模家具供应商的机会。不久,他便决定停止生产所有其他产品,集中力量生产低价格的家具,我们今天熟知的宜家从此诞生了。

在 50 年代初期,宜家产品系列集中在家居产品上。家具展销厅的开放是宜家概念形成过程中的重要时刻。宜家发现自己卷入了与主要竞争对手的一场价格战。双方都降低了价格,质量却没有保证。通过开放家具展销厅,宜家能够以立体的方式展示其产品的功能、质量和低价格。正如宜家希望的那样,人们明智地选择了物有所值的产品。

1955 年,宜家开始设计自己的家具。

1956 年,宜家开始试用平板包装。设计能够平板包装、顾客自己能够组装的产品大大降低了产品成本。自从宜家把桌腿卸掉并装入汽车的第一天起,平板包装带来的益处一直很明显。一辆运输车上装载的货品更多,需要的存储空间更小,人工成本降低,并且避免了运输过程中的损坏现象。对顾客来说,这意味着产品价格更低,而且能够方便地将货品运送回家。

1958 年,在 Älmhult 创建第一家宜家商场。6 700 平方米的建筑规模是当时北欧最大的家具展示场所。

1963 年,在奥斯陆郊外开办挪威第一家宜家商场。这也是宜家在瑞典以外开办的第一家商场。顾问兼设计师 Marian Grabinski 设计了 MTP 书柜。这是一种既现代又经典的书柜,多年来引得众多厂家纷纷模仿。在生产这种书柜以及其他木制产品的过程中,宜家在 50 和 60 年代与波兰的供应商建立起了良好的关系。这些关系仍旧是宜家为提供老百姓买得起的产品所做努力的基础。

1965 年,开办斯德哥尔摩宜家商场。数千人排队等候宜家这一重要商场的开业。该商场规模为 45 800 平方米,受纽约 Guggenheim 博物馆的启发,建筑被设计成圆形。该商场取得了成功,同时也产生了一个问题,顾客太多,员工不够用。后来决定开放仓库,让顾客自提货品,从此宜家概念的重要部分也随之诞生了。

1969 年,在丹麦开办第一家商场。

1973 年,北欧以外的第一家商场在瑞士苏黎世郊外开办。该店取得的成功为在德国迅速开拓业务铺平了道路,目前德国是宜家最大的市场。

1974 年,在慕尼黑开办德国第一家宜家商场;1975 年,在澳大利亚开办第一家宜家商场;1976 年,在加拿大开办第一家宜家商场;1977 年,在奥地利开办第一家宜家商场;1979 年,在荷兰开办第一家宜家商场。

1980 年,KLIPPAN 克利帕沙发诞生。联合国将 1980 年定名为"儿童年",宜家也将该年定名为"儿童起居室年"。克利帕沙发很结实、耐脏,适合有孩子的家庭使用,而且又很柔软,坐卧其中都很舒适。

1981 年,在法国开办第一家宜家商场。

1984 年,在比利时开办第一家宜家商场。斯德哥尔摩家居系列诞生,斯德哥尔摩系列获得了瑞典优秀设计奖。

1985 年,在美国开办第一家宜家商场。Niels Gammelgaard 设计了 MOMENT 莫门特沙发,创造出了新颖、舒适、低价位同时又具有现代感的沙发,1987 年设计了与之配套的咖啡桌,获得了瑞典优秀设计奖。

1987 年,在英国开办第一家宜家商场;1989 年,在意大利开办第一家宜家商场。

1990 年,分别在匈牙利和波兰开办第一家宜家商场。

1991 年,分别在捷克共和国和阿拉伯联合酋长国开办第一家宜家商场。

1996 年,在西班牙开办第一家宜家商场。

1997 年,宜家引入儿童家居。宜家始终是为全家提供家居用品的,但由于儿童是世界上最重要的人,宜家决定突出考虑他们的需要。宜家设立了儿童游戏区、儿童样板间,在餐厅专门备有儿童食品,所有这些都得到孩子们的喜爱,使他们更乐意光顾宜家。推出 www.IKEA.com 网站的最初版本。

1998 年,在中国开办第一家宜家商场。

2000 年,在俄罗斯开办第一家宜家商场。

2001 年,宜家成立自己的铁路公司,宜家铁路(IKEA Rail)开始运营。

2003 年,本财年度宜家获取了 110 亿欧元的销售收入和超过 11 亿欧元的净利润,成为全球最大的家居用品零售商。

2005 年,500 强排名世界第 42 位。

2009 年,宜家在全球品牌价值 100 强中排名第 28 位,品牌价值在 120 亿美元。

7.2　家具行业及其竞争情况

7.2.1　我国家具行业现状

目前我国已成为世界上家具生产大国,同时也是一个重要的家具消费大国。我国有 13 亿人口,一个巨大的潜在的消费市场已为世人瞩目。

我国家具企业所生产的家具种类品种非常丰富。按材料分主要有实木家具、板式家具、塑料家具、金属家具、竹家具、藤家具、石材家具等,各种新材料均有所应用。按用途分主要有卧房家具、门厅家具、客厅家具、厨房家具、卫生间家具、办公家具、公共场所家具、户外家具、宾馆家具等,各种使用用途的家具都有生产。

我国的家具市场销售以家具商城为主,据业内专家不完全调查统计,目前国内 5 000 m² 以上的家具流通场所超过 2 500 家,1 万 m² 以上的有 900 多家,2 万 m² 以上的有 500 多家,3 万 m² 以上的有 100 多家,5 万 m² 以上的有 30 多家。此外,还有像广东顺德市乐从和龙江两镇相连的近 200 万 m² 的家具一条街,苏州市蠡口面积达 20 多万 m² 的家具市场,东莞市厚街镇近 20 万 m² 的家具大道等等。总之,我国各地专业家具流通场所经营面积已经达到 2 000 万 m²。另外,还有大量的家具专卖店以及大型百货商场经营家具。

国内家具销售形式有以下几种:一是大型家具商城,由生产厂家租用场地销售家具,也有经销商租用场地经营家具,前者占绝大多数,经营品种以民用家具为主,同时兼有办公家具;二是经销商自建或租用销售场地完全采取采购自营方式经营;三是专卖店经营,一般是单独品牌自营,以国内较大生产企业和国外著名品牌为主;四是百货公司开辟场地经营家具。上述几种经营方式是家具销售的主要方式。另外,还有以招投标方式进行的家具订货,大部分是以政府采购方式进行,根据国家颁布的招投标法,由国家认可的部门向企业发招标书,由家具生产企业投标,中标单位生产家具样品,经审查合格后,按照用户要求生产交货。我国家具市场还不成熟,家具经销商队伍还没有形成,正处在成长过程中,整个家具市场还需要在自我完善的同时,不断加大资金投入和采用先进的管理模式。

我国家具市场上中低档家具品种繁多,出现供大于求的局面,而高档家具还不能满足市场需求。国内生产高档家具的能力不足,从加工手段、工人技术水平以及原辅材料的供应都不能满足生产高档家具的条件,国内销售的高档家具很多是进口的。当前中高档家具的生产正在增长,质量差的低档产品逐渐退出市场。

由于家具行业是劳动密集型行业,中国劳动力的成本价格低廉,并且木料资源丰富,因此随着开放度的增大,各国将家具生产开始向中国转移,中国将成为世界家具生产基地。未来巨大的市场容量、诸多的生产优势以及世界家具业的转移为中国的家具行业提供了巨大的发展空间。在国内市场上,中国家具前景很好。随着我国人民收入和生活水平的不断提高以及室内装饰业的迅速发展,人们对家具产品款式、档次、质量的要求,对居住环境、生活和工作空间条件的重视都将不断提高和加强,中高档产品的需求量将呈上升的势头。另外,中国二、三线城市新兴商圈正在兴起,周边客户具有很大消费潜力,现在正是家具商进军二、三线城市的好时机。

7.2.2 我国家具行业的竞争

1) 家具行业竞争特点

(1) 产品同质化。

与其他行业一样,家具行业现在有个共同的趋势:同质化越来越明显,产品的差异化越来越有限:不同的家具工厂却同风格、同款式、同颜色,有些厂家甚至形象包装犹如双胞胎。以前你开发一个新产品,或者有一个新的技术,企业的新产品在市场上能经营好几年,现在你有一个新产品,只要这个产品卖起来了,短的几个月,竞争对手立马就跟进来了,而紧接着就是一轮又一轮的价格战,像这样的品牌工厂有多家,"山寨家具"竞争也越演越烈。

(2) 综合成本升高。

由于终端的集约、渠道的集中、品牌的集中、营销各要素的涨价,家具企业的运作费用也提高了。材料费涨了,广告费涨了,通路费涨了,人工费涨了,物流费涨了,商场租金涨了,所有这些运作费用都涨了,使得经营家具的综合成本增加、风险加大。

(3) 风险加大。

家具行业门槛也越来越高,运作区域市场的盈亏平衡点,关键值越来越高,风险越来越大。但是令厂商郁闷的是,风险高了收益不一定高,很多家具公司及专卖店发现市场打下来之后,看起来很热闹,到年底一算账,结果没钱可挣。

(4) 家具物业大肆扩充。

据不完全统计,2003 年以来我国房价过快的上涨,国民对于高房价的声讨一浪高过一浪,政府在宏观控制上对房价开始严控,2009 年 12 月,中央接连释放房地产市场调控信号。国务院常务会议明确提出"遏制部分城市房价过快上涨的势头",全国房地产的增长速度 2010 年上半年放缓到 9％左右,全国 GDP 增长率与政府的宏观控制 2010 年基本持平;而 2010 年上半年家具终端销售额综合平均下降高达 20％～30％;2009 年到 2010 年,中国家具的消费综合增长在 12％左右,而家具商场这两年如雨后春笋,全国知名品牌家具商场的扩充膨胀速度在 30％～40％!(国内个别知名商场扩充速度远远大于这个数字)而家具商场的租金却增长了 10％～15％。这些数字的反差,远远大于房地产和国民经济 GDP 增长率以及家具专卖店的销售增长率。

(5) 外销企业转内销。

这几年,尤其是从家具反倾销以来,再加上近两年的金融危机,对外销家具企业影响非常明显。这些厂家很快意识到不能完全依赖外销,要两条腿走路,外销兼内销,在近两年开始做国内家具市场,于是开始产品开发、形象包装、营销策划、参加展会、市场推广等等。在中国的家具市场内突然一下子多了很多品牌,致使做了多年的国内营销人、经销商等对于很多家具新品牌的概念却有些陌生,当然同时国内家具市场份额也被分走一部分。

(6) 家具展会八方四起。

从 1998、1999 年广东初开办的家具展会,越办越知名,越办越隆重,越办越规模;但是人流量从开始的时间范围内越来越多却到现在的人越来越少,为什么? 一个原因:开家具展会的城市在短期内太多了:东莞展、广州展、顺德展、深圳展、上海展、北京展、沈阳展、苏州展、西安展、成都展、郑州展、青岛展……难怪很多来看展的人会常这样说:这些天好累! 一年时间下来,家具展会一个挨一个,国内不知道从什么时间不知不觉冒出这么多的家具展会,也逐渐成就了一些区域本土家具企业的品牌崛起。

(7) 在营销与策划方面展开竞争。

国内此方面的竞争还停留在表面,如装修、代言人、促销宣传。如你的装修高度 3 米,我就 3.5 米;你请代言人,我也找明星;你用飞行器搞宣传,我就用遥控气球搞广告;你请模特我就请礼仪;你用悍马炒作,我用悍马接客户;你找人唱歌,我就找人跳舞……这些在家具行业里比比皆是,家具行业里请过的明星诸如:瞿颖、孟广美、关之琳、葛优、巩俐、任达华、徐帆、濮存昕、费翔、刘嘉玲、陈好、范冰冰、孙俪、贾静雯、孙悦、李嘉欣、陈道明、方中信、张铁林、陆毅、陈宝国、张咪、米雪、张燕、佟大为、周海媚、阿尔法、杨澜、大小 S 等。

(8) 区域品牌竞争。

从 2000 年至 2007 年间,几年时间企业数量增加到近 7 万家,大大小小的家具厂都开始效仿大品牌:注册商标、产品开发、形象包装等来推广自主品牌。中国区域确实不小,但由于地理空间的差异及家具体积较大,一个北方经销商在本土做南方的家具品牌,造成了物流成本加大,提货及售后时间延长,其开始考虑是否做本土家具品牌;也就形成了家具市场区域品牌在本土范围内销售良好,北方家具企业在南方市场品牌知名度打开速度缓慢,南方家具企业在北方市场品牌知名度打开速度缓慢的现象。所以,一些家具品牌大企业为了维护自己的市场占有率,在北方或南方设分公司及物流中转站。

2) 中国家居行业市场

(1) 高端市场。

代表:BO(北欧风情)、达·芬奇;特点:以专卖店的形式出现,产品表现出强烈的个性特征。

(2) 中端市场。

代表:B&Q、OBI、吉盛伟邦;特点:大型超市的经营方式,或者建成家具用品商场出租给厂商经营,形成房地产与零售两业复合。

(3) 低端市场。

代表:金海马、春申江;特点:提供大面积的展示场所,价格低廉,但没有统一形象,商场定位模糊。

7.3　宜家家居独特的营销策略

作为全球最大家居商的宜家集团,其营销策略是其经营管理的一大亮点,宜家的产品定位及品牌推广在中国成功,以至于很多人把"吃哈根达斯,喝星巴克咖啡,用宜家家具"作为一种风尚。宜家家居的成功可以说是其营销策略的成功。

很多企业都在研究消费者,都在设想如何从消费者的角度出发来做营销工作,但是往往是说得多做得少。在这个消费者越来越追求生活品位和越来越挑剔的今天,宜家为消费者带来的是一种全新营销理念的实践。宜家为消费者设计出了关于家的一切,这就是其独特的梦想营销,体验营销。

7.3.1　宜家的梦想营销

具体而言,梦想营销是指企业提供的产品或者服务能够帮助消费者去实现一些梦想,或者能够创造一些新的梦想去引导消费者的需求,从而使产品或者服务在市场竞争中脱颖而出,赢得更多的购买率、美誉度和满意度而进行的营销。随着经济的迅速发展和人们生活水平的提高,人们的心理需求也在不断地提高,消费者购买一种产品已经不再停留于产品功能的阶段,而是希望这些产品能够满足其某一方面的愿望或者是梦想。正如丹麦未来学家沃尔夫·伦森所言,人类将进入一个以关注梦想、历险、精神及情感生活为特征的梦想社会,在未来 25 年里,人们从商品中购买的主要是梦想、故事、传奇、感情及生活方式。

宜家商场就像是一个大型的家居展馆,展示了众多的家居产品。样板间全部使用宜家的产品进行布置,旨在向消费者提供有关家居、照明以及装潢等全方位的创意,以及向为将要建立自己家庭的青年一代提供关于家的轮廓与梦想。宜家的内部的样板间,无不是为人们搭造一种生活,一种梦想,让人对生活产生想象。其中令人印象深刻的是在 35 平方米的空间内把一个完整的家的布局勾勒出来。广告文案也都是以消费者口吻来讲述自己关于两人世界的感受。从客厅,到卧室,到厨房,到餐厅,到浴室,到工作室……一路下来,无不体现出宜家"简约"的风格——简化的设计,简单就是美。同时,它的这种简约主义也迎合了大多数年轻人的居家需要——房价居高不下,小户型成为了年轻人的天地,能有大空间的年轻人毕竟是少数。正是宜家洞悉中国的社会文化与阶级构成,同时懂得利用部分阶层追求新价值观现象,不断创造出让部分消费群想要拥有的梦想产品,进一步奠定了品牌领导者的地位。

宜家的梦想营销也使产品更加适合消费者的需求,满足了消费者家居产品精细化的梦想,轻松、自在的购物氛围满足了消费者自由自在的享受购物乐趣的梦想。看到的由各种各样家具组成的一个又一个温馨、舒适的家。不管在儿童房、餐厅、还是卧室的展示厅里,看到多种不同的家具组合,这些都让顾客对自己以后的家有了强烈的梦想。这种购物带来的梦想已经超载产品本身,就像"万宝路"在如今已经不仅仅是一个烟的符号,它所销售的是一种关于美国西部牛仔生活的梦想,消费者不能亲自体会那种感觉因此通过购买"万宝路"来嫁接自己的梦想。因此,对消费者而言,产品本身不是梦想,梦想是产品带给消费者的非凡体验。

在当前的市场环境中,单以低价促销或普通的营销方式,已经很难获得消费者真正的青睐,产品的同质化使品牌的建设成为细活,唯有将消费者心理上的真正需求融入商品及服务中,赋予品牌生命,借着在消费者心中建立独特的品牌地位,才能拉开与竞争者的距离。现在消费者的购买倾向变得更加受制于其信仰、愿望和内心深藏的梦想,可以预见,未来能够在竞争中取得优势的企业,将是那些能够将产品或服务转化成消费者心目中的一种梦想或者愿望的企业。宜家的梦想营销就是在不断地创造梦想,一直引导前沿消费时尚,主动创造出消费者未来的一些梦想。这就是宜家的营销人员不断的发挥想象空间,不断进行产品或服务创新,让产品创新上升到创造梦想的阶段,从而借着强化梦想品牌的印象,让产品具备创新、舒适、乐趣与热情,在消费者心中建立不可取代的地位。这正是宜家能够成为全球最大家居商的必要因素。

7.3.2 宜家家居的体验营销

在服务经济时代,消费者一心追求生活质量,此时,企业营销重点转向服务;而在体验经济时代,人们的消费需求已经不单局限于产品和服务所具有的功能和利益,人们将更加注重消费产品和服务的过程中所获得的符合自身心理需要和偏好的体验,体验成为继产品、服务之后的新营销点。体验营销是一种满足心理需求的产品营销活动,它通常是和营造一种氛围、制造一种环境、设计一种场景、完成一个过程、做出一项承诺紧密结合在一起的,而且它还要求顾客的积极主动的参与。

从宜家的营销策略来看,在宜家不只让消费者产生了梦想,而且还能让消费者能亲身体验到所产生的梦想,那就是在宜家的展示的商品上,宜家提供了搭配好的家居样本间,供消费者体验,并强烈鼓励消费者在卖场进行全面的亲身体验,比如拉开抽屉、打开柜门、在地毯上走走、试一试床和沙发是否坚固等等。正是这种体验,让消费者接触产品并激发他们内心深处追求梦想的热情,从而来购买产品。体验营销是让消费者在购物的前、中、后的全部体验,让消费者感觉到品牌是那么鲜活、多样化,而且是可以看得到和伸手可及,超越他们的预先设想,这样的体验才是真正的体验营销。宜家在整个展示区都是在启发隐藏在人们内心的欲望,让消费者建立独特的印象,使消费者产生想要追求、体验、拥有的动力及无限的想象空间,现在越来越多的品牌也都相继推出了自己的体验店,例如 SONY 的数码梦工厂,DELL 的体验中心,还有现在展会行业如此火热,也正是产品体验更能让人的梦想化为现实,以带来市场,带来销售。

以宜家南京店为例,该店是目前宜家家居在中国最大的店面,当顾客走入宜家商店的大门时,就会发现自己走进了一个精致构建的虚拟瑞典。第一遇到的是专门为孩子准备的儿童娱乐中心;轻松、快捷的入会方式,一份宜家商店的指引图指引出合理的行走路线,根据现实居室设计的样板间真正感受到家的环境,信息亭为家庭装修提供的建议,配色卡可以提供丰富的产品面料选择。很多怪异的方式已经让顾客在宜家的体验更像一次独特的游玩:宜家家居给顾客的整个印象是宽敞高大的入口、立体展示、无打扰服务、随心体验……按照宜家家居的路线图消费者依次体验到如下环节,见表7-1。

表 7-1　宜家家居路线中的各个体验点

1. 店面位置与外观	8. 组合展示	15. 寻找物品
2. 停车场	9. 产品试用	16. 搬运物品
3. 店内装潢	10. 标签与说明	17. 付款
4. DIY 购物工具	11. 员工服务	18. 安排货运
5. 绕圈购物	12. 卫生间	19. 安排安装
6. 产品质量	13. 儿童区	20. 1 元钱的冰淇淋
7. 价格	14. 餐厅	

（1）宜家提供产品让消费者体验：在商场内建立体验梦想的展示区，独特创意所设计出来的一间间样板间给人们以体验。每一个都因地制宜做了不同的设计和布置。浪漫的，优雅的，温馨的，自然的，活泼的……消费者随着宜家的指示牌坐下来，躺下来，拉开抽屉，打开壁灯，亲自体会一下"自己家"的味道。正是这种体验营销的活动，让人们产生了将整个样板间搬回来的欲望，因为这种展示方法生动活泼，充分展现每种产品的现场效果，能使消费者从了解转换成亲身经历。另一方面，卖场的这种布置可以产生"连带购买"的效果——是居室布局整体展示而不是单件展示，所以很容易产生"连带购买"的效果，能够促成更多的实际消费者的产生。

（2）宜家的 DIY 营销方式：宜家倡导"我们做一些，你来做一些，宜家为你省一些"的理念。宜家让消费者参与商品的制造过程，还采用自选方式，以减少商店的服务人员。而且服务人员不主动向顾客推销，而是顾客自己挑选家具、自己提货。顾客可以选择付费送货或自己搬回家，不像中国的其他家具店，可以送货上门。另外，家具运送到家后，顾客还要自己花费数小时动手组装，因为宜家销售的多是散件，这样在参与的真实体验过程中更加让人对宜家产生了好感，拉近了产品与消费者之间的距离。让人体验到不只是在买简单的一件商品，而是去体验一种生活。

（3）宜家独特的测试营销：宜家让测试耐用展现在眼前，给人以真实可靠的感觉。这一营销方式就是在向人们传达，宜家产品不仅仅设计精美而且经久耐用的特点：如沙发不停地接受压力挤压的次数、橱柜的门不停地接受开关的次数。

7.3.3　简约时尚设计

此外宜家在营销策略中还引入了时尚的内容，时尚指的是一个时期内相当多的人对特定的趣味、语言、思想以及行为等各种模式的随从或追求。如何倡导一种品牌时尚，简言之，就是要分析消费者的现时心态，并通过商品将消费者的情绪释放出来，并激励大众的参与。宜家产品的工业设计可以说是整个行业的方向标，宜家所推出的产品成为了大家模仿的对象，它的浪漫、优雅、温馨、自然让宜家在行业内走在了最前沿，在家居行业中确立了独特的宜家风格。

案例思考

1. 什么是体验营销？分析宜家的体验设计及其给顾客的体验。
2. 相对于竞争对手，宜家给顾客的价值创新何在？
3. 本案例的启示何在？

典型行业 CRM 的实施

- 案例 8　波音民用飞机集团的 CRM
- 案例 9　中国国航的 CRM
- 案例 10　联邦快递的 CRM
- 案例 11　北京东区邮局的 CRM
- 案例 12　中欧国际工商学院的 CRM

案例 8　波音民用飞机集团的 CRM

案例摘要

面对"9·11"事件打击、空客后来居上、工人罢工等棘手状况，业绩日渐下滑的全球民用航空工业翘楚波音民用飞机集团（以下简称"波音"）迫切需要有所改变。一方面，它继续致力于产品的研发和生产，以品质争取客户。另一方面，它也开始全面实施关系营销，如使用专业 CRM 软件，加强关系营销、政治公关等。波音企图通过无微不至的客户服务和其他关系营销手段，重塑和巩固同客户、供应商和员工等相关利益方的联系，以更深层的商业关系、更和谐的劳资关系、更紧密的伙伴关系满足各方需求，在赢得各关系方满意的同时也逐渐夺回市场份额，以及本属于自己的霸主地位。

关键词

波音　CRM　B2B　关系营销

案例导读

受"9·11"事件对行业挥之不散的负面影响，以及空中客车公司（以下简称"空客"）不断蚕食市场份额的威胁，2001 年的波音现出"摇摇欲坠"之势，时至 2003 年，其引以为傲的飞机交付量竟也被空客超越，这似乎预示着庞然大物再也支撑不住了……为挽救公司于垂死边缘，波音不仅斥巨资改善产品线、实施精益生产以维持竞争优势，还将大量精力和资源投入关系营销中，通过加速 CRM 软件的完善、完善客户服务等手段，以实现"客户价值最大化"的目标。它的耕耘不懈似乎确实为自己迎来了"第二春"。

"我想做对公司最有利的事。波音正在多项公司史上最重要的项目中取得进展，我提出辞职是为了让过去一年中所有的争议和困惑成为过去，把注意力放到工作中去。"2003 年 12 月 1 日，波音公司董事长兼 CEO 菲利普·康迪特宣布辞职，纽约证券交易所的波音股价应声下跌 37 美分，外界一片哗然——虽然"9·11"事件对波音民用机的订单和盈利造成了严重打击，加之两年后波音民用机在与空客公司的较量中节节败退，但连这位曾经的传奇掌门人也回天乏术了吗？波音未来将何去何从？在这风口浪尖，上任不久的波音民用机集团 CEO 艾伦·穆拉利试图通过强化关系营销再次为波音赢得生机。

8.1　波音民用飞机集团

波音民用飞机集团隶属于波音公司(波音公司旗下有五大集团),诞生以来一直是全球最主要的民用飞机制造商,美国国会曾盛赞"没有波音,就没有美国,当然也就没有自由世界"。作为全球最主要的民用飞机制造商,波音民用飞机集团2000年订单的总价值超过500亿美元。40多年来,波音一直是全球最主要的民用飞机制造商。随着1997年波音与麦道的合并,波音在民用飞机领域的传统优势因麦道系列飞机的加入而进一步加强,也使合并后的波音在民用航空领域拥有了70年的领先历史。

波音民用飞机集团旗下共设5大部门如图8-1所示,核心为波音787项目部(改名后的正式名称,前身为波音7E7项目部)、飞机项目部和商用航空服务部三大业务部门。其中波音787项目部主要研制新产品波音787梦想飞机;飞机项目部提供最完整的全系列波音飞机,包括707、717、727、737、747、757、767、777、787等各级别面向客运市场的飞机,面向政府或军方要员的公务机和面向货运市场的货机;刚启动不久的商业航空服务部,则开展业内最广泛的支持服务,确保用户飞机的正常运营,不断为客户创造利润,见图8-1。

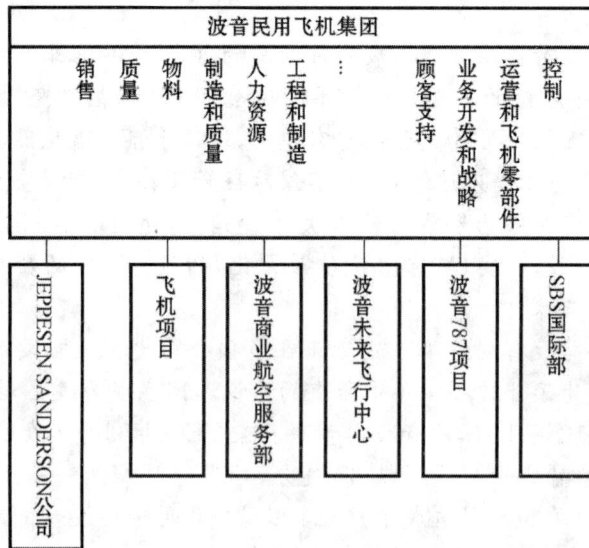

图 8-1　波音民用飞机集团结构

此外,波音民用飞机集团还下设有波音飞机贸易公司。该公司专为需要迅速扩充机队的运营商和尚无能力购买新机的运营商提供交易、租赁服务,它使波音又成为全球二手飞机经营领域的行业领袖。值得一提的是,波音飞机贸易公司提供的每一架飞机都满足波音最高的质量和可靠性标准,并同样享受波音的全球支持服务。

8.2　全球民用航空工业

　　民用航空工业,又称民航工业,与军用航空工业同为世界航空工业的重要组成部分,素有"现代工业之花"之称。二战及冷战后,它已越来越为人瞩目,这一定程度是由于战争的结束使之成为体现一国科技水平、工业水平和综合国力的新标志,更多则在于全球经济一体化促进了环球旅行、商务交流的繁荣,从而极大地推动了民航工业的发展。

　　20 世纪 90 年代至今,世界民机市场基本为波音公司和空客公司双寡头垄断,但相比被双雄瓜分的全球干线飞机市场,尚未被完全开发的支线飞机市场仍不失值得把握的商机。故近年来除美、加、欧盟等发达国家和经济体将民用航空工业列为重点产业外,许多发展中国家,如韩国、巴西、印度和中国都纷纷将其视为支柱或战略产业。然而对于希望分一杯羹的新入市者,竞争无疑异常激烈,这便也意味着突出重围不再是单纯的"高精尖"比拼,而上升到了营销手段的角力。

8.2.1　行业特征

　　民用航空工业历来被视为一国竞争力的制高点。这很大程度是由于它的蓬勃能带动冶金、化工、先进材料、电子信息科技和特种精密加工等一批朝阳产业的发展,对于国民经济和国防建设具有极大促进作用。此外,作为典型的知识密集、技术密集、资本密集工业,民用航空工业具有高资本投入与高风险回报并存、高附加值与高关联度并存,高技术密集与人才专有性并存、投资回报期长等特征。目前的发展模式以西方发达国家采用的"以军转民"为主——即民用航空制造商在生产民机基础上生产军机,因而不受 WTO 规则限制的资金表面投入军用领域,成熟后的技术却可旋即用于民用领域,能大大降低民机研发成本和风险,迅速提升行业竞争力;而以此获得的巨额利润,又可反哺于军工技术研究,波音用军用喷气技术开发出民用喷气客机即最佳范例。除上述特点,民用航空工业还需以高新技术为保障,与宏观经济环境相适应配适才能有真正卓著的表现。如前苏联,轻视高新科技在民航工业的研发、运用,怠慢经济适用性原则,最终背离健康发展轨道就是一则惨痛教训。

8.2.2　行业政策

　　无论从历史还是从现实来看,由于行业的特殊性,民用航空工业的发展和成熟都极大依赖于政府的扶持,各国政策看似相去甚远,本质却毫无二致,以下为富有代表性的行业政策。

（1）给予资金拨付。

国家拨付民用航空工业资金的主要形式有"以军转民"拨付科研经费、对具体民航项目投资或直接给予资金支持、对民航工业企业投资注股等。前两种方式由美国、欧盟率先采用，为日本、巴西、印度等多国所效仿。最后一种形式则以巴西和加拿大为代表——巴西不仅直接出资巴西航空工业公司实行控股，还曾破例允许本国各企业用本该上缴1‰的国税购买该公司股票，以鼓励民用航空工业发展；加拿大更是多次在紧急关头以政府收购方式扶植本国民航工业企业，甚至还鼓励和促成了庞巴迪集团的多次收购和业务转包。

（2）给予税收优惠。

多国政府在本国民用航空工业企业各种名目的缴税中实行优惠政策，如抵免、减免、费用扣除等等。

（3）提供出口信贷。

美国、欧盟都为本土民用航空工业的出口援助制订了长期而广泛的规划，并为出口项目提供充足的资金。巴西则提供多种出口融资支持。而加拿大也为多家航空制造商提供出口信贷支持。

（4）颁布干预政策以保护本国民航工业。

为保护本国民用航空工业的发展，各国不约而同制定了限制性条例及法规以干预海外企业"入侵"。美国一方面通过向外国政府施加压力保证本国产品出口，另一方面经常对装有一定比例美国部件的外国产品进行出口管制，甚至再管制。欧盟不仅影响本国航空公司飞机采购决策，更对潜在的外国客户、政府提供极多富有吸引力的条件来促销空客飞机。发展中国家目前则主要依靠保护本国市场为民用航空工业保留基本生存空间，如巴西，对与国产飞机竞争的整机征收高达50%的关税。

8.2.3　行业竞争格局

从"9·11"事件发生至2003年，全球民用航空工业大多都处于衰退低迷期，加之周期性的全球经济波动，该状况仍未得到有效改善，选择乘飞机开展商务访问及旅行的人数甚至尚未回升至2000年的水平。虽然2002年下半年的度假人数及民用运载量略有回暖，但伊拉克战争及2003年年初爆发的SARS（非典）又一次拖住了行业前进的脚步，一如预计，美国民用航空工业再度亏损。

不过与此同时，亚洲民用航空工业已逐渐恢复SARS爆发前水平，而欧洲民用航空工业更是呈现出了收益持续走高的良好面貌。以空客为首的欧洲民航制造商正以各自富有竞争力的产品不断扩大着市场份额，并史无前例地投资巨额欲建立一支与波音飞机系列相抗衡的飞机家族。而诸如庞巴迪公司、巴西航空工业公司的飞机制造商也在努力使市场从 100 座支线飞机拓展至更大型的飞机市场。这些都加剧了行业中价格及其他竞争因素的较量。此外,由于汇率浮动会导致不同货币国制造商的利润差异,各大民用航空公司都纷纷采取了压低成本、提高长期竞争力的做法,行业间原本激烈的竞争由此继续上升为白热化程度。

8.2.4　民用航空工业市场前景

据波音发布的 2004～2023 年民用航空工业预测报告,即使曾深陷 2001～2003年的艰难时刻,世界民用航空客运市场、货运市场仍将在全球经济复苏的带动下,分别以年均 5.2% 和 6.2% 的速度保持增长。到 2023 年,全球新增民用飞机及航空服务市场规模将达 5.4 万亿美元,飞机机队规模则将约为目前两倍。而民用飞机用户将投资 20 000 亿美元购置约 25 000 架新飞机,其比例如图 8-2 所示。

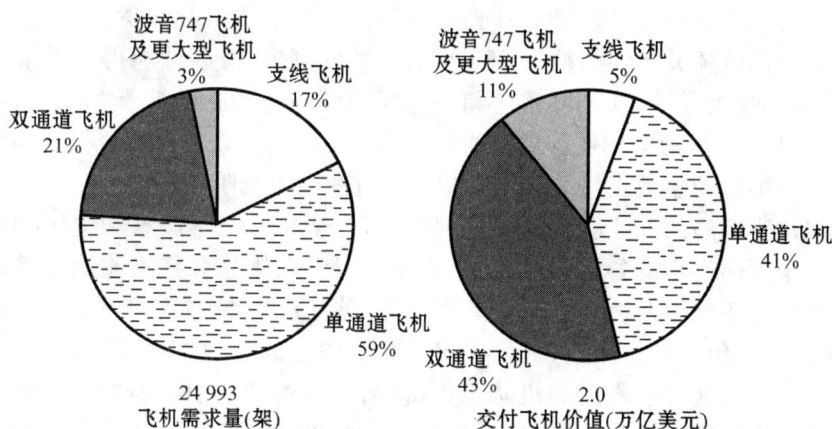

图 8-2　2004～2023 年世界民用飞机需求量及交付飞机价值

就民用客机市场而言,未来的主力是需求量占到近 1/3 的单通道飞机,但交付量不到其一半却能实现最高的交付飞机价值的双通道飞机,无疑将吸引大批新入市者。另外,通过同往年数据对比,支线飞机需求量表现出 3% 的增幅,预示着不小的潜力;波音 747 及更大型飞机需求量有 2 个百分点的滑落,表现出乘客偏好"点对点"直飞的倾向。

民用货机市场则将迎来黄金时期——波音预计全球民用航空货运市场未来20 年年均增长率将为现阶段的 3 倍,机队将增至 3 456 架,其中又以波音 747、波音767 和空客 A300 等广体货机增幅最大。此外,据霍尼韦尔公司预测,未来 20 年公务机、民用直升机的交付量也将稳步攀升,飞速发展的全球经济、加速的思想解放、良性的行业竞争等,都会促使民用航空工业市场变得更高效和多元。

地区市场发展方面,未来20年传统的北美、欧盟市场将趋于饱和、需求增量减缓,经济快速发展的亚洲和非洲将成为民用飞机的消费主力。

8.3　波音民用飞机集团生产经营状况

8.3.1　主要产品及服务

目前面向市场的波音产品主要来自飞机项目部,可分为民用航天器和民用喷气客机两大类,囊括了从100座到500多座各级别的客运飞机、可完全定制的公务机及各系列货机。拳头产品包括:目前100座级市场上最畅销的新型客机波音717-200飞机,十分适用于支线客运市场;当今单通道飞机市场中最先进的波音737系列飞机,不同尺寸的四款中有一款可快速由客机转换为货机;享誉全球的民用飞机波音747系列飞机,五种不同型号涵盖了客机、货机和客货两用机;因共用机型参数而具极高灵活性的波音757和767系列飞机,以高性能得到了最广泛的应用;凭借人性化设计、领先可靠性和一流经济性颇受亲睐的波音777系列飞机,其777-200LR型号为全球航程最远的民用飞机。而可实现中型飞机尺寸与大型飞机航程完美结合的超效飞机波音787梦想飞机尚在研制阶段。

同属核心部门的商业航空服务部,则为来自全球145个国家和地区的波音客户提供着全面而迅捷的各类服务,包括零备件、培训、维修和技术建议等基础服务和各类新的服务项目及综合解决方案,大致体现为五类:旨在支持航空公司的航班计划、随时随地解决技术问题、提供关键产品和服务的全球客户支持;旨为波音全球机队提供最快速灵敏支援的机队服务,包括关键备件4小时内发货及常规备件次日发货在内的零备件和后勤支持;旨在开发、管理并交付机队维护和工程支援所需技术信息的维修和工程服务;旨在帮助航空公司改变飞机布局,提高机队性能,改进客舱舒适性的机队改进和改装服务;旨在为航空公司运营提供全面支持,如飞行技术出版物(飞行手册、缺件放行指南、主最低设备清单和相关文件)、飞行运营工程支持和模拟机数据服务的飞行运营支持服务。

不过随着波音2001年开通的B2B门户网站MyBoeingFleet的完善,已有越来越多的产品和服务可实现全天候在线获得,如备件订购、物流跟踪、技术图纸检索、机队数据共享乃至索赔申报等,因而通过电子化手段提高客户满意度、拓展关系网络和扩大销售,不失为一个理想的前进方向。

8.3.2　销售情况

虽然波音预计2003年获批的波音787项目将在未来20年创收4000亿美元,

但从近 3 年各型号飞机交付量(表 8-1)及累计飞机交付量(表 8-2)来看,波音各项产品的市场接纳度大多有显著降低,2003 年全年飞机交付量仅有 281 架,几乎只有 2001 年的一半。这意味着公司确实需要采取新的举措来扩大销售、扭转不利局面。

表 8-1　2001～2003 年波音飞机交付量　　　　　　　　　单位:架

型　　号	2003 年	2002 年	2001 年
717	12(11)	20	49(10)
737 新一代*	173	223(2)	299(5)
747	19(1)	27(1)	31(1)
757	14	29	45
767**	24(5)	35(1)	40
777	39	47	61
MD-11***			2
总计	281	381	527

注:*2003 年的交付量包含了 3 架公司内部使用的飞机;2002 年的交付量包含了 4 架公司内部使用的飞机;
　　2001 年的交付量包含了 2 架公司内部使用的飞机。
　　**2003 年的交付量包含了公司内部给予印度航空公司使用的飞机。
　　***2001 年为 MD-11 飞机的最后一次交付期。
资料来源:波音公司 2003 年年报。

表 8-2　2001～2003 年波音飞机累计交付量　　　　　　　单位:架

型　　号	2003 年	2002 年	2001 年
717	125	113	93
737 新一代	1 420	1 247	1 024
747	1 338	1 319	1 292
757	1 036	1 022	993
767	916	892	857
777	463	424	377

资料来源:波音公司 2003 年年报。

以下两类对比销售数据(图 8-3、图 8-4),也清晰、客观地反映出了波音近 3 年来一路下滑、令人担忧的销售情况。

再以 2003 年巴黎航展为例,波音早先的客户卡塔尔航空公司、阿联酋航空公司和大韩航空公司都纷纷在其劲敌空客门下签订了巨额产品采购单,卡塔尔航空公司与大韩航空公司的订货总额甚至超过了 70 亿美元。反观波音,仅从大韩航空公司处取得了 9 架飞机订单的谅解备忘录,并计划长期租赁给阿联酋 24 架波音777 飞机。

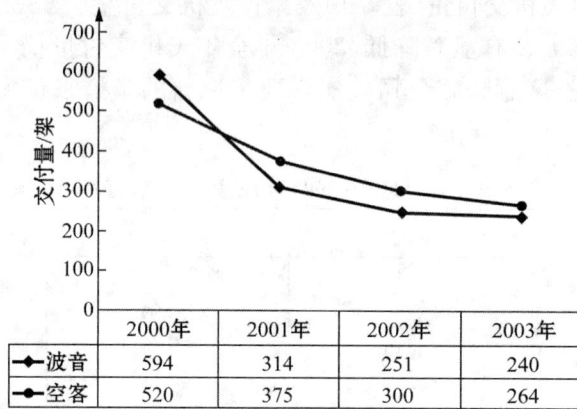

	2000年	2001年	2002年	2003年
波音	594	314	251	240
空客	520	375	300	264

图 8-3   2000～2003 年波音和空客飞机交付量

资料来源:波音公司 2004 年民航市场预测报告。

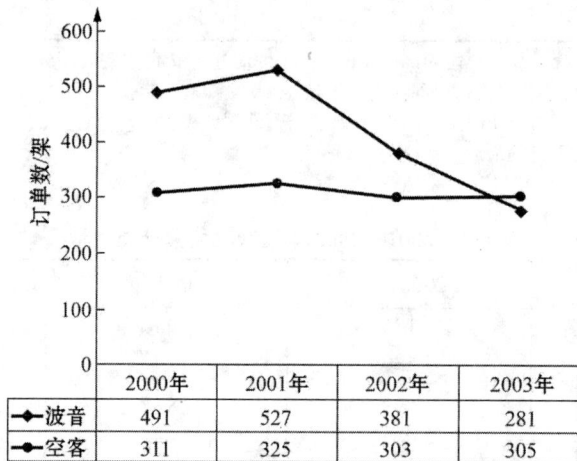

	2000年	2001年	2002年	2003年
波音	491	527	381	281
空客	311	325	303	305

图 8-4   2000～2003 年波音和空客飞机订单数

资料来源:波音公司 2004 年民航市场预测报告。

在这个客户数量本就不多的特殊市场上,老客户的流失无异于致命的打击。以新的市场营销策略,重塑与客户的良好关系并夺回市场份额,成为当下亟待解决的问题。

8.3.3 企业财务状况

与节节败退的销售相应,波音近年的财务表现也相当不尽如人意。表 8-3 为波音近 3 年来的主要财务指标。

表 8-3　2001~2003 年波音主要财务指标　　　　　　单位：百万美元

财务指标	2003 年	2002 年	2001 年
销售收入	22 408	28 387	35 056
销售收入占公司收入比例	44%	52%	60%
营业收益	707	2 017	1 911
营业利润率	3.2%	7.1%	5.5%
研发支出	676	768	858
合同未置资产	63 929	68 159	75 850

资料来源：波音公司 2003 年年报。

　　波音 2003 年交付的 281 架飞机共为集团创收了 2 240.8 万美元，占全公司总收入的比重较之往年有明显降低。集团营业收益和营业利润率也都再度回落，甚至不及 2002 年的一半，虽然部分是因商誉损失偿付、波音 757 项目收尾工作的费用冲抵和市场低迷所致，但仍反映出波音全年低下的营运效率。而研发方面的支出减少，则是由对波音 747-400ER 飞机项目研发费用降低所引起的。合同未置资产中未计入高风险客户所带来的位置资产，表明了波音对于未来市场缺乏信心的保守态度。

8.3.4　波音 SWOT 分析

　　依据当时的经营情况，波音做出了如表 8-4 所示的 SWOT 分析。

表 8-4　波音的 SWOT 分析

优势（S）	劣势（W）
• 在全球拥有完善的产品和服务网络 • 研发项目及宽泛的产品线覆盖了大部分主要市场，能满足多样化需求	• 管理体系较僵硬、专制和层级森严，呈现军事化特征 • 劳资矛盾突出 • 订单严重依赖美国政府，发展严重依赖种种不合理的补贴
机遇（O）	威胁（T）
• 发展中国家需求持续增加 • 新产品波音 787 梦想飞机可能赢得极高市场份额 • "点对点"直飞的需求不断提高，与公司的战略方向相符	• 在民用客机领域的市场占有率日趋减少 • 行业环境充满变数

　　一方面，波音领导层由优势（S）和机遇（O）又一次意识到波音的核心竞争力——尖端科技、一流产品的重要意义；另一方面，他们也从劣势（W）和威胁（T）发现了公司目前出现一系列问题的主要原因：

　　（1）管理体制缺乏"柔性"和"人性化"，领导层在与下级沟通脱节情况下做出的决策显得骄横专断,是导致公司与内部客户——员工关系不和、劳资矛盾突出的主要原因。

(2)公司的营销水平正在不断降低,尤其是凭借良好客户关系获利的能力大不如前。在波音产品质量过硬情况下,多家老客户仍投奔对手充分更显示了这一点。

基于上述分析,公司领导层决意要采取全方位的关系营销策略,通过强化与各个利益方的关系来谋求新的生存空间,因为内部员工的凝聚力是争取更多客户的直接动力,而争取更多客户则是波音通往复兴的唯一道路。

8.4 实施 CRM 及关系营销策略

鉴于公司处境岌岌可危,此次行动并没有退路,艾伦·穆拉利及高层便以专业CRM 软件为先导,联合其他多种手段,开始全面践行关系营销。

8.4.1 CRM 软件选用

1) 软件应用过程

2003 年当年,波音民用飞机集团即效仿同属一个公司的波音综合国防系统集团,采用了全球知名的企业管理软件和解决方案供应商甲骨文公司出品的 CRM软件,不过不同在于,它选择了只专注于客户关系管理的 Siebel CRM 软件。波音将这款新发布的 Siebel 7 用于强化波音商业航空服务部管理客户、供应商服务信息的能力,涉及飞机检修与维护、在役飞机修理等多项业务,短时间内即使该部在缩短客服响应时间、提供更周密解决方案、提高全球调度业务中的客户满意度等方面取得了显著进步。"虽然波音本身就以优质客服著称,但我们相信 Siebel 7 能以集服务、市场营销、网络应用于一体的特色,最大限度帮助波音商业航空服务部实现最好的客户关系管理"。Siebel 软件的副总裁自信满满地说道。事实也证明,Siebel 7对波音加强与客户互动、稳固合作关系、打造世界级一流服务乃至降低经营成本等都起到了不小的作用。与此同时,波音商业航空服务部的客户呼叫中心也应用了Siebel CRM 软件,共同编织起一个遍布全球的客服通信系统——这一系统对于商业航空服务部乃至整个波音都至关重要,因为它是处理各客户、供应商的请求和需要的第一阵线,记录着来电中所有重要的数据及信息,担当着从存货备件管理,到飞行员培训安排乃至场外监察和实地考察等重任,波音能否快速给予客户解决方案和支持服务完全仰赖于它。

然而随着波音客服通信系统面临的挑战越来越多,并不能将问题或成果量化的Siebel CRM 软件已愈显淡薄,这使急于见到成效的波音难免忐忑。于是 2005 年,波音商业航空服务部 IT 组又进一步采用了惠普公司的绩效管理软件,因为此前负责绩效考核的监察服务团队只起到计算机基础设施监察的作用,但并不能提供任何基于应用进程与应用能力的监察解决方案,无法满足更高的服务要求。这款绩效管理软件以惠普商业能效中心为核心,利用五大工具弥补了一切。其中三项工具用于直接监测:SiteScope 工具(全方位工具)实时考量商业航空服务部所有应用软件的绩效和有效性;分散放置的 57 个 Business Process Monitor 工具(商业进程监察工具),预先对各应用软件的绩效和有效性展开评定;Real User Monitor(实时用户监察工具)则提供完整真实的客户心得,帮助商业航空服务部从每位客户的独特角度解决问题。另两项工具,J2EE Diagnostics(J2EE 诊断工具)和 Siebel Diagnostics(计算机专业人士诊断工具)则分别从分析故障成因和解决疑难故障,对波音客服通信系统的绩效和有效性给予支持。惠普绩效管理软件还能就此实现人力资源的优化配置。

2)软件实施效果

时间和数字也证明波音做出了明智的选择,运用该 CRM 软件后的几年(2005～2009 年),波音商业航空服务部产生了如下变化:

(1)员工的工作时间普遍缩短为原先的 81%。

(2)每位员工提供事件解决方案的平均耗时减少了 90%(见图 8-5 所示)。

(3)应用软件有效性升至 99.83%。

(4)终端客户影响时间减少了 96.2%(即终端客户有效性的显著提供)(见图 8-6 所示)。

(5)在惠普绩效管理软件的间接影响下,新成立的卓越绩效中心实现了由 6 个全职员工支援 160 套应用方案的运作模式。

(6)自动客户排号系统完全取代了人工排号系统。

(7)年均人力成本降低 87.9 万美元。

图 8-5、图 8-6 直观地反映了波音客户服务水平逐年的进步。

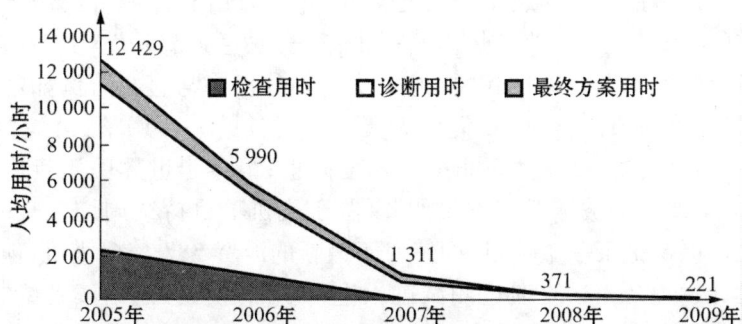

图 8-5 员工提供事件解决方案的人均用时

资料来源:惠普公司。

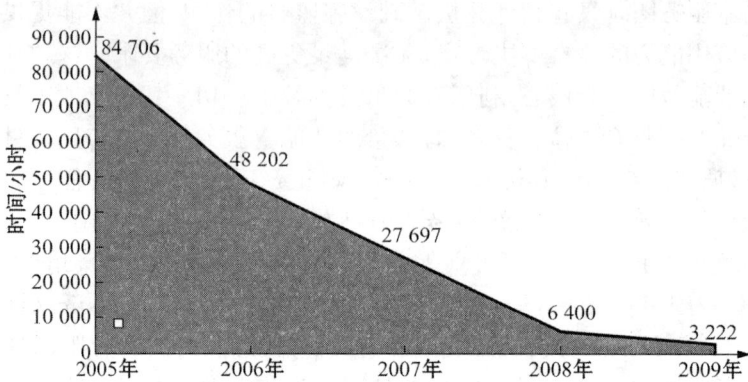

图 8-6　终端客户影响时间（以每年事件的时间和计算）

资料来源：惠普公司。

在这一系列专业 CRM 软件的协助下，能够为客户和供应商节约更多时间、提供更高价值的波音，又渐渐有了起色。

但关系营销不是单纯的 CRM 软件所能诠释的，深谙此道的集团 CEO 艾伦·穆拉利，还同时以不同形式在各个层面推行着关系营销，为建立长期而系统的客户关系而竭尽全力。

8.4.2　CRM 策略——关系营销

1）针对客户的关系营销策略

（1）针对公众的关系营销策略——社会媒体推广。

在众多 B2B 企业都在为将广告及宣传重心转向网络媒体而得意时，波音另辟蹊径地开发了社会媒体，用公众的影响力来吸引潜在的客户。

波音社会媒体最重要的展示窗口是 2005 年 6 月由时任波音民用飞机集团市场部副总裁的兰迪·巴斯勒所创建的一个博客——"兰迪日记"。其内容大多与波音的发展及民用航空工业密切相关，但风格却十分坦率与直爽。例如："洲际波音 747-8 的设计正在进行中，然而我们今天要宣布对其的一项调整：第一架 747-8 模型被预计于 2011 年第四季度而非第二季度问世；另鉴于世界民用货运市场的疲软，该飞机的生产亦将被推迟。"不仅如此，鉴于飞机项目持续周期较长的特点，兰迪会连续几年追踪记录一个项目，即使对于最新的波音 787 梦想飞机，他也原原本本将整个设计过程乃至最终通过测试进入生产线的过程叙述给读者。"我们又经历了一个艰难的季度，不仅对于波音而且对于整个行业都是如此，所以可以理解我们的状况多少与全球经济及其对民用航空市场的深刻影响有关。波音第一季度收益下跌了 50%，仅有 61000 万美元。"兰迪也从来不避讳将公司每季度收入、订单量和产品财务报告等信息公之于众。显然,兰迪所代表的来自波音的真诚受到了大多数人的认可,博客开张头两年访客即超过 50 万人次,随后两年访问量更接近百万,以至于兰迪不得不专门开辟"导航"菜单栏,为新来访客提供指引。

一方面,这个"草根博客"和官方博客一样已成为公众了解波音的一个重要途径,颇是"润物细无声"。另一方面,已放弃部分控制权并敢于接受尖锐批评波音也从中获益良多——"我以前从未料到一个谈论民用飞机、市场战略和全球竞争的网站会有如此大吸引力。得到来自美国和欧洲各地的意见和建议很正常,可我们还得到了来自澳大利亚、中国、新加坡、阿根廷、新西兰、南非、中国香港、迪拜、肯尼亚和巴哈马群岛等世界各地的反馈。而我认为最有意思的,是我们收到的一些睿智的评论……"兰迪在博文中写道。这在波音 40 多年的历史上是从未有过的,更值得一提的是,波音 787 梦想飞机的研发也采纳了部分博客访客的意见和建议,而这些恰表明公众、客户和波音正展开了更具建设意义的对话。

(2) 针对大客户的关系营销策略——政治公关。

早在 20 世纪 90 年代,波音就曾从关系营销中尝到甜头——时年波音产量猛跌,仅接到两架波音 747 订货合同,迫于生产线停运只得解雇了 1.6 万名员工。为走出困境,波音调整了市场营销战略计划,开展空前的政治公关,最后在克林顿总统的亲自帮助下赢得了沙特阿拉伯价值 60 亿美元的订货,并把空客挤出了沙特阿拉伯市场,再次昂首飞往世界,一举成为世界上最大的飞机公司。"世界上成功的大公司都把客户放在首位,只有让客户得到最好的产品和服务,比客户自身更了解客户,帮助客户成功,才能够让自身在世界范围内获得成功"——穆拉利怀着这样的信念行动起来。

中国是最富潜力和成长性的朝阳市场,是波音在长时期内希望争取的"大客户"。为达成这一目的,波音在政治公关方面花费气力良多。

包涵着中国元素的波音 787 梦想飞机就是一例。其实在项目启动前,波音 787 梦想飞机的名字一直是"波音 7E7 梦想飞机",这是由来自 160 多个国家的 50 万张选票所决定的。直到波音与中国政府于 2005 年 1 月 28 日在华盛顿签署了 60 架飞机的购买协议之后,才正式有了"波音 787"的命名。波音民用飞机集团大中华区销售高级副总裁罗伯乐解释说,"8"在中国文化中象征着幸运,波音在中国公布订单的历史时刻毅然宣布将"波音 7E7"正式定名为"波音 787",是希望"波音 787"能为中国的经济增长,为连接中国与世界做出前所未有的贡献。这一举措当然令中国的商家和政府颇为赞许,也让波音得到了满意的结果。最终,2005 年 8 月 8 日,42 架波音 787 型飞机的购买协议正式签署,其中中国国际航空、中国东方航空各购买 15 架,上海航空购买 9 架,厦门航空购买 3 架。

时隔半年,2005 年 6 月 28 日,波音首架 777-200LR 环球飞机在首都国际机场被正式命名为"郑和号",以纪念伟大的中国航海家、探险家郑和下西洋 600 周年。这引起了各国政府和媒体的高度关注——其实此前中国大陆并没有航空公司预定这种客机,波音为参加命名活动特意更改了整个环球行程。原来,波音的传播事务工作小组一直希望把波音中国塑造得具有历史感,恰逢中国政府部门牵头成立了"郑和下西洋 600 周年纪念活动筹备领导小组",于是,灵感就来了——"波音"与"郑和",郑和的和平探索精神与波音的品牌理念"探索无止境"有着高度一致性,而郑和又对中国和西方都有深远的影响,进行命名再合适不过。当艾伦·穆拉利执掌的美国总部一批准企划,波音中国随即向"郑和下西洋 600 周年纪念活动筹备领导小组"表达了意向,为委员会重视并很快得到了命名授权,还获得了交通部领导航权和航线安排方面的帮助。最终活动收效极好,命名典礼连同波音"郑和号"都得到了极高的关注度和传播率。据统计,通过电视传播覆盖约 8 亿人次;通过 200多家国内外媒体的纸质报道覆盖约 7800 万人次;通过网络覆盖约 4000 万人次,整个新闻热度持续了一周左右,"在大家惊叹郑和的世界影响力的同时,波音和波音的新型客机也得到了一次全方位展示和传播,范围遍及中国乃至全球。"得益于此活动的官方背景,波音就此进一步加深了与相关政府部门之间的友好合作关系。交通部部长在得知波音的策划后很快接见了波音中国总裁。而此后不久,即 2006年 4 月 12 日,中国国务院副总理吴仪率领的贸易代表团又在美国波音签下了 80架飞机的大订单。

此外,我们还可以从如下波音与中国民航购买波音飞机的交易中感受波音对政治公关所下的工夫。

2005 年 1 月 28 日,波音公司宣布,它与中国政府和航空公司代表签订了框架协议,将向六家中国航空公司出售共 60 架波音 787"梦幻客机"。这使波音的最新产品 787(之前名称为波音 7E7)的启动客户数量达到 14 家,总订单(承诺)数达到186 架。按照波音公布的该型客机平均目录价格,这笔协议总值 72 亿美元,是中国民航采购历史上一次性订购量最大、金额最高的协议。在美国首都华盛顿举行的签字仪式上,一个被中美记者广泛提出的问题是——"订单的签订,是否有政治方面的考虑?"多年以来,人们一直试图探究决定中国购买飞机背后的决策机制中,政府和航空公司分别扮演着什么样的角色,政治与经济的因素孰轻孰重?

"这次购买波音 787,从 2003 年下半年波音向中国航空公司提出 787 机型的设想,到签署框架协议,整个决策用了两年多时间。"一位参与波音公司谈判的中国政府官员告诉《财经》。这位不愿透露姓名的官员说,波音公司原本要求 2004 年五六月间就签署框架协议,而其后的拖延,尽管"不完全是政治因素,但的确有政治方面的考虑"。

中国与波音签订购买合同往往发生在中美高层互访或者相关重要政策出台之

际。1972年尼克松访华、1993年江泽民访美、1998年克林顿访华等时刻,均伴有波音获得中方大单的"喜讯"。

对于波音公司来说,动辄数十亿美元的订单不是小数目,尤其是在空客公司的中国订单已经连续两年超越波音的情况下,就更显重要。2004年空客和波音获得来自中国的订单分别为81架和15架,2003年则为36架和35架。

前美中贸易全国委员会会长柯白(Robert A. Kapp)介绍说,像波音这样的大公司,对美国政府政策的影响力,主要通过影响国会议员,尤其是来自公司设厂或者公司雇员最多的选区的国会议员来实现。有很多企业在华盛顿建立办公室,专门雇佣游说者对国会议员进行游说。

"通过采购美国的商品来达到政治目标,在处理非敏感事件时,在很大程度上是有效的。美国许多大企业在中国有重要利益,因此成为中国的维护者。"美国加州大学洛杉矶分校中国研究中心主任理查德鲍姆对《财经》表示。

以下中国航空采购行为说明了当时的中美关系状况。

• 1972年,原美国总统理查德尼克松访华。当年,中国订购美国波音公司10架波音客机,机型为707。

• 1985年,原中国国家主席李先念访问美国,这是中国国家元首首次访美。此后,波音协助筹建北京首都机场零备件中心。沈阳飞机制造公司与波音签订合同,为其提供机身零件和波音757货舱门。

• 1990年此前,美国已对中国宣布实行经济制裁。中国随即与波音签订了当时中国最大的一笔民用航空飞机订单:确认订购36架波音飞机和意向订购36架波音飞机,总价值为90亿美元。

• 1997年,江泽民访美。随后,中国订购波音飞机50架,总价值30亿美元。

• 2001年,美国新任总统布什上台,决定对台军售价值40亿美元武器。当年,中航材又向波音公司订购30架波音737。12月27日,布什签署命令,正式宣布给予中国永久正常贸易关系地位。

• 2003年,温家宝总理访美前夕,中方派出多方人士组成的采购团赴美,采购总值60多亿美元,其中包括30架波音飞机。

• 2004年,原美国国务卿鲍威尔访问北京。当年,中国国际货运航空公司宣布订购两架波音747-400货机。中国国际航空公司宣布订购七架波音737-700飞机。东方航空公司宣布订购六架波音737-700飞机。

• 2005年,六家中国航空公司与波音公司签订框架协议,意向购买60架波音787。

2)针对供应商的关系营销策略——培训

"为使客户满意并始终处于竞争的有利位置,我们就必须通过价值流程降低成本、提高效率,这就要求我们更多开发出全球供应商的潜力、并与他们始终保有良好的关系,但这是双赢的"——怀着这样的初衷,波音为供应商开展了一系列免费而高质量的培训。这些以分享波音成功秘诀为核心的培训包含了精益联合体综述、供应商精益生产系统模拟、价值流程图制图、统计过程控制、加速车间进步、首选供应商认证等内容,有研讨会、授课等多种形式,能使供应商更顺利地成长和发展。如曾生产过多系列波音飞机厕所及饮用水槽的供应商横滨橡胶公司,就在波音的帮助下精简了50%负责波音757厕所装配的劳动力,此后又改装波音757厕所的生产线及工具成功制造了波音737飞机厕所,充分显示了波音培训所带来的节省成本、提高效率等优势。"供应商是我们工厂的延伸,作为一个整体,一起为着高品质、高效率而努力比以往任何时候都重要",波音民用飞机集团全球伙伴部门副总裁这样说道。

　　而在中国,波音也毫无例外地展开着针对供应商的培训。在波音的制造商中航一集团、中航二集团位于上海、西安、成都、沈阳和哈尔滨的每一个工厂,都设有培训点或培训课程,重点教授波音堪称制造业典范的精益制造和质量管理系统;在承担整流罩生产任务的民航老大哈飞,包括派驻波音工程师,指导一线操作人员,组织项目团队参观波音工厂等培训和交流从未停止;进入"波音大学"的学员,能享受到人力资源部门量身定制的独特培训……这些面向维修人员、基层人士乃至高层领导的培训,形式不拘一格、内容极为丰富,切切实实地使学员更精通了各自的业务,也让供应商的管理水平和生产理念又迈上了一个台阶。对中国以外的地区,波音还请IMEC公司定制了专门针对供应商的关系管理方案"波音伊利诺斯供应商培训方案",此方案中的雇主培训投资项目预计能为供应商节约高达50%的成本,而且它也将通过加强重点供应商的交流与反馈、在新业务中尽早纳入供应商、协助供应商实现精益生产等策略,进一步维护和巩固波音与供应商的良好合作关系。

　　3) 针对员工的关系营销策略——建立员工组织

　　面对劳资矛盾突出、工人罢工等问题,如何夯实发展和维护客户的基石——员工,也是波音必须考虑的,因为缺乏了他们的支持,任何一桩业务都将无法运作。

　　"几乎所有的CRM系统或软件都是为了使企业有效控制与外部客户的合作关系,但为什么就没有一个平台来实现内部员工的满意呢?"波音员工信用合作社(BECU)应运而生。BECU主要以在线门户网站的形式为员工们提供各种服务、展开各项活动。员工能以自助和互助方式解决工作中诸如"我拥有什么资源,我可以做什么,下一步该怎么办"等等问题,也可以开展"头脑风暴",为集团发展集思广益,发表领导层未曾设想的种种观点,如在"市场营销"板块提出自己关于市场营销活动、交叉销售策略的原创意见。不过BECU不只具有这些加强员工与员工、员工与高层间交流的简单功能,它丰富的商业模块更可为员工的生活出谋划策,如存款、贷款、抵押、理财服务和许多与时俱进的项目,能为员工提供种类完善的金融信息与金融功能。伴随着成员数量的增加及服务规模的扩大,BECU 已全面启用了 IBM 公司的 SPSS 预测分析软件,构建了能准确预估每天存款与贷款上限的风险计算模型。在使员工真正受益的条件下,BECU 也使波音又向目标前进了一步。

8.5　波音 CRM 实施效果

在上述一系列 CRM 实施策略的严格执行之下,波音确实又焕发了生机,订单量明显回升(表 8-5),其中 2006 年的订单量又一次超越空客。而财务状况比之以往也大有改善(表 8-6),2007 年销售收入占公司总收入比重较 2004 年提高近 11%,位列五大集团之首。

表 8-5　2005～2007 年波音各类民用飞机订货数量　　　单位:架

飞机型号	717	737NG	747	757	767	777	总计
2007 年							
总交付量	155	2 466	1 396	1 049	959	687	441
交付量	—	330	16	—	12	83	
确定订货累计	155	4 542	1 521	1 049	1 011	1 044	
2006 年							
总交付量	155	2 136	1 380	1 049	947	604	398
交付量	5(3)	302	14	—	12	65	
确定订货累计	155	3 696	1 496	1 049	975	903	
2005 年							
总交付量	150	1 834	1 366	1 049	935	539	290
交付量	13(5)	212	13	2	10	40	
确定订货累计	155	2 957	1 424	1 049	965	827	

资料来源:上海情报服务平台。

表 8-6　2005～2007 年波音主要财务指标　　　单位:百万美元

财务指标	2007 年	2006 年	2005 年
销售收入	33 386	28 465	21 365
销售收入占公司收入比例	50%	46%	40%
营业收益	3 584	2 733	1 431
营业利润率	10.7%	9.6%	6.7%
研发支出	2 962	2 390	1 302
合同未置资产	255 176	174 276	124 132

资料来源:波音公司 2005～2007 各年年报。

　　然而对于波音,无论是关系营销的开展还是集团接下来的发展,都处在一个全新的起点,征程正要开始。

案例思考

　　1. 何为关系营销? 试分析波音的客户关系营销策略。

　　2. 何谓 B2B 营销? 它有何特点? B2B 客户的购买行为如何? 如何体现在中国航空公司的飞机购买过程中?

　　3. 该案例的启示何在?

案例 9　中国国航的 CRM

案例摘要

中国国际航空股份有限公司简称"国航",其前身为成立于 1988 年的中国国际航空公司。经过自身不断发展,国航越来越意识到客户关系管理对于其自身发展的重要性,2002 年国航开始就进行了以"高价值客户"为核心的客户关系管理。国航的客户关系管理主要包括三个层面:第一层面,涉及硬件以及软件设施的完善与提高,使得顾客所得价值大于所失价值,提升顾客满意度;第二层面,锁定 VIP 客户,通过新标准对旅客进行分级,对 VIP 客户进行激励机制,从而提高顾客对于公司的贡献度;第三层面,实施大客户计划,深入企业、机构挖掘潜在高价值客户,并为其提供个性化服务,满足他们的要求。在这样的客户关系管理体系下,国航取得了良好的业绩。

关键词

"常旅客"管理　VIP 客户管理　大客户计划　"两舱"改造

案例导读

2008 年,金融危机席卷全球,让人们度过了一个经济的"寒冬"。与此同时,中国航空业也迎来了许久未遇的低迷,自 2002 年组建新公司以来已经连续保持五年盈利的国航也停下了它的步伐。而随着经济的缓慢复苏,国航也迎来其新一轮发展的契机,公司管理层始终围绕其"竞争实力世界前列、发展能力持续增强、客户体验美好独特、相关利益稳步提升"的战略内涵,并且延续了其一贯的 CRM 计划,希望能够促使公司尽早走出金融危机的阴霾。

2009 年初,国航市场部总经理张春枝,透过办公室窗户,看到从首都机场起飞的国航飞机,心中感慨万千。经历了 2008 年的落寞之后,不禁让张春枝回忆起了国航刚成立不久的那一段情景,仿佛自己又置身于那一段岁月。国航从成立开始,就一直秉承其独特的以 VIP 客户为核心的 CRM 体系,锁定 VIP 客户,并积极挖掘潜在 VIP 客户的价值,同时想方设法提升顾客满意度。因此,国航制定了"常旅客计划",大规模改造飞机"两舱",并且开展协议大客户计划以实施其客户关系管理。在 CRM 方面,国航一直走在国内民航业的前列。

9.1　中国国际航空股份有限公司

　　中国国际航空股份有限公司简称"国航"，英文名称为"Air China Limited"，简称"Air China"，其前身中国国际航空公司成立于 1988 年，总资产 1 061.6 亿元。2009 年，营业收入为 510.9 亿元，利润总额为 53.15 亿元。国航总部设在北京，辖有西南、浙江、重庆、内蒙古、天津、上海、湖北和贵州、西藏等分公司。国航远景和定位是"具有国际知名度的航空公司"，其内涵是实现"竞争实力世界前列、发展能力持续增强、客户体验美好独特、相关利益稳步提升"的四大战略目标。目前国航拥有以波音、空客为主的各型飞机 256 架，运营覆盖 32 个国家和地区的 250 条航线，可以到达 87 个国内目的地、56 个国际及地区目的地。同时，国航为星空联盟成员，从而将服务进一步拓展到 159 个国家的 912 个目的地。2009 年，国航"常旅客"会员总数已超过 1 000 万人。

　　国航成立于我国民航业刚起步的时候，其发展过程也经历了许多曲折。2002 年 10 月，国航联合中国航空总公司和中国西南航空公司，成立了中国航空集团公司，并以联合三方的航空运输资源为基础，组建新国航。同年，国航一架 CA 129 从北京至韩国釜山的波音 767-200ER 客机在韩国坠毁，造成机上 166 人中 128 人死亡，这是国航迄今为止唯一的一次重大空难事故。2004 年 9 月，经国务院国有资产监督管理委员会批准，作为中国航空集团控股的航空运输主业公司，国航在北京正式成立。同年 12 月，中国国际航空股份有限公司在香港和伦敦成功上市。上市以后的国航一发不可收拾，2004、2005 和 2006 年国航连续三年在"旅客话民航"活动中获得承运 1 500 万人次以上旅客航空公司"用户满意优质奖"，并被授予"用户满意优质服务金奖"；在品牌中国总评榜（2006～2007）系列评选活动中，荣膺"品牌中国华谱奖——中国年度 25 大典范品牌"称号；2007 年，国航品牌被英国《金融时报》和美国麦肯锡管理咨询公司联合评定为"FT 中国十大世界级品牌"；同年 12 月，荣获世界品牌实验室评选的"中国品牌年度大奖 NO.1"；2008 年，再次入选世界品牌实验室年度《世界品牌 500 强》排行榜，位列 419 名，品牌价值 302.12 亿元人民币，排名提升 42 位；2009 年 6 月，以 317.23 亿元的品牌价值荣登世界品牌实验室"中国 500 最具价值品牌排行榜"，位列 25 位，也是中国民航唯一一家进入"世界品牌 500 强"的企业。

　　国航非常重视客户关系管理，在行业内建立了良好的品牌效应，由此带动了国航业绩的上升。从 2001 年开始到 2007 年，国航连续实现 7 年盈利，表 9-1 为 2006～2009 年营业收入、利润总额以及总资产，可以看到 2007 年营业收入达到 494.9 亿元，利润总额达到 50.45 亿元。2008 年受到金融危机的影响，出现了亏损。2009 年，随着全球经济的缓慢复苏，国航重新实现盈利，营业收入达到 510.95 亿元，利润总额回升到 53.14 亿元。2006～2009 年营业收入、利润总额增长比见图 9-1。

表 9-1　国航 2006～2009 年营业收入、利润总额以及总资产　　　　单位:亿元

	2006	2007	2008	2009
营业收入	434.1	494.9	529.7	510.95
利润总额	43.19	50.45	−108.5	53.14
总资产	782.6	885.4	988.9	1 061.6

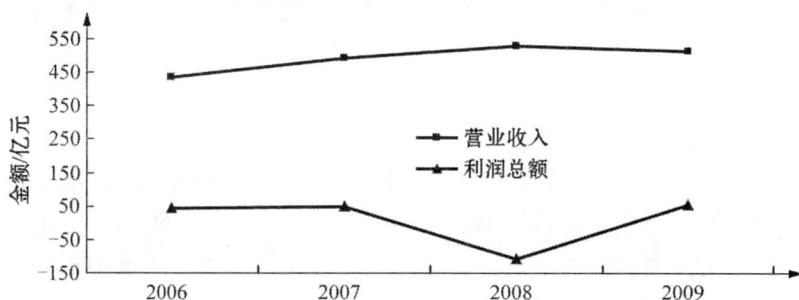

图 9-1　国航 2006～2009 年营业收入、利润总额增长图

在企业成长中,国航不断完善其客户关系管理计划。国航强调其企业精神为"爱心服务世界、创新导向未来",企业使命是"满足顾客需求,创造共有价值",企业价值观是"服务至高境界、公众普遍认同",服务理念是"放心、顺心、舒心、动心"。以此,国航希望实现其"国际知名航空"的目标。

9.2　我国民航业

9.2.1　我国民航业概况

2008 年,随着全球经济危机和中国通胀压力逐渐加大导致国际、国内经济增长的放缓,加上冰雪地震灾害、奥运等因素的影响,我国航空市场需求增速明显下降。受益于民航"十项"措施和免征基础设施建设基金等政策,2009 年中国航空运输业在世界范围内率先实现复苏并快速增长。全年累计完成总周转量 427 亿吨公里,同比增长 13.4%;完成旅客运输量 2.3 亿人,同比增长 20.1%。

9.2.2　我国民航业特征

1) 行业本身特点

中国民航运输量在世界上排名第二,这既给民航业带来了机遇,同时也带来了

挑战。民航业是一个特殊的行业,它的特殊性体现在:

(1) 行业集中度高。

在全行业的 20 家民航企业中,中国国际航空公司、中国南方航空公司和中国东方航空公司,其飞机用量超过全行业的 70%,整个行业表现为极为稳定的市场领导型结构。国航、南航、东航三大集团占了民航 80% 的运力及航线资源,其中以市场份额、运力及航线资源为标杆实力自强至弱排序为南航、东航、国航。4 家地方公司约占 20%,其中海航集团在地方公司中实力最强,约占 10% 的份额,其余三家(四川航、深圳航、山东航)均实力相当。因此民航业中三大集团处于行业主导地位,行业竞争中明显出现大集团垄断的趋势,行业中成员企业现状呈不均衡状态。另外航空公司的基地优势直接影响市场份额。

(2) 高进入壁垒和高退出壁垒。

民航业在资金规模、技术水平等方面对新企业进入形成了一定的壁垒。同时由于航空公司经营定期航班运输的航线、暂停或终止经营航线等均需报民航总局批准,因此,航空公司的行政审批也是阻碍航空公司进入的主要壁垒之一。

与高进入壁垒相对应,民航运输业同样面临着很高的退出壁垒。由于航空公司在经营管理上受民航总局干预过多,企业亏损多以政策性亏损进行解释。

(3) 成本高。

中国航空运输企业成本高,这在很大程度上降低了与其他运输方式的竞争性,成为制约中国民航业总体规模的根本因素。

2) 消费需求特征

(1) 民航业是一个周期性行业,其增长趋势与 GDP 有着紧密联系。

通常以为,民航增幅是 GDP 增幅的 1.4~1.5 倍,即 GDP 增长 1 个百分点,民航运输量增长 1.4~1.5 个百分点。近几年,我国经济增长迅速,GDP 增长保持在 9%~10% 左右,这样的经济增长量,使得民航业的发展具有相当美好的需求市场。如表 9-2,2006 年、2007 年以及 2009 年旅客运输量均快速增长,2008 年由于全球金融危机的到来,旅客运输量增长率出现了暂时的下降。图 9-2 是 2006~2009 年我国民航旅客运输量增长率。

表 9-2　2006~2009 年我国民航旅客运输量　　　　　　　　单位:万人

	2006	2007	2008	2009
旅客运输量	15 899.8	18 518.5	19 191	23 050.5
总增长率(%)	15.0	16.0	3.3	19.7
国内航线	14 495.9	16 840.7	17 681.5	21 576.5

（续表）

	2006	2007	2008	2009
国内航线增长率(%)	15.0	15.7	4.7	22.2
国际航线	1 403.9	1 677.7	1 509.5	1 474
国际航线增长率(%)	14.6	18.6	−10.8	−3

资料来源:民航局统计资料。

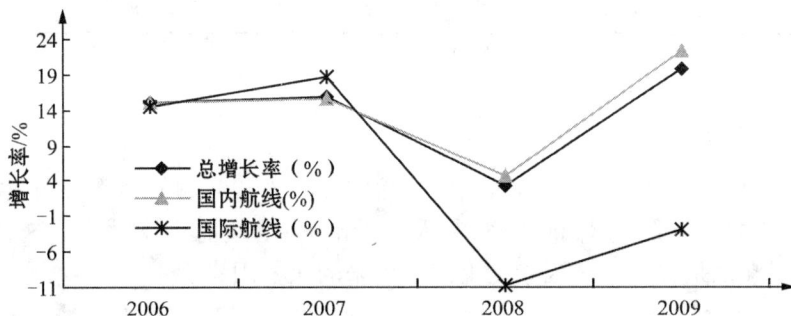

图 9-2　2006～2009 年我国民航旅客增长率

（2）重大事件对于民航业的旅客需求也有很大影响。

无论是国家会议或者是国际赛事的举办,都会引爆民航业的需求。2008 年奥运举办期间,奥运需求从投资转向消费。据预测,在奥运因素作用下,2008～2010年北京入境旅游者人数将以 10% 的速度增长,而在 2002～2005 年这一数字为 6%。

3）消费者特征

国内民航以政府工作人员、留学和旅游人士为主要客户,消费者收入水平较低和民航票价水平偏高造成了全国 13 亿人口中,每年仅有 5%（6 000～7 000 万次旅客）出行乘坐飞机的状况,因此国内旅客购买能力较低。目前国内航班平均票价为1 000 元,平均座公里票价水平为 0.8 元。

由表 9-3 可知,2008 年民航旅客中年出行频次为 1～3 次的旅客所占比例最高,为 32.03%,但相比于 2004～2007 年出行频次为 1～3 次的旅客数量有所减少;4～6 次的旅客数量,相比于 2006 年的 27.03% 有所减少;出行 7 次以上的旅客数量比历年有所增加。出行 1～6 次的旅客数量占民航旅客总数的 58.53%,表明我国旅客乘机频次明显偏少。并且民航业客流量呈现出很强的季节性特征,因此整体客座率和运载率波动比较大。在这种巨大的顾客流动背景下,市场进入买方市场,故顾客具有一定的讨价还价能力。

表 9-3　民航旅客 2004～2008 年乘机次数及比较

年　度	1～3 次	4～6 次	7～9 次	10～15 次	15 次以上
2008	32.03	26.5	15.78	10.67	15.02
2007	39.10	25.99	11.22	9.12	14.58
2006	42.31	27.03	11.34	8.48	10.83
2005	40.60	24.07	12.90	8.91	13.52
2004	36.42	23.18	13.41	9.84	17.14

资料来源：2008 年民航客运市场构成调查分析报告。

9.2.3　民航业的影响因素

民航业是一个周期性行业，虽然影响航空业收入和利润的因素纷繁复杂，但是其中最主要的三点是：①燃油价格；②人民币汇率；③政府干预。除了这三个因素外，其他因素都是在这三个因素之上派生出来的次要因素。

（1）燃油价格。

燃油是航空公司正常开展经营业务最重要的原材料之一。近年来，燃料费用占航空公司运营成本平均为三成左右，燃油供应成本的高低对航空公司的经营业绩有重大影响。随着近年来国际市场燃油价格的持续上升，在一定程度上影响了国内航空燃油的销售价格。燃油价格的升降，将直接反映机票票价的高低，对航空公司的盈利水平有着举足轻重的影响。如图 9-3 所示，2008 年 1 月到 2010 年 5 月

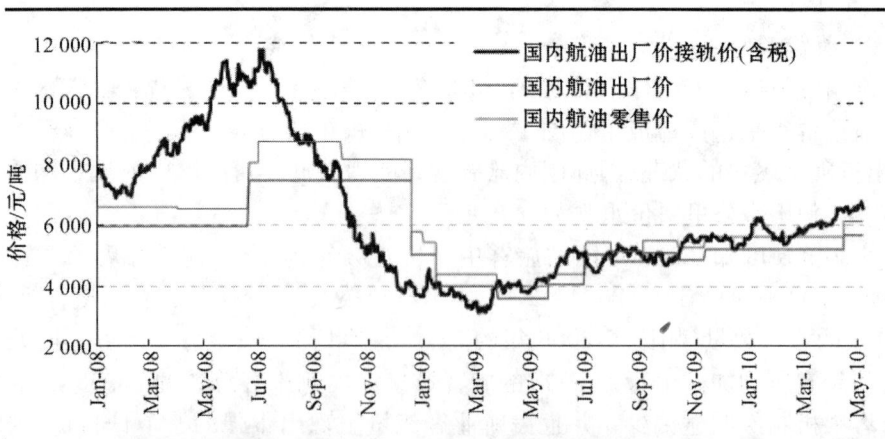

资料来源：彭博系统、天相投顾

图 9-3　2008 年 1 月～2010 年 5 月国内航油价格

航油价格波动,2008年由于油价的巨幅上涨,航空公司不得不面临其成本的巨大上涨,2009年油价相对回落,使得民航业成本压力相对下降。如表9-4所示,油价每上升5%,将减少国航、东航和南航的税前利润分别为7.23%、7.53%和8.2%。

表9-4　三大航对航油价格的敏感性　　　　　　　　单位:%

油价每上升5%	中国国航	东方航空	南方航空
增加税前利润	−7.23	−7.53	−8.20
增加燃油衍生品公允价值变动收益	3.06	2.11	

资料来源:天相投顾。

(2) 人民币汇率。

民航业也与汇率有着紧密联系,由于人民币的购买力不断地增强,民航国际航线的旅客不断增多,给民航业带来了客观的收益。自2005年以来的人民币汇率升值给中国民航业带来巨大的汇兑收益。2005年,民航亏损16亿元,其中汇兑收益32.3亿元(人民币汇率升值2%);2006年,民航盈利8.3亿元,其中汇兑收益41.2亿元(人民币汇率升值3.35%);2007年,民航盈利94亿元,其中汇兑收益80亿元(人民币汇率升值7%);2008年前三季度,民航亏损36亿元,当期汇兑收益为86亿元(人民币汇率升值5.4%)。

据此,中国民航业成为人民币汇率升值的主要受惠行业之一。人民币对美元每升值1%,即可为中国民航业带来13~14亿元的汇兑收益。美银美林表示,人民币每升值1%,就能使南航收益增加人民币5.1亿元,折合成年率的一次性汇兑收益为5.24亿元。申银万国则表示,按全年升值3%计算,汇兑收益将分别增厚南航、东航、国航、海航2010年EPS0.09元、0.09元、0.07元和0.07元。

(3) 政府干预。

民航总局对航空运输行业进行多方面的监管,除前述航线权、机票价格、燃油价格外,飞机的引进需要民航总局和国家计委的双重审批,公司合法运行所必需的运行合格证、飞机适航证、飞机维修许可证及飞行员、乘务员、签派员和机务维修人员的专业执照,都由民航总局及其地区管理局审核颁发。同时,地方政府为了确保本地航空公司的利益,往往出台一些法令或制度,限制其他航空公司对特定航线的运营权,以免造成价格竞争。比如我国以前的新疆和云南地区就是基于这样的考虑而限制非本地航空公司进入的。这样,就使得该航线只有一家公司在垄断经营,该公司也就理所当然地成为票价的唯一制订者,保证了超额利润的实现。

9.2.4　我国民航业的现状

1) 现有的竞争者数量及分析

中国航空业企业状况是,国航集团(国航、中浙航、西南航)、南航集团(南航、北方航、新疆航)、东航集团(东方航、上海航、西北航、云南航)、海航集团(海南航、新华航、山西航、长安航)、四川航、深圳航、山东航等8家民航客货运输航空公司。另有邮政航空、中国货运航空公司、扬子江快运公司、金鹿公务机、彩虹公务机、上航公务机、中国海洋直升机公司等专业及通用航空公司,见表9-5所示。

表9-5 现有行业内部分主要竞争者实力对比

比较项目	国航集团	东航集团	南航集团	海航集团	山 航
资产总额/亿元	1 061	1 085	1 000	1 200	—
运输飞机/架	220	330	400	200	46
航线	243	373	700	500	110
国内航线	168	293	560		
国际、地区航线	75	80	140		
员工人数	20 211	60 000 多	34 089	45 000	4 115
旅客运输量/万人	2 769	4 402	6 628	1 743	781.7

资料来源:国航、东航、南航2009年报及其官方网站。

国航的优势之一是主要的国际航线都在其航线资源中。飞出国门的旅客可能更多地乘坐国航来往各个大洲的班机;优势之二是背靠首都北京,具有一定的政治优势;优势之三是具有全球最好的安全记录,对国际旅客具有巨大的安全品牌优势。

南航的主要优势之一是具有最多的国内航线航班。南航在国内的市场上具有最大的市场份额,具有一定的销售网络和渠道优势;主要优势之二是先进的电子客票科技优势,占尽了信息时代发展的先机;主要优势之三是具有无与伦比的"黄金大三角"优势。背靠以广州为中心的珠江三角洲,辐射东南亚;头顶沈阳为中心的黑土地,辐射东北亚经济圈;拳打以乌鲁木齐为中心的大西部,辐射中亚非。

东航的主要优势之一是具有背靠大上海的优势。中国的经济发展速度是世界经济的三倍,亚洲的经济火车头在中国,而上海无疑是中国经济的发动机。光在上海附近的台湾人就有30多万,而全台湾不过2 000多万人。东航在国内贯穿长江流域,而长江巨龙是中国经济的主要脊梁。这使得东航具有第二个地理优势。

各地方航空公司的主要优势之一是有着良好的体制优势,能独立制订和执行公司的持续发展战略;优势之二是经营机制比较灵活,人员较少,服务质量、顾客满意度较高,人力成本相对较低;优势之三是占据着国内大多数的支线航线,触角遍及国内主要中小城市。

2) 我国航空业经营管理现状

根据2008年国务院批准通过的《全国民用机场布局规划》,到2020年,国内将新建机场 97 个,机场总数将到达 244 个,其中新建机场主要是支线机场。在政策的引导下,在地方政府的飞天冲动助推下,中国民航业在过去五年内高速跃进,尤其是支线航空一派繁荣。在民航呈现繁荣表象的同时,也隐藏着巨大的发展隐患。

(1) 管理跟不上。

我国民航飞机种类多样化程度太高,给管理和安全带来很多问题。同时由于支线扩张过快,地空协调和地面保障不力等会对支线飞机造成安全威胁;中小机场维修力量十分薄弱,安全保障系统缺乏统一标准。2010 年发生的伊春空难就是在"支线扩张"的大环境下发生的,2008 年 7 月伊春机场开工建设,原定的三年工期被缩短到一年以内。2010 年 8 月,在伊春机场通航将近一周年之际,不幸酿成惨祸,不能不说盲目扩张是主要诱因之一。

(2) 人力资源的缺乏。

由于民航运力需求的增加,加上培训能力的滞后,飞行员的实际供给远远跟不上行业的发展。"八五"期间,飞行员的培养规划是每年 600 个左右,严重过剩。到了"十一五"期间,民航高速发展,每年需要飞行员约 1 200 名,但培训能力又滞后了,远远跟不上实际需求。这样的需求缺乏,直接导致了飞行员资历的造假、飞行员缺乏经验就委以重任等现象,间接引发了很多安全威胁。

(3) 空域资源不够。

比飞行员更紧俏的,是空域资源,即"航路"——当飞机越来越多,大家就不得不去抢路。航路一般都在 7 000～10 000 米的平流层。这个空域每 333 米高度划出一层,宽度大概是左右各 1 000 米,每一层允许飞一架飞机。7 000 米以下通常就是空军的管制区域,属于禁飞区。由于航空公司纷纷争抢空域资源,引发了航空系统很多的腐败案,而航班延误也大都与紧张的空域资源有关。

9.3　国航实施 CRM,管理 VIP 客户

国航的客户关系管理主线可以概括为如下几个方面:建立或完善硬件与软件设施让顾客感觉便捷、满意;实施"常旅客"计划,让商务客户成为知音卡会员;实施大客户计划,满足企业客户的需求;挖掘并锁定 VIP 客户并不断激励顾客飞行等层面。

9.3.1　呼叫中心与电子商务

2003 年下半年,国航开始筹备呼叫中心的建设,由于无法解决自建还是外包以及如何定位呼叫中心两大问题,筹备工作暂时被搁置了。2005 年,国航再次筹建新呼叫中心。筹备部门通过对欧美、日韩等国航空公司的呼叫中心的考察和调

研,最终统一认识,将国航呼叫中心定位于电子商务的重要组成单元、直销渠道的重点。

　　在筹建新的呼叫中心之前,国航的呼叫中心很零散,几乎每个营业部都有一个规模很小的电话坐席,也没有全国统一号码,如北京呼叫中心就隶属于华北营销中心。而这些呼叫中心并没有非常明确的定位,大多是解决一些有关机票的服务与投诉问题。

　　将呼叫中心销售功能排在第一位,也就是说它将成为国航最重要的直销渠道,是一个由国航直接管理的订票中心。这个定位使得新呼叫中心从国航原来的营业部中剥离出来,统一划归到销售部管理。这样的组织架构变革不仅在国内是第一家,在国际上也鲜有先例。

　　2007 年呼叫中心建成后,国航不断发展其电子商务直销模式。订票网站经过好几次升级改版,在航班及票价显示方面更加简洁,整个订票过程只需四步就能完成,大大节约了旅客挑选航班和浏览页面的时间。在功能方面,新推出了网上乘机登记服务,旅客足不出户就可以在家中打印登机牌。新增加航班时刻表下载功能,支持 PC、Pocket PC 和 Palm 多种下载格式。航班动态查询功能则可提供近三天的机场航班起降时刻,方便旅客出行和接送。

　　近年来,由于扩大直销比例的需要,各大航空公司纷纷利用各种电子渠道。2007 年,国航成为业内首家与"去哪儿"——垂直搜索引擎网站合作的航空公司。事实上"去哪儿"是在帮助国航做直销,国航因此获得相当高的投入产出比。同时,国航也对大众渠道的百度、Google、雅虎倾注一定的资源,每年百度能给国航带来20%的交易量。然而电子支付往往会出错,据统计,网上直销因为支付而发生交易失败的比率大约是 50%。国航电子商务部经理胡法进透露,2010 年国航希望通过手机解决这个问题。旅客只要通过手机即可完成支付,并将收到国航发送到手机的机票二维条码直接登机,这种方式将极大程度上提升顾客购票的便捷程度。

　　电子商务模式的完善,使得国航的直销比例稳步上升,代理人的回扣因此得以减少,这在以前是不可想象的。以往,国航每年总销售额在 500 亿元左右,而每年支付的代理费用大约 20 亿元,为了争夺终端,国航还会做出一些让利,整个成本最后会占到销售额的 6%到 7%,通过电子商务的直销渠道,现在降到了 3%以下。对于总是徘徊于盈亏边缘的航空公司来说,这是一笔不小的利润。同时客户只需要通过电话或者网络甚至是手机,就可以订到机票,极大地便捷了旅客。

9.3.2 "两舱"改造

　　一直以来,国内航空普遍认为只有将客座率提高到 70%～80%,才不至于亏损,而国航发现头等舱、公务舱的座椅最多不过 50 把,但它们对整个飞机的收入贡献却最大。以北京—洛杉矶线为例,它的头等舱往返即使享受折扣,价格也在 25 000 元人民币左右,而一个经济舱的座位则是 5 000 元。即使经济舱"高朋满座",也不敌两舱(头等舱和商务舱)中寥寥几个客人的贡献能力。

2004 年,国航开始下大力气改造部分飞机的"两舱"。在对国际知名航空公司,如汉莎航空、美联航等"两舱"的实地考察和数据分析基础上,国航确定了"两舱"改造方案,使得定价又能保证盈利,还比同行的价格具有竞争力。

国航在改造"两舱"前,在中美航班上一直很卖座,客座率高居不下,奇怪的是国航并没有因此而挣得真金白银,1996 年甚至达到了全年亏损 11.32 亿元的高峰。后来国航逐渐认识到美国航空的定位是以商务客人为主,而国内航空公司则偏重于政府工作人员、留学和旅游人士,正是主要客户的消费能力左右了航空公司的盈利情况。而国航的根据地是首都国际机场,占有地利的因素,在这里上下飞机的公务和商务旅客占全部旅客的一半以上。于是,国航明智地将企业的目标客户锁定为商务旅客群体。国航的 4 大战略目标之一就是让主流旅客认可,使国航成为一家以公商务旅客为主的航空公司。目前,在国内三大航空公司(国航、东航、南航)中,国航的商务旅客比例最高,超过 70%,南航和东航大约在 60%左右。

2006 年 7 月开始到年底,国航斥资 6.88 亿元进行"两舱"改造的 15 架飞机将陆续投入中美、中欧航线。这次改造头等舱、公务舱,单个座椅投入资金分别是 60 万和 40 万元。配合"两舱"的硬件改造,国航还在餐食、酒饮、杂志、电影等方面配套进行了精心提升。如今,凡乘坐国航新"两舱"的头等舱乘客均由国航派出的奥迪车接送,公务舱客人由帕萨特接送。所有航班的乘务员由电脑按照年龄、所掌握的语言、职位等合理搭配。

随着"两舱"改造的完成,国航"两舱"的票价也上升了 1 倍左右,但乘坐"两舱"的旅客并没有因票价的提高而降低其满意度,因为近半数的头等舱、公务舱乘客为商务乘客,其中有 40%~50%的旅客是各航空公司的常旅客,他们的价格敏感性低,但是对服务敏感性高,国航改造"两舱"的决策就是为了更好地满足这些高端人群的需求。

仅仅在"两舱"改造后的两个月,据国航统计,其北京—纽约、北京—法兰克福航线,来自新"两舱"的收入分别占整个飞机的 48%和 30%。"目前,我们的两舱还没有坐满,一旦坐满,其占总收入的比例可能更大。"张春枝说。目前两条航线"两舱"客座率在 70%左右。对国航而言,提升 VIP 的满意度,比降低经济舱价格、一味强调客座率,所获得的收入更多。

9.3.3　"常旅客"计划

"常旅客"计划是国航特别设计的一项遍及世界的里程奖励活动。1994 年,国航在国内首推"常旅客"计划和知音卡。目前,其发放的知音卡已超过1 000万张。2007年国航正式加入国际航空联盟——星空联盟。作为星空联盟成员之一,国航携手星空联盟成员航空公司,联合众多合作伙伴,为会员提供多种里程累积途径和可供兑换的产品。国航知音会员无论是搭乘国航星空联盟成员航空公司或其他合作伙伴航空公司航班,还是在签约合作伙伴处消费,均可累积里程,从而换取奖励机票、奖励升舱、"知音商城"产品等多种奖励。

目前,国航的"常旅客"数据管理是由国航信息技术中心负责,他们利用IT系统管理着成百上千万的知音卡客户,且向业务部门定期报送会员统计分析数据,提供相关决策。通过对会员的飞行里程和频率都做统计,按标准将会员分为4级:普通知音卡会员、银卡会员、金卡会员及白金卡会员。级别越高的会员获得的奖励也越多,比如优先订座候补、优先机场候补、保留订座至航班起飞前48小时、额外免费行李额、优先行李处置、优先登机(在条件许可的情况下)、优先保证座位等等。

9.3.4　锁定VIP客户

通过技术中心对"常旅客"信息的分析,国航发现有些会员几年才有一次飞行经历,虽然这次飞行距离很远,但对于公司的贡献度反而不如那些经常乘坐国内航班的客户。因此在国航看来,重要的并不是有多少会员的数量,而更看中这些会员中有多少在"活动"、有多少在"睡眠"。国航将VIP会员划分为活动和睡眠两类状态,那些在一定时间内没有航空活动的会员被认为处于"睡眠"状态。对国航来说,只有活动的会员才是有价值的会员。

但国航并没有购买客户关系管理系统,对客户数据的管理甚至用的不是一套软件和一个团队。在他们看来,"所谓的客户关系管理就是找到高价值客户、获得高价值客户,培养客户的忠诚度和提高客户的价值,至于用什么工具实现则是次要的"。而会员咨询服务呼叫中心,更是外包给了贝塔斯曼。国航有一个专门的小组来监督、检查、考核贝塔斯曼的工作,通过投诉率、接听率等定量指标进行考察。这么做的原因就是国航要将精力集中放在核心业务,即VIP客户上面,其他的非核心业务就外包给外面的公司做。

同时,国航积极开展"亲切关怀"活动,尝试让更多VIP客户成为"活动"客户,激励他们提高每年的飞行数目。在对VIP客户进行回访的基础上,采取进一步措施,把所有贵宾会员分到下属的6大分公司和142个营业部。总部给每个总经理一个密码,凭密码可以调阅该区域贵宾会员的所有资料。要求他们定期去问候、维护这些贵宾会员,促使会员提高活动频率。对一年能乘坐150次国航飞机的会员,提供特别的服务。

目前,国航VIP会员(包括白金卡、金卡、银卡)共有6万人,这部分高端客户以每年10％以上的速度增长着。据悉,他们每年贡献给国航的收入达六七十亿元。"对高收益、高价值旅客,投入更多的成本和精力;对低价值的客户则通过电话、网络等低成本手段提供更便捷的服务",这便是国航前面客户关系管理的准则。

9.3.5　大客户计划

2007年12月,国航正式加入星空联盟。"企业集团超值奖励计划(Corporate Plus)"和"会议超值奖励计划(Conventions Plus)"是星空联盟专为大型企业商务旅行和大型会议推出的合作计划。作为星空联盟成员,国航积极努力使大客户通过这两个合作计划获取更大的便利与收益。

2008年5月,国航专门建立了大客户管理信息系统,以实施其协议大客户计划。为了更直接地获得了解企业、政府机构中的公商务群体,国航将售票终端搬进这些组织的办公室,为高端旅客群体进行一对一服务。由于省去了中间环节,客户的满意度大大提高,国航也因此获得了稳定的销售收入。

另外,国航还针对不同的协议大客户,设计了个性化服务,如提供订座、出票、候补机票的优先保证及行前机场取票等服务。那些直销大客户中的重要旅客还可享受免费候机休息及代办行李交运、值机手续、导乘和快速通道登机等服务。国航还为每个直销大客户建立了专门的电子档案,定期对他们进行回访,了解他们的需求,以便及时为他们设计满足其需求的个性化行程。

针对于大客户的国际、国内差旅采购,国航目前主要有先期优惠、后期折让、累计航段赠送免票,以及具体航线特价等个性化合作方案可供客户参考。对于中小客户,国航还建立了B2C大客户销售网站以最大范围满足不同客户的需求。

案例思考

1. 国航是如何实施CRM的?
2. 分析国航CRM成功要素,并对国航开发VIP客户进行经济价值分析。
3. 国航如何通过CRM开发VIP客户?
4. 本案例的启示何在?

案例 10　联邦快递的 CRM

案例摘要

　　美国联邦快递公司(FedEx)是全球一流的快递公司,成立至今,不断创造历史,突破自己。今天,联邦快递的业务遍及全球。面对如此巨大的基业,联邦快递实施客户关系管理,为遍及全球的顾客和企业提供涵盖运输、电子商务和商业运作等一系列的全面服务。作为一个久负盛名的企业品牌,联邦快递集团通过相互竞争和协调管理的运营模式,提供了一套综合的商务应用解决方案。联邦快递作为全球最具规模的快递运输公司,为全球超过 220 个国家及地区提供快捷、可靠的快递服务,在客户关系管理理念、技术系统与策略方面成为了行业实施 CRM 的典范。

关键词

　　客户关系管理(CRM)　联邦快递　使命必达

案例导读

　　每天晚上 22 点 50 分,位于美国孟菲斯国际机场的联邦快递超级运转中心的工作人员就要开始紧张、忙碌、有条不紊的工作了。来自世界各地约 150 架联邦快递的货机,以每小时 85 架次的频率在这里降落,数千名工人通过机场上百个登机门将货物在 17 分钟卸完,货物由传送带分别送往信函和包裹处理系统,托运至超级运转中心的传送带上,借助先进的激光扫描和矩阵式管理,该中心每小时可分拣 15 万件包裹。经过一系列的扫描和分拣,货物将按目的地被工作人员装上飞机。次日凌晨 5 点,货物将全部装机飞走。

　　这就是分秒必争的现代物流程序。每月两次或有成批的参观者花费 250 美元/人的门票,来亲身感受其高速、紧张而有序的工作现场,以感受这家成立近 40 年依靠科技、人才、服务快速成长起来的国际快递巨人——联邦快递的经营与管理。

10.1　联邦快递

10.1.1　艰辛创业

　　1965 年,还未从耶鲁大学毕业的弗雷德·史密斯在对几十家美国航空客运公司经营状况调查后发现,绝大多数美国航空运输经营者的经济效益很不理想,无论是航空客运还是航空货运,飞机舱容浪费量太大,这时候一个念头闪过他的脑海:能否把陆运和空运两种不同的运输模式结合起来,搞出一个快件递送服务公司?不少人认为他是在空想,因为陆路运输是以公吨计算运费的,而空运是以公斤计算运费的,两者相差1 000倍,谁会拒绝使用价廉物美的陆运而采用运费至少要高出几十倍乃至上百倍的飞机运送货物?弗雷德·史密斯则认为在竞争日趋激烈的市场中,速度和时间同样也是金钱,再说如药品、电脑备件、电子元件、重要文件、报表、证书和其他高价值货物,还有必须提前送达的礼品和样品等等,唯有急事快办,采用航空快递才能满足客户的需要。

1971年8月,史密斯买下位于阿肯色州小石城的阿肯色航空公司的大部分股权,开始经营航空快件业务,"联邦快递"公司也就正式成立。

公司正式成立以后,史密斯便积极努力地争取第一个大客户,寻求与美国联邦储备系统签订服务合约。为了这第一笔业务,他使尽了全身解数,耗费了无数个夜晚通宵达旦地研究,他坚信自己能够成功,甚至已经信心十足地向泛美航空公司购买了两架装有涡轮风扇发动机的达索尔特鹰式飞机。然而,史密斯做梦也没有想到,几周以后他得到的却是联邦储备系统拒绝接受"隔夜快递"服务的消息,首战失利对于刚刚建立起来的"联邦快递"来说无疑是一次巨大的打击。

但是,弗雷德·史密斯不愧是优秀的企业家,他很快重拾信心,利用自己对快递服务市场精辟独到的分析以及他的努力、他的自信、他的非凡的领导能力,他的不可多得的胆识,特别是他破釜沉舟地把全部家产投到联邦快递公司的勇气和冒险精神,征服了无数精明而狡猾的风险投资大师,为"联邦快递"赢得了9 600万美元的风险投资,创下了美国有史以来单项投资的最高纪录。

1973年4月,美国联邦快递公司正式开始营业。当天晚上公司接纳的第一笔快件业务是把186个包裹从纽约州的罗切斯特运送到佛罗里达州的25个美国城市。在开始营业的26个月里,联邦快递公司亏损2 930万美元,欠债主4 900万美元,联邦快递处在随时都可能破产的险境,公司的早期支持者打起了退堂鼓,不肯继续投资,联邦快递又陷入了危机之中。

为了改善经营情况,弗雷德·史密斯竭尽全力争取客户,开拓市场,为得到美国行政总局的合约,联邦快递公司在西部开辟了6条航线,在与其他企业的竞争中,他把价格杀得很低,以至使人怀疑是否还有利润。而弗雷德·史密斯却着眼于更长久的利益,这是他异于常人之处。

10.1.2　高速发展

正所谓"天道酬勤",史密斯的努力终于得到了回报。先前一直经营着的没有利润的行政总局的合约,为联邦快递赢得了许多客户,大家都觉得"连行政总局的合约都能拿到手,对联邦快递还有什么不放心的"。

1975 年,公司的经营状况开始好转,7 月份是联邦快递公司第一个盈利的月份,全公司创利 5.5 万美元,当年的营业收入达到了 7 500 万美元。这时候的联邦快递公司,已经拥有 3.1 万个固定客户。

1976 年,联邦快递公司获纯利 350 万美元;1977 年年度经营收入突破 1 亿美元,获纯利 820 万美元。联邦快递公司终于走出困境,并创造了奇迹。到 1979 年,联邦快递公司年度营业收入为 2.585 亿美元,获纯利 2 140 万美元。1981 年,联邦快递公司的营业收入高居美国航空货运公司的首位,超过了比它早 20 年进入航空货运业的竞争对手——埃默里货运公司、机载货运公司等。

10.1.3　海外扩张

20 世纪 80 年代起,制造业的基地从发达国家逐渐转移到了发展中国家,联邦快递作为最早认识到这一国际快递市场发展趋势的公司,开始着手进行大规模的全球扩展以应对日益激烈的国际竞争及挑战,国际快递业务激烈竞争充斥于亚洲远东地区,美国联邦快递的亚太区分公司也就应运而生。

1984 年,联邦快递公司完成第一次收购行动,成功地收购了位于明尼苏达州明尼阿波利斯的吉尔科快递公司。这为联邦快递公司的海外速递奠定了基础。之后,它在英国、荷兰和阿拉伯联合酋长国进一步实施收购计划。1985 年,联邦快递公司在向欧洲市场扩展服务方面迈出了重要一步,它在布鲁塞尔机场开设了一个分拣中心。

联邦快递于 1989 年收购了飞虎航空——成立于 20 世纪 40 年代的亚洲航空货运公司。仅仅是这一举措就使得联邦快递获得了飞虎航空在亚洲 21 个国家及地区的航线权,从而在全球经济增长最迅速的区域取得了立足点。

1992 年,公司的区域总部从檀香山迁至香港。将公司的营运中心迁移至经济活动的中心地区,更显示了公司对该地区的高度重视。联邦快递对其在亚太地区的业务拓展和战略发展始终保持着高度的重视。

1995 年,联邦快递公司购买了中国和美国之间的航线权,开始由联邦快递飞行员驾驶的专用货机来负责中美间的快递运输服务。1996 年 3 月,联邦快递率先成为当时唯一享有直航中国权利的美国快递运输公司。目前联邦快递每周有 10 个航班往返于中美之间。

1995 年 9 月,联邦快递在菲律宾苏比克湾建立了其第一家亚太运转中心,并通过其亚洲一日达网络提供全方位的亚洲隔日递送服务。根据公司在美国成功运作的"中心辐射"创新运转理念,亚太运转中心现已连接了亚洲地区 18 个经济与金融中心。

联邦快递公司在2003年9月份开通深圳至美国直线航班后,再接再厉,于2003年11月18日开通第一条从香港直飞欧洲巴黎的直航航班,专为其在国内的客户提供从华南到欧洲地区更为快捷可靠的速递服务。香港至欧洲的联邦快递直航航班的开通,是联邦快递自2000年业内首家推出亚洲一日达及北美一日达服务后的首次,也是自2003年9月开通从华南到北美的直航航线后,在提升客户服务水平方面的又一重大举措,充分体现了对中国经济蓬勃发展充满了无比的信心。

2004年10月,美国交通部正式授予联邦快递每周12班往返中美的货运航班,让联邦快递每周飞往中国的货机增至23班。联邦快递更于2004年11月在上海设立中国业务分区总部,以便更贴近中国的客户,关注他们的需求。

2005年是联邦快递服务创新的一年。2005年3月,联邦快递率先开通了全球航空速递运输业内首条中国大陆直飞欧洲的航线,每日由上海飞往德国法兰克福。这条新航线也是联邦快递全新的西行环球航线的组成部分。该西行环球航线的起点和终点都设在美国田纳西州孟菲斯市。

2005年4月,美国交通部确认批准联邦快递新增3班货机飞往中国,令联邦快递在2006年3月25日开始,每星期可提供26班货机往返中国。

2005年7月,联邦快递宣布投资1.5亿美元于广州白云机场建设全新的亚太转运中心。

2005年8月,联邦快递开通了航空速递运输业首条连接中国和印度的新翌日航线。这条航线是联邦快递全新环球东行航线的组成部分,连接欧洲、印度、中国、日本和联邦快递位于美国孟菲斯的转运中心。

在2006年1月,联邦快递和天津大田集团有限公司签署协议,收购大田集团在双方从事国际速递业务的合资企业——大田—联邦快递有限公司中的50%股权,以及大田集团在中国的国内速递网络。该协议成交后,联邦快递将在中国拥有超过6000名员工。此项交易还需经过有关政府部门的批准以及获取有关证照等惯例程序。

现在联邦快递每星期可提供26班货机往返中国,在亚太区内聘有超过一万名员工,服务逾30个国家和地区,提供业内无可比拟的跨太平洋空运速递服务。联邦快递自设MD-11和A310宽体机队,每星期提供超过400班货机往来曼谷、北京、宿雾、胡志明市、香港、雅加达、高雄、吉隆坡、马尼拉、大阪、槟城、汉城、上海、深圳、新加坡、苏比克湾、悉尼、台北和东京,以及欧美多个主要城市。

如今的联邦快递以无与伦比的最佳航线选用权及现代化、电子化和集成化管理的基础设施使其成为全球规模最大的快递公司之一。该公司全球每个工作日运送的包裹总量已经达到 340 万件,联邦快递拥有的全球员工约 14 万人,在全球拥有 654 架飞机,以及约 43 000 辆专用货车的庞大地面和航空运输系统。整个服务范围达到 220 个国家和地区,令人惊讶的是,从正式成立到今天,已经鼎立世界财富 500 强和美国企业 500 强宝座的联邦快递用了仅仅 40 年时间。这堪称美国企业发展历史上的一个神话。

10.2　快递行业

快递业是起源于 20 世纪 60 年代末的一项新兴产业,它以商务文件、小包裹为主要递送对象,以迅速、安全、高效、门到门、实时核查等为特征,建立一套与传统邮政体系不同的运作模式。经过几十年的迅速发展,快递业已成为世界经济中增长最快的产业。

10.2.1　快递行业特点

快递行业是一个新兴的产业,它尚处于迅速发展时期,行业的特征包括以下几个方面:

(1) 市场发展迅速,产业前景光明。

快递业自 60 年代以来,发展的势头一直都十分迅猛。尤其在进入 80 年代之后,随着人们对商务文件、小包裹等的到达时间的要求越来越高,传统的邮政体系已经无法满足这个需求。另外,随着各种高科技技术的发展以及物流管理水平的提高,快递行业的市场呈指数形式成长。以中国的快递市场为例,2009 年全国规模以上快递企业业务量累计完成 18.6 亿件,同比增长 22.8%;业务收入累计完成 479 亿元,同比增长 17.3%。全年同城、异地、国际及港澳台快递业务收入分别占全部快递收入的 7.3%、55.7% 和 31.7%;业务量分别占全部快递业务量的 23.5%、70.4% 和 6.1%。

(2) 市场进入门槛低,竞争激烈。

快递行业的进入门槛较低,这在中国体现尤为明显。又由于市场的迅速膨胀,这就直接导致了各投资商纷纷投资快递业,大家都想要进入市场来分一杯羹。2008 年,我国登记备案的快递企业就达到 5 000 余家,全行业从业人员 23.1 万人。这 5 000 多家企业大多是针对低端市场,从事同城快递或省内快递。而大型快递企业之间的竞争更是激烈,外资快递企业,如联邦快递(FedEx)、敦豪(DHL)、天地快运(TNT)、联合包裹(UPS)等;国有快递企业,如中国邮政(EMS)、民航快递(CAE)、中铁快运(CRE)等;大型民营快递企业,如顺丰速运、宅急送、申通快递等。

（3）规模效益明显。

快递行业是一个规模效益十分明显的行业。也就是说，企业的规模越大，客户越多，触及的业务范围越广，那么企业的实力越强，盈利能力也就越强。

10.2.2 中国快递业现状

我国国内快递业的现状就如同"三国鼎立"一般——传统的邮政 EMS、新崛起的民营快递公司以及进入国内的国际快递巨头，如联邦快递、DHL 等。根据国家交通部公布数据，即使是在受到国际金融危机严重影响的 2008 年，国内快递业的业务量、收入增长也达到 20％以上，2008 年中国快递全行业收入达到 408 亿元。面对这样一个诱人的市场，快递业内，国有的、民营的、外资的快递公司将市场一分为三，在快递市场上演绎着"三国争霸"。

1) 蜀汉——"根正苗红"的中国邮政

传统的邮政 EMS 是国有企业，可谓是"根正苗红"。EMS 最大的优点就是利用邮政的网点覆盖了全国几乎所有的地区，可以说是处处通，这是其他快递公司无法比拟的。而因为邮政的影响力在大家的心目中已根深蒂固，所以消费者对其相当信赖。不过价格相对高、快递不快几乎成为了 EMS 扩大市场的一个瓶颈。就价格上来说，以一公斤的快件为例，通过 EMS 的官方网站查询的价格为 29 元，而在网上再找几家民营快递公司，其中一家只要 16 元，另外的甚至还要少，双方的价格最多相差 45％。相比价格来说，EMS 当前更急需解决的问题就是快递不快。在国家邮政局公布的 2008 年快递服务公众满意度调查结果显示，公众投诉的主要问题中，快件延误占 66.2％，损毁占 17.5％，丢失占 12.8％。在 EMS 的官方网站会发现，成都到上海邮件，EMS 需要 2.5 天，而很多快递公司只需要 1.5 天时间甚至更快，因此 EMS 的提速已经迫在眉睫。于是，在 2009 年 2 月 26 日，中国邮政正式向社会推出"国内特快专递邮件时限承诺"服务，对包括成都在内的 100 个承诺范围城市之间互寄的标准型 EMS 邮件，将做到"限时未达、原金奉还"，其目的就是期望通过这些措施为 EMS 提速，保证 EMS 在国内快递业中绝对的老大位置。

2) 曹魏——"兵强马壮"的外资快递公司

根据中国社科院城市发展与环境研究中心公布的一份《我国快递市场发展现状分析与政策建议》课题报告，目前我国利润最高、技术与知识最为密集的高端国际快递业务市场，80％的份额垄断在国际快递公司手中，其中业内著名的"四大天王"（FedEx、DHL、UPS、TNT）就拥有 70％以上的份额。

这些外资快递公司为了能够顺利进入中国快递市场并进行渗透，他们依靠自己强劲的实力，通过连续降价的手段来提高市场份额。除了降价以外，外资快递公司还加强了在中国内地的布局。据了解，目前，国际物流巨头 DHL 开工建设的西南地区快件操作中心即将投入使用，而 UPS、FedEx 等也正在就进驻成都发展进行商洽。

3) 孙吴——"夹缝求生"的民营快递联盟

EMS 是国内快递业的老大，国际快递巨头垄断了中国国际快递业务的半壁江山，同时还通过降价渗透到国内快递市场，让国内的民营快递公司腹背受敌，怎样在夹缝中求生存呢？根据报告显示，民营快递公司主要占领 85% 的低端市场业务即同城快递。

"扫楼"加大同城快递业务渗透便是民营快递的第一招了。快递公司除了有一些长期合作的年单客户外，通过扫楼可以发展许多零散业务，同时如果合作比较好，这些零散客户完全可以发展成为他们的长期客户。而这样的扫楼找业务，EMS 和外资公司是根本不会做的，主动上门、价格便宜，这既是民营快递的优势，也是生存之道。

除了同城快递外，民营快递公司也开始发展自己的城市间快递业务。而在各地招募加盟商则成了他们的主要手段。在当地选择加盟商，借用公司牌子，依靠自己在当地的人脉关系发展业务，实现双赢。

10.3　联邦快递在中国

10.3.1　联邦快递在中国的发展

联邦快递在中国的发展情况要追溯到 20 世纪 80 年代，当时，全球制造业的基地从发达国家逐渐转移到发展中国家，而联邦快递作为最早意识到这一时代潮流的公司，早早地就准备进行大规模的全球扩展以应对日益激烈的竞争，而亚太地区又是联邦快递的一个重要战略区域。

1984 年联邦快递公司开始进入中国大陆市场，稍后成立合资公司，并开始使用中外运，而后 (1995) 又使用 EAS 大通作代理开展国际快递服务，之后不久，各地更换不同代理继续操作，2000 年以后加紧在各地建立分公司。2006 年 1 月，宣布收购合资公司全部股份，以及天津大田集团国内业务。至此，联邦快递公司再次站在了发展的转折点上，如何面对在中国的市场竞争，如何借助客户关系管理系统在客户群中寻找企业真正的客户，并分析出不同的客户群与客户的需求，针对不同的客户群和客户需求进行有效地营销和服务，提升客户满意度，从而争取更多的企业利润。

10.3.2　联邦快递在中国市场面临的竞争

中国的快递业竞争十分激烈,而其中与联邦快递构成直接竞争关系的有另外三家快递公司:TNT,UPS,DHL;还有其他处在不同细分市场而各具特色的快递公司如 CAE,CRE,EMS,EAS;还有数量很大的只提供区域服务的小快递公司。

联邦快递公司最早进入快递市场,并且取得了领先的优势,但快递速市场的飞发展和丰厚利润引来激烈的竞争,传统企业 UPS 的强力进入,成为联邦快递目前在快递市场上的主要竞争对手,后来者 DHL 与 TNT 也不可小视,尤其是 DHL。由于它最早介入中国市场,现在在中国市场上占有最大的市场份额,甚至超过了一度垄断整个中国快递市场的 EMS。中国市场上的其他快递公司也都凭借其独有的一种或几种优势在市场上寻找到自己的位置。由于中国的快递市场还处于快速增长期,竞争的火药味还不是特别的浓,但在国际市场上竞争已处于白热化。现有的竞争者将是联邦快递在中国市场最大的威胁。

10.4　联邦快递的 CRM

10.4.1　联邦快递的客户服务 IT 系统的建立

1979 年时候的 FedEx 是以速度更快、更加安全可靠来吸引消费者的。而这速度更快、更加安全可靠在面对消费者的时候,最直接的反映是"定位"。他们要清晰地知道自己的快递到了哪里,还有多长时间到。

1978 年夏天,以美国航空为代表的老牌航空公司开始推出备受瞩目的电脑定位系统,联邦快递受到启发,马上从 IBM,Avis 租车公司和美国航空等处组织了专家,成立了自动化研发小组,用 COBOL 开发语言推出了能对包裹、运力和客户信息进行管理的综合系统 COSMOS(Customer,Operations,Service,Master On-Line System)。这是物流快递行业内的第一个服务于业务的信息系统。1980 年,系统增加了主动跟踪、状态信息显示等重要功能。也就是 COSMOS 可以有效地管理车队、员工、包裹、递送线路及天气状况,串联了人工处理和每个货件的相关信息,包括从客户要求取件至送达的全过程。

随后在此基础上,1980 年开始实行数字辅助调配系统(DADS,the Digital Assisted Dispatch System),形成了全国性的电子分派网络,可实现一件不漏的包裹追踪,为客户提供及时的回应。这个网络覆盖了整个北美,使 FedEx 成为全球第一个拥有范围覆盖整个国家的数据网络的货运公司。一个借助于 GSM 网络进行通讯的终端安装在 FedEx 的卡车上，可以完成随叫随到的货物收集。利用该系统，能够通过货运车上的电脑和运务人员联络，将运务人员的回答迅速传回给调派人员，供他们作最有效率和准确度的时间与路线安排。到 1981 年实施包裹扫描系统（COSMOSIIA）后，整套系统已经可以显示运送中包裹的所在。

1984 年，基于 DOS 平台的 PowerShip 被开发出来，捆绑在 PC 机上分发给客户。客户可以使用 powership 进行自助服务填写快递单、打印标签条码，通过拨号网络将信息传送至 FedEx。FedEx 的服务成本降低的同时，大大降低了单据辨认出错的可能性。系统后来不断推出升级版本，1987 年提供升级版系统 Powership2（包括：地址数据库、追踪能力、制作报告、多件包裹托运），开始向客户提供自动化账单，查询他们的包裹信息。不过美中不足的是，这个系统要追踪一个包裹，不能直接链接上 Fedex.com；而且页面相对复杂，找包裹时需要要用排序逐个看。

1993 年 FedEx 为顾客提供了电子追踪系统软件（FedEx tracing），顾客可以在自己的电脑上追踪其托运的货件。1994 年推出联邦快递万维网页，顾客可在万维网址上进入联邦快递的主页，在规定的屏幕上输入空运单号码，即可追踪到所托运货件的信息。此外，在主页上允许顾客选择下载 FedEx 的软件，以取得最新信息和查询美国国内托运的服务。

应该说 1994 至 1999 年，FedEx 对 IT 的态度发生了大调整。在 IT 技术上，FedEx 一直是新技术的拥趸，一旦确认一项技术可以提高效率且能给客户带来好处，它就会马上全面部署它，像之前的 DADS 就是最好的例子。但这段时间却破天荒地采取保守、观望态度。到了 2000 年的春天，竞争对手 UPS 已经有 55% 的货物在网上处理，而 FedEx 只有 10%。甚至，UPS 拉大了其与 FedEx 之间经营利润率的差距。因此，FedEx 也受到了华尔街的指责，股价也到了一个历史的低点。好在 Robert Carter（时任 FedEx CIO）很快调整了策略，投资 15 亿美元大刀阔斧的推行旨在将客户都纳入到电子商务中来的 IT 战略。

2001 年初推出全球贸易经理软件——为客户跨国递送包裹或货物提供在线工具，例如到岸成本预估。它能预计客户递送一个由美国到英国的包裹所需要支付的各种费用和税收。而在使用这个工具之前，FedEx 公司往往是先垫付各种费用和税收，然后再报销。这样的手续既烦琐，同时也增加了前期费用的负担。

年底，FedEx 开始通过 www. fedex. com 提供在线填写国际递送业务中各种文件的服务。而之前，快递公司都要求先打印出来，填写完后再送至海关。这项服务推出依始就涵盖了 20 个国家的海关，远远超过了 1 个月前 UPS 推出的只能向美国和波多黎各 2 个国家的海关在线报关的服务。同期，FedEx 除了与凯捷咨询合作开发一个在运输管理与合同履行之间进行无缝连接的综合技术平台外，

FedEx 旗下 TradeNetworks 的海关报关文档公司,还与 IKON 合作,共同开发了企业内容管理(ECM)系统,用于解决简单、快捷的方式进行过关文档处理,免除更长的时间延误。利用 ECM 系统,FedEx TradeNetworks 在全球货物投递地点采集文档,并将它们转换为准确的可检索的电子信息。扫描得到的文档通过 FedEx 的国际虚拟专用网进行传输,输入到内容管理器。应用 ECM 系统,TradeNetworks 已经实现了明显的收益:

　　——减少了仓库的使用量,从而每年节省了大量费用,同时减少了邮寄文档资料的邮资费用;

　　——90%的货物现在可以顺利通关,无需等待;将文档丢失率降到几乎为零,并大量减少因丢失的文档带来的罚款;

　　——过关文档的查找由 60 小时减少到 30 秒,效率提高了 99%;

　　此外,FedEx 还积极地推动大的客户上网,并继续开发一些边缘技术,譬如 Wifi(802.11b)、蓝牙技术等等。短短一年时间,FedEx 就将自己的日 3300 万的包裹业务中网络处理的比例由 2000 年的 10%提高到 2001 年的 70%。没有给 UPS 任何机会,不但重新拉近了与 UPS 的差距,也大大提高了客户满意度。

10.4.2　联邦快递的客户服务相关部门现状

　　联邦公司中与客户关系管理密切相关的部门主要包括:市场销售部、口岸作业部、快件服务中心、客户服务部和电脑服务部。

　　市场销售部是指向公司的客户推销公司产品及服务,并为公司创造利润的部门。它的主要职责包括:发现潜在客户、筛选潜在客户、采取销售行动、签订协议、服务关注和业务发展。除此之外,在部门内部还包括电话销售、销售技巧培训和历史数据分析等等。

　　口岸作业部是指从事快件具体运输的服务机构,确保快件和货物正常到达和出运。它的主要职责包括:快件的装箱出运和拆箱、派送、提供快件的进出口清关服务、不正常进口快件的查询、运输网络的协调控制以及日常的订舱事宜。

　　快件服务中心是指主要负责从客户手中区间送交口岸部安排出运,同时从口岸部取得到达快件派送至客户手中。

　　客户服务部是指公司中为客户提供有关公司产品和服务咨询等相关服务的部门。主要职责包括:预约区间、处理不正常查询、转运时间分析和处理索赔等等。

　　电脑服务部是指开发和维护公司系统运作,并为公司其他部门提供电脑技术和系统操作上的支持的部门。

　　以上五个部门是联邦快递公司中与客户关系管理密切相关的主要部门,它们不但各自有着自己的独立的功能职责,各司其职,而且相互之间也有着一定的联系。其部门之间的关系如图 10-1 所示。

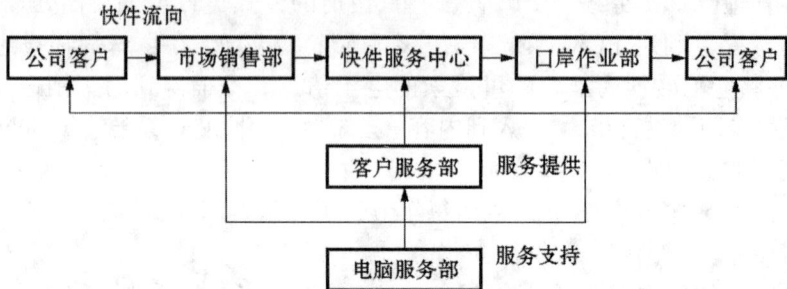

图 10-1　联邦快递公司客户关系管理各部门关系图

10.4.3　联邦快递公司客户服务的运作流程

在产品高度同质化的今天,服务已经成为决定竞争成败的关键因素,服务的优劣直接关乎企业的生存和发展。现在,几乎所有的企业都把提升客户服务水平作为企业持续发展的头等大事,如何创建卓越的客户关系管理体系是每一个企业都必须认真思索的问题。

具体来说,当客户打电话给联邦快递的时候,只要报出发件人的姓名和公司的名称,该客户的一些基本资料和以往的交易记录就会显示出来。当客户提出寄送某种类型的物品时,联邦快递会根据物品性质向客户提醒寄达地海关的一些规定和要求,并提醒客户准备必要的文件。在售前阶段,联邦快递就已经为客户提供了一些必要的支持,以减少服务过程中的障碍。

联邦快递的速递员上门收货时,采用手提追踪器(SuperTracker)扫描货件上的条形码,而这些条形码是由 FedEx PowerShip 自动付运系统或 FedEx Ship 软件编制,说明服务类别、送货时间及地点。所有包裹在物流管理的周期内,至少在货件分类点扫描六次,而每次扫描后的资料将传送到孟菲斯总部的中央主机系统。客户或客户服务人员可利用 PowerShip 自动化系统及 FedEx Ship 软件发出电子邮件或查看互联网上联邦快递的网页,即时得到有关货件的行踪资料。这项技术不仅方便公司的内部管理,而且大大提升客户满意度和忠诚度。

售后服务主要包括两部分,一方面解决客户遇到的问题,一方面调查客户的满意度,寻找内部改进的办法,“真心大使”就是生动的例子。值得指出的是,售前、售中、售后服务这三个阶段不是截然分开的,在对客户服务过程中,这三者是一个不断往复的环节。

目前的联邦快递公司的客户服务基本运作概况如图 10-2 所示。

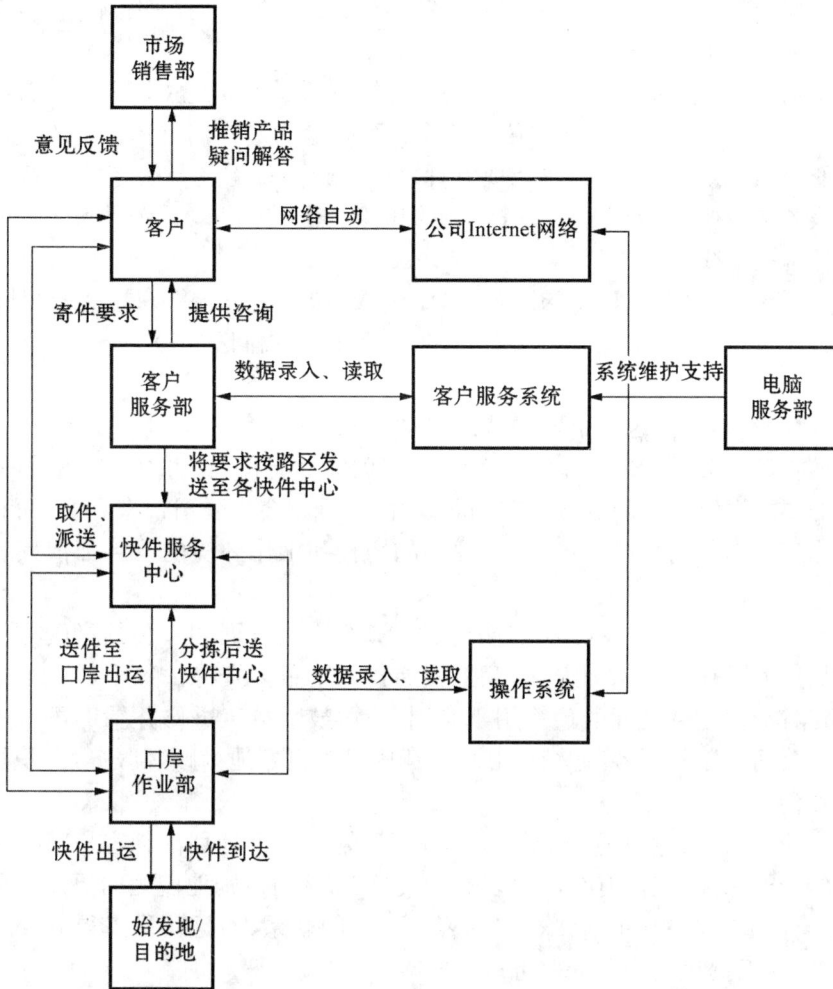

图 10-2　联邦快递公司的客户服务的基本运作图

10.4.4　联邦快递的 ECRM

在联邦快递,CRM 被称之为 ECRM(企业客户关系管理)。联邦快递中国区市场总监陆文娟说:"我们之所以称之为 ECRM,是强调客户关系管理不仅仅是客户服务部门专用的方法,也不仅仅是简单的跨部门小组(CFT)协作,而是依靠公司的整体合作来服务客户的一种方法。"陆文娟认为客户关系管理是涉及公司整体战略层面、从上而下的一种策略。

联邦快递实施 CRM 的五项方针是员工、客户、流程、技术和项目。和 Great

China CRM 提出的实施 CRM 的五项方针客户、策略、人、流程和技术相比，人的位置被放在了第一位，而且少了策略方针，多了项目方针。

陆文娟认为这种不同反映了联邦快递的经营哲学和实施 CRM 的特点："在联邦快递的经营哲学里面，员工是第一位的。而策略则是我们贯串所有 CRM 实施过程中的一项原则，它超乎其他几项方针之上。只有优秀的员工才会为客户提供优秀的服务，针对不同的客户需求提供不同的客户服务，可以看作联邦快递客户关系管理的两条主线。"

"在联邦快递，员工（People）、服务（Service）和利润（Profit）是三位一体的，这也是联邦快递自 1973 年创立时就确定的经营哲学，我们称之为 PSP 理念。"陆文娟说。

员工、服务和利润这三个要素彼此推动，构成了一个封闭的循环圈，这也是联邦快递实施客户关系管理的指导方针。公司关注并善待自己的员工，他们就会依照客户的要求提供完美的服务，客户满意度的提升就会为公司带来利润，而利润是维持工作正常运作的命脉，员工工资福利的增长和工作环境的改善都依赖利润的改善。

在实施 CRM 项目上，联邦快递在人员选取、人员发展和人员的激励方面也是毫不含糊。尤其在员工培训方面，联邦快递投入了很多资源。每个员工不论级别高低，每年都有 2500 美元的预算用于培训，公司鼓励员工进修并辅助员工进行职业规划。公司还制订了各种奖励制度，以激励员工更好地为顾客服务，并积极参与社会公益活动。

2003 年 9 月，联邦快递开始"真心大使"计划。这个计划借助客户对联邦快递服务所给予的意见，表扬有突出表现的一线员工，从而鼓励他们迈向更高的服务水平。这个计划不仅加强了前线员工和客户之间的联系，而且让员工得到一种受尊重的感觉，从而提供更出色的服务。

客户的每一次交易记录都会记录在客户关系管理系统中。联邦快递分析这些数据，并根据需求和行为方式对客户进行细分，对不同的客户采用不同的营销方式，向不同的客户群体提供不同的服务。

客户关系管理不仅贯串到服务的每一个流程环节，而且也与公司内部的大多数部门有关，并体现在员工的绩效考核指标中。

在联邦快递，直接和客户打交道的人是快递员，但在整个服务过程中，还涉及客户服务人员和清关部文件人员。除此之外，销售部门和市场部门的活动也会在很大程度影响客户的满意度。

"配合服务"是联邦快递内部协作的一条准则，每一个环节的工作人员都承担着了解并满足客户需求的任务，这种多渠道的客户关系管理策略被陆文娟称之为

"无缝互动"。

当这一切都配合得非常完好的时候,在很大程度上来说,客户关系管理已经开始发挥效力。在此基础上的客户关系管理软件不过是在技术上使得大规模的客户关系管理高效运行。

相应地,联邦快递的大多数部门的绩效考核指标都分为两类:一个是反映运行效率的内部指标,一个是反映客户满意度的外部指标。以陆文娟所在的市场部门为例,与客户满意度有关的指标在绩效考核中间的比重超过了50%。

可以说,联邦快递的客户关系管理已经体现在他的组织制度和人力资源政策方面。正是依靠公司的整体协作,使得客户关系管理能够成功实施并获得期望的效果。

联邦快递的客户关系管理提升了客户的满意度和忠诚度,并给公司带来了丰厚的利润。此外,客户关系管理对于公司的品牌推广也是一个积极的推动作用。

案例思考

1. 分析联邦快递 CRM 实施的背景。
2. 联邦快递实施 CRM 的意义何在?
3. 联邦快递 CRM 获得成功的主要因素有哪些?
4. 联邦快递实施 CRM 的启示如何?

案例 11　北京东区邮局的 CRM

案例摘要

当中国邮政和电信分家的时候,全国邮政直接亏损达 142 亿元。中国邮政这个被圈养多年的庞然大物,突然间被推入到了一个完全陌生的"市场化原始森林"。如今的邮政企业已经被许多大大小小的国内外竞争对手完全包围了,邮政业务分流十分严重。而随着中国加入 WTO,市场的竞争情况会变得更加残酷。"全国看北京,北京看东区"。北京东区邮局在这个关键时刻毅然决定实施 CRM 项目,想要以客户为中心,满足客户的需求,从而抓住不断流失的业务。从 CRM 系统的引进,选择合作伙伴,选择产品类型,一直到建立项目小组等。北京东区邮局的 CRM 项目一直在循序渐进地实施着,虽然期间出现了各种各样的问题,但是在大家的努力下都被一一克服了。最终,CRM 项目成功实施,并为北京东区邮局插上了腾飞的翅膀。

关键词

CRM 系统　邮政行业 CRM　大客户管理

案例导读

如今的中国邮政是国内唯一同时拥有实物流、资金流、信息流的企业。它拥有覆盖城乡的实物网,世界领先的信息网以及全国最大的金融服务网络。然而,又有谁曾想到,如此强大的一个企业却也曾经处于"生死边缘"的悬崖之上,就在中国加入 WTO 之际,巨大的亏损和激烈的竞争曾压得他们喘不过气来。北京东区邮局是中国邮政的一个部分,他们就在这样的情况下转而求助 CRM 系统,试图通过 CRM 系统和理念来打破邮局"四面楚歌"的困境。CRM 系统的项目在北京东区邮局如火如荼地进行着,那么实施的效果会如何? 北京东区邮局的未来又如何? 这一切都等着时间去证明。

1998 年秋天的一个夜晚,东区邮局商函制作中心负责人任东辉独自一人站在窗前。深秋,北京的夜晚是如此的安静,但是任东辉的内心却久久无法平静。前段时间,正在北京大学就读 MBA 课程的他无意中发现了《直复营销》一书,在反复阅读之后,他从中领略到了数据库营销管理的真谛。于是,就在今天早上,他大胆地向邮局领导建议将商函制作中心注册为直复营销公司,并阐述了要依靠引进 CRM

系统来解决东区邮局所面临的困境。他的观点意外地受到了东区邮局领导的一致赞同与认可,领导们纷纷表示要支持他完成北京东区邮局的 CRM 实施。但是,CRM 系统的实施能否解开邮局的"死结"呢? 望着窗外的风景,任东辉陷入了沉思……

11.1　北京东区邮局

北京市东区邮政局是北京市邮政管理局所属的二级通信企业,下属 27 个邮政支局,110 多个邮政所,现有正式职工 2 400 多人。东区邮政局担负着北京市东城区、朝阳区两个行政区和西城区、崇文区部分边缘地区的邮政业务,为 7000 余个党政机关、大专院校、企事业单位和几百万居民提供服务,服务面积达 505 平方公里,代理邮政、电话、报刊订阅、零售、特快专递、邮政储蓄等多种业务,同时提供商业信函制作、邮购、同城速递、鲜花礼仪、货运、图书销售等新业务。

北京市东区邮政局地处北京商业竞争最为激烈的地区之一。这一带有国贸、朝外大街、亚运村三个商务区,东区邮政局辖区内众多的商务办公楼中蕴涵着无限的商机,同时也受到来自各个方面的竞争的威胁。由于没有及时准确的客户信息管理系统,客户流失的情况时有发生,客户的维系对于东区邮政局而言显得尤为重要。邮政这一传统企业,需要引人更加贴近客户的经营理念、管理制度和技术手段。

由于东区邮政局所处的特殊地理位置,以及市场的巨大压力迫使其做出迅速的反应,求助于先进的管理系统。于是邮政局的领导将目光投向了客户关系管理系统这一并不算新的理念上。但 CRM 在国内毕竟还是一个新概念,可循的经验非常少,花费也相当可观,因此投入是否值得、何时见效并收回成本等问题是邮政局管理层不得不考虑的问题。而对于此时的东区邮政局而言,各方面的因素迫使东区邮政局必须立即着手 CRM 系统的应用。东区邮政局希望能够以 CRM 理念为核心,通过软件的引入,在管理制度、组织结构和工作流程上进行新的调整,并能把 CRM 理念贯彻到每一位管理者和业务人员的日常工作中去。

11.2　中国邮政概述

今天的中国邮政拥有邮政局所、代办点合计 6.6 万处,每个局所、服务网点平均服务人口达 2 万人。全国开办邮政储蓄业务的乡(镇)2.1 万个,开办 11 185 客户服务中心的地(市)298 个。全行业拥有专用邮政运输飞机 9 架,邮船 5 艘,火车邮厢 406 辆,各类邮政汽车 5 万辆。已有邮政信函分拣机 107 套,信函分类理信机

103 套,商业信函制作系统 616 套,印刷品及包裹分拣机 130 套,报刊分发流水线 67 套,ATM 自动柜员机 7175 台,邮资机 9932 台。

这是目前中国最庞大的一张现实网络。这张网络上流动着信件、电报、包裹以及汇款单据。然而,尽管有如此大的业务量,却难以养活庞大的中国邮政。1998 年邮政和电信分家的时候,邮政亏损达 142 亿元,因此,中国邮政 1999 年提出"8531"扭亏计划(第一年国家补贴 80 亿元,随后几年分别为 50 亿,30 亿,10 亿,逐年减少)以后,中国邮政这个被圈养多年的庞然大物,蓦然间被推进了一个完全陌生的"市场化原始森林"。如今的邮政企业已经被很多的公司,大到联邦快递、UPS、敦豪、OCS 这样的世界级物流企业,小到私营的同城快递公司等众多的国内外竞争对手包围了,邮政业务分流非常严重。随着中国加入 WTO,未来的市场竞争将变得更加残酷。

11.3　北京东区邮局实施 CRM

11.3.1　实施起因

说到东区邮局的 CRM,就不能不提到东区邮局的市场部副主任——任东辉。与邮局系统内不到 5% 的拥有大学学历的年轻人相比,任东辉是幸运的。因为在市场化意识比较强的东区邮局,他有一片可以施展拳脚的空间。

1997 年,一直做人事工作的任东辉被调到东区邮局刚刚成立的市场部,同时兼任东区邮局的创收单位——商函制作中心的负责人。当时任东辉主要的任务是负责市场开发,要把业务层次提高,把业务数量做起来。

任东辉是一个非常要强的人。当年做人事工作的时候,看到邮政体系中的大学生们被分配去整年整年地干体力活,然后一个一个气愤地离开,自己早就憋了一口气。他希望自己可以做一个榜样,让别人看到知识的力量。

努力在市场部摸索了一段时间,任东辉发现了一个解不开的"结"。虽然邮局接触面特别广,天天有很多投递员、揽收员在接触客户,但是没有人会对这些信息进行收集。连客户是谁,客户是干什么的这样基础的市场信息都没有,任东辉怎么去做市场开发?

当时任东辉认为,开发市场最基本的就是通过开发潜在客户来增加邮寄量。因为原本邮政做业务的基本方式是"守株待兔",邮件来了就做,没有就不做。"可是那时候不要说潜在客户,我们连现有的稳定客户都不知道是谁。"任东辉回忆道,"当时自己真的是不知道怎么办了。"恰好 1998 年任东辉被派到北大读 MBA,在学校外头闲逛的时候,发现一本《直复营销》的书,就买回来仔细研究了一遍。这本书中的数据库营销思想对任东辉产生了很大的影响。一方面,任东辉对邮政市场开发的那个"死结"更加"痛恨",另一方面,也引发了任东辉的一个新的业务思路。

那时候,IBM 公司是商函中心的老客户,经常让邮局给他们做直邮。任东辉把 IBM 的做法告诉了自己在国企工作的朋友,推荐他也试一下。结果人家花了 20 万元,但是过了两个星期就来诉苦,"你这不是蒙我吗!发完了一点效果都没有,现在上边让我写材料呢。"任东辉曾经很不理解这里面有什么问题,为什么 IBM 花这么多钱,仍然兴趣盎然地在那儿发信,可是国内企业发了信就没效果?现在任东辉明白了,关键的是数据库的有效性问题。人家 IBM 一封信 1 块钱,但是那封信的名址不管是 IBM 自己搞到的,还是从别人手中买来的,搞不好就要价值 10 块钱呢。

这种对比促使任东辉后来把商业信函制作中心注册成了一个直复营销公司,把以前单一的邮件加工提升到了"制造邮件",也就是说,要利用邮政系统掌握的名址信息提供增值服务,搞数据库营销。这样一来,既造出了新的投递量,也开发了市场。

这个直复营销公司成立以后,很快就把商函中心的收入在一年内从 300 万元提高到了 1 200 万元。在东区邮局中,这种 300% 的增长几乎被称作一个奇迹。突出的业绩让任东辉成为了东区邮局的"少壮派"代表,他的思想也开始对局领导产生了影响。

任东辉从直复营销理解了数据库营销的概念,从而也开始接触到了更系统的 CRM 理念,他很快就被这种理念彻底说服了。任东辉决定在东区邮局实施 CRM。他把自己的想法向局领导做了汇报,领导们虽然对 CRM 这个东西还不甚了解,甚至从没听说过。但是,念在任东辉以往的成功记录,东区邮局的领导最后拍板说:"给你点儿钱你先干吧。我们支持!"任东辉胆气一壮,就到上海准备寻找一家合适的 CRM 系统提供商。

11.3.2　CRM 系统选型

当任东辉到达上海,开始咨询上一个 CRM 系统要多少投入时,他几乎晕倒。当时 Oracle、Sybase、IBM 等等厂商几百万美元的价格让任东辉心中的热情几乎熄灭。

1999 年底,情况有了转机。上海一家公司的 CRM 系统报价已经接近了邮政可承受的范围。任东辉兴致勃勃地去上海参加培训,并且把实施 CRM 的想法告诉了对方。人家却告诉他,这是代理国外厂商的产品,是英文的系统,没办法对邮局进行二次开发。更重要的是,人家说没有做国企的计划。理由很简单,企业实施 CRM 与管理体制密切相关,如果掉进体制的泥潭造成系统实施的失败,谁能扯清是我的衣服不合适还是你的身材有问题?而在市场初期,每一个失败的案例都会给后来的客户带来阴影。

不过,对方还是把另外一个 CRM 企业介绍给了任东辉。这个企业就是李觉伟的上海中圣。

当时中圣公司刚刚拿出 CRM 产品时间不长,听到东区邮局对 CRM 感兴趣,李觉伟就大胆地把自己的"处女作"放在了邮政。一方面是因为中圣的软件是自己开发的,有能力根据邮政的特点进行二次开发。另一方面,多年前大学毕业后曾经被分配到邮局的李觉伟知道,东区邮局的背后是整个中国邮政,这个庞然大物已经不得不"动一动了"。

11.3.3　CRM 实施过程

任东辉在东区邮局有三个 CRM 试点,一个是自己管理的商函中心和直复营销公司,另外两个是东四支局和双井支局,现在他们都已经走入正轨。同时东区邮局第二批 12 个支局又加入了进来。据说,东区邮局不仅仅要把 CRM 在自己体系内"完整复制",还要推广到全国邮政系统。甚至,东区邮局下属的技术公司:E-POST,正在准备做全国推广的 CRM 实施顾问呢。

简单地说,东区邮局这一年来的 CRM 实施,最主要就做了一个工作——客户信息的收集和数字化。也就是把自己的客户是谁、他们与自己的交易记录、客户经理的日常走访记录等等与客户有关的信息,动态地记录到 CRM 系统里面。虽然看起来很初级,但是任东辉却认为这是非常了不起的成就。"因为未来的一切都要依靠它们"。

按照任东辉的计划,东区邮局的 CRM 实施应该分为:客户信息录入;客户信息内部共享;销售自动化;局内协同销售,直到实现最终的智能数据挖掘。今天,已经开始实施 CRM 的支局一共 15 个,有 10 个刚刚加入的支局在信息录入阶段,有 4 个已经做到了信息共享,只有任东辉的商函中心一马当先,实现了完全的销售自动化,并且正在向协同销售努力。信心的由来双井邮局(22 局)是 CRM 试点中第一个主动要求参加的支局。该支局的道界范围西到二环边上的凯莱大酒店,东到高碑店,北至长安街延长线以南;包含了几十座涉外写字楼。虽然还不是处在北京中心商业区 CBD(中心商业区,Central Business District)的核心,但是拥有企业大客户确实比一般支局要多得多。

不过,虽然拥有这些有利条件,但是 22 局在东区邮局中似乎还没有完全发挥自己的作用。去年,东区邮局中包含 CBD 核心的胡家楼支局的营业额是 5 000 万元,服务标兵——东四支局——是 2 800 万元,而 22 局是 1 800 万元。对此,22 局当然不会满意。

11.3.4　大客户策略

说到 CRM 给 22 局带来的变化,就不能不提一下惠普。惠普是 22 局最大的企业客户,1999 年,每个月可以为 22 局提供 1 万多元的稳定收入。不要小看这 1 万多元,相对从其他客户获得的每个月平均不到千元的收入,惠普简直就是个大财神了。实际上,那时候惠普的大部分业务已经被快递公司和不少国际物流企业瓜分了,但是就算剩下的这点,也让 22 局感到弥足珍贵。正是因为这个,22 局 2000 年下半年成立了一个专门的惠普工作小组,直接进驻惠普大厦。

尉卿,一个 20 多岁的姑娘,中专毕业,从惠普进入这个管界就开始为惠普服务。"最早的时候,我们主要是做一些邮件、报纸、刊物的分拣,还有快递,挺初级的。"尉卿回忆道,"后来,我们发现惠普的要求非常高,比如投递质量,他们要求跟踪查询,今天寄,明天就需要知道邮件在什么位置,或者核实邮件接收的情况。所以我们的工作小组,就变成了专门与惠普进行沟通和提供特别服务的服务小组。"

有了专门的客户小组,22 局发现一些以前没有的新业务也可以被开发出来。比如,惠普举办的每次活动都需要邮寄一些宣传广告,22 局就负责从机场把东西提回来,进行分拣整理、封装、邮寄,查询,提供全套服务。而这种有点外包性质的服务,确实很对惠普的胃口。

后来,22 局干脆就真的干起了外包,而且不仅仅是通过邮政的渠道。自己做不了的,就联系大通、敦豪等专业的货运公司。总之就是惠普提需求,22 局提供全面的解决方案。22 局的徐崇兰局长说:"实际上,这是通过惠普工作小组不断沟通才了解到的需求,我们在家里想是想不出来的。这应该算是第一个了解客户信息带来的收益。"

惠普的服务小组为 22 局带来了不少额外的收获,但他们也感觉到,惠普这个客户可开发的业务实在还有很多很多。可是由于对惠普的需求了解有限,又大多是支离破碎,自己都不知道要怎么跟人家去谈。而且,人家对邮政难以提供高附加值服务的成见,也越来越影响新业务的开展。"恰好在这个时候,CRM 风风火火地来了。"尉卿说完这句话,高兴地笑了。

CRM 的出现,首先是在思想上对 22 局产生了影响。以客户为中心的概念,从原来的迫不得已,开始转变成为理所当然。这种变化,甚至让惠普都吃了一惊。

2000 年年初,惠普的一个部门在和 22 局合作一段时间以后,突然中断合作去找别人了。尉卿说:事后了解是因为 22 局在挂号信查询上出了一点问题。因为邮政的查询时间比较长,通过我们邮政系统的正常渠道,一般的挂号信件可能要 10 天到 15 天才能反馈回来。对此客户表示不能接受,于是就离开了。

不过,有意思的是,过了不久,尉卿在 CRM 系统查看小组其他人员录入的信息时,发现惠普这个部门又对自己最近新换的服务提供者表示了不满。于是第二天她就找到惠普,并且通过分析上次为什么丢掉客户,事先准备好了一套新的解决方案。

"我对他们说,我们可以用电话查询,我们会把电话一个个打到收件人那里,不但问清楚他是不是收到了,还把他是不是可以出席会议确认一下。最后反馈给你们。"尉卿有些得意地说,"他们真的很吃惊,说没想到邮政还能做到这一点。后来,这个部门就成了惠普里面与我们业务最紧密的客户。"

对尉卿来说,CRM 刚刚出现,就让她与惠普的交流流畅了许多。至少,人家对邮政的看法有了不小的改变。不过,对于 CRM 系统对自己的日常工作到底能够带来什么帮助,在开始的那段时间,她却看不到。

尉卿的小组只有 4 个人,面对惠普 7 个部门,业务量已经很大了。但是 CRM 来了以后,录入客户信息和走访记录就要占去他们 1/3 甚至 2/3 的时间。据任东辉说,当时尉卿是抱怨最多的一个。

不过,在几乎是不讲道理的强制运行几个月以后,CRM 数据库逐渐丰满起来。有一天,尉卿自己跑到东区邮局市场部任东辉的办公室,开始平心静气地向任东辉请教:到底 CRM 里面的这些数据能够干什么?

"其实,那个时候,尉卿已经隐约感觉到客户信息是可以被分析和利用的。不过,当时我们的系统还不具备自动分析的功能,要分析,还必须依靠点商业头脑和灵敏的'嗅觉'。在这方面,尉卿以前当然是没有经验的。"任东辉说道。

那天,任东辉把已经非常丰满的商函中心的系统调了出来,仔细演示了如何在充分的客户信息基础上进行初步分析,对不同模块的不同作用和含义提前进行了讲解。其实这原本是准备让 22 局再"僵化"运行 CRM 一段时间,把客户信息做完整以后才培训的内容。

尉卿回忆那天的感觉说:"其实就是我们自己的数据积累太少了,所以分析功能没显现出来。我回来试用了一下,还真的发现了不少问题。而且我觉得输入的数据越多,分析的功能就越强大。"从那时候开始,尉卿就再也没有对录入客户信息表示过不满。

尉卿后来做的第一件事就是把惠普不同部门的业务高峰时间进行总结。因为她知道,惠普的活动大部分都是有规律的,比如展会可能选择每个月的什么时间,巡展可能是在每年的第几个季度等等,而且不同部门的规律都不一样。这样一来,尉卿就可以大致了解自己一年内要完成的工作,然后按照计划去做准备。这样与客户配合起来,效果肯定会更好。而且知道了自己一年能拿到手的业务有多少,还可以为开发新部门和新业务制定相应的计划。否则惠普上上下下那么多部门,接口人员就有几十个,自己被动地等业务,不但很累,而且没有效率。做到了这一点,尉卿又开始尝试着通过客户信息来分析自己的潜在客户和可能的新业务。这种基于 CRM 系统的新工作方法，确实给尉卿带来了成绩。当尉卿带着打印装订好的计划书走进惠普的时候，她感觉到了无比的自信。最开始，惠普的人感到的是新鲜：邮局还搞计划书？后来，惠普就开始把邮政放到了与其他专业公司同等的位置，一些以前绝对不会让邮政来做的事情，也开始让邮政介入了。

比如惠普每年的巡展过程中都有不少货运工作，以往这种工作都是由大通公司来完成的。用尉卿的话说就是：惠普对大通好像有一种天然的信任，觉得大通肯定能准时完成他们的任务；至于邮政，那可就说不准了。

不过这种情况已经改变了。当尉卿把精心准备，并且经过交流后数次修改的计划书放到客户面前的时候，客户清楚地看到，什么时间把东西寄出，什么时间到达，什么时间反馈信息，什么时间完成整个工作等等都井井有条，并且与自己的展会计划配合完美，而在价格上又有很大优势，当然无话可说。

目前，22 局已经把惠普几个部门巡展活动的货运包了下来。在这个点上，邮政也竟然开始与国际专业物流公司展开了竞争。在以前，这恐怕是不可能出现的事情。

现在，尉卿已经从最开始时的抱怨 CRM 影响工作时间，变成抱怨系统滞后了。她说："要是能有更多的分析功能，我们就能够更了解客户，预测和生产出需求。要是能再多有一些模块，像竞争对手信息等等，我们就能更加有的放矢。比如我们就真曾经利用大通公司流程上要批量发送的缺点，给惠普提供当天承接，当天打包，当天发送的货运服务。要是我们不了解对手，怎么把客户抢过来呀？"

自从对惠普进行重点客户管理以后，惠普对 22 局每个月的业务量已经从 1 万多元上升到了接近 10 万元，这恐怕就是 CRM 带来的最明显的改变之一。不过，无论是任东辉还是尉卿，都坚定地认为："才 10 万元，差得还很远呢。"

11.3.5　实施过程的艰难

东区邮局一年来实施和应用 CRM 的过程是艰难的，他们迈出的每一步都付出了相当大的努力。任东辉告诉记者，按照不少 CRM 厂商的说法，一个实施项目应该在 10 个月完成，甚至看到结果。不过，他们自己感觉，东区邮局还有 2 到 3 年的路要走，预计在 3 年的时间内将这项工程实施完毕就是胜利。他们已经做好了这方面的各项准备。

有人称，实施 CRM 主要有来自两方面的动力，一是企业要保持不断的高速成长，所以需要依靠实施 CRM 来整合资源，提高客户的忠诚度，实现客户价值最大化；二是企业想避免销售业务滑坡，从而导入 CRM 系统，希望能够分析客户信息，对客户给以关怀，进而能够挽留客户，借以力挽狂澜。

那么是何种原因导致东区邮局实施 CRM 的呢？很显然更接近第二种。但是重要的原因在于，这里有一个任东辉，是他首先从理论上明白了"以客户为中心"的理念是 21 世纪企业参与市场竞争的新的游戏规则，然后又孜孜不倦地将这些理念在同事甚至领导之间传播。而且可贵的是，任东辉没有把 CRM 看作是一个"大力丸"似的软件，而是看作为一种思想，一种管理的理念。这样，也就让东区邮局没有建立不切实际的时间表，也就有了一步一个脚印，稳步前进的可能。

很多人以为 CRM 的实施只能是那些管理水平高，员工的文化素质高，IT 信息化应用水平高的"三高企业"。但是，处于"三低"的北京东区邮局恰恰是实施 CRM 最早的企业之一，他们对 CRM 的理解以及实施的进度大大地早于那些"三高"企业。看来，只要你想变革，什么时间、什么条件都不是最重要的。

11.3.6　CRM 实施效果

任东辉担任总经理的商函制作中心和直复营销公司从成立以来，一直都是以100％以上的高速度发展的。1999 年的时候，业务增长速度甚至达到了 300％。在开始的几年，这是任东辉最引以为豪的事情，但是从 1999 年开始，任东辉开始感到心里不踏实了。

原因很简单，企业高速发展，管理问题就迅速凸显出来。比如，一年内增加的60 多个市场人员要怎么考核？怎么定指标？谈下来的客户应该怎么维护？怎么二次开发？这些问题在企业里面都没有相应的制度和规范。结果是小问题天天有，大问题三六九。制度规范一个月就要调整一下，漏洞百出。

转瞬间到了 2000 年底，已经开始实施的 CRM 系统要求客户经理必须不断地把客户信息输入到系统中。任东辉发现，透过这些信息除了可以深入了解客户需求之外，还可以对客户经理每天的工作质量和数量进行考量。"以前，没有人知道客户经理们到底这一天都做了什么工作，也没有人知道工作的效果怎么样。"任东辉很有感触地说，"一个客户经理出去了，谁都不知道他去哪里了。与客户沟通了3 次，谁也不知道这时候业务进展到什么程度了。于是，所有的问题都是在不能挽回的情况下才发现。比如，这个月他没有完成任务，或者某个客户就是拿不下来。到时候，损失已经造成，我们惩罚客户经理又能解决什么问题呢？"

而现在，部门经理完全可以利用 CRM 系统，对员工的工作进行实时的了解。任东辉说："CRM 的特点之一，就是老板不用站在员工的周围，但是却可以了解每一个员工的工作。"

相应地，任东辉开始改变企业原有的考核制度。在新的制度中，不再把业绩作为唯一的考核标准。日常工作的完成情况（比如每天对客户的走访和客户信息的收集）和最终的业绩变成了各占 50％。这样一来，不但促进了客户经理对与客户接触的持续性和积极性,同时也保证了用整个企业的知识和能力去服务客户。

　　制度上的变化,也带来了企业结构上的调整。以前,任东辉手下分两块,一块负责出去谈客户,一块负责把客户经理谈回来的业务做执行。这两块之间的沟通都是通过两个部门经理完成的。这种方式最大的问题就是不一一对应,经常有客户经理抱怨执行部门耽误了他的业务,而执行部门也有道理:"我已经忙不过来了,你说怎么办?"

　　这种组织结构上典型的"不以客户为中心",在 CRM 实施以后显得格外刺眼。于是任东辉开始用项目组制度替代原来的"两大块";即以客户经理为核心,组建项目组,项目组内人员的工资,都要由作为核心的客户经理来开,当然,业绩考核也以项目组为单位。有意思的是,当讲清楚实行项目组核算制度之后,原本开口要四五个执行人员的客户经理都改口为:"我就要 2 个,千万别给我 3 个。"

　　这些 CRM 带来的制度和结构上的调整,反过来也在帮助任东辉实现 CRM 实施中的重要里程碑——"销售自动化"。现在,每个客户经理每个月的任务指标和每个月的完成量都放在系统里。任东辉可以在任何一个座位上看到销售预测,销售的完成情况,看到有多少潜在客户,有多少是一个星期之内要签的。

　　在任东辉心中,CRM 带来的管理进步,应该包括制度的革新,结构的调整,流程的重组,业务的统一开发四个方面。而其中的业务统一开发,是他最渴望尽快解决的问题。并且,这个问题已经远远超出了眼下这几个 CRM 试点的范围,开始牵扯到整个东区邮局了。

　　任东辉之所以在负责东区邮局市场部的同时兼任商函制作中心和直复营销公司的总经理,是因为商函制作中心的很多业务就是直接为东区邮局提供"信函生产"。比如,某支局承接了银行对账单的投递业务,那么商函中心就要把对账单打印出来,封装好,再交给支局去投递。而之所以直复营销公司与商函中心是一班人马,也是因为这种"信函生产"往往可以带来新的增值业务。比如某企业希望通过邮局进行直邮广告投递,那么在商函中心生产的同时,直复营销公司就会推荐该企业使用自己的客户数据库。可见,在这样的位置上,任东辉不可能不从整个东区邮局的角度来思考问题。"现在我们业务的项目开发上还缺少研究,也没有按照产业划分,都是针对某一类业务。如特快专递开发特快专递的,货运开发货运的,还有鲜花礼仪公司,信函制作中心,都是自己做自己的。其实没准客户都是同一个,但是信息资源不共享,大家没有统一开发计划。最好的情况是分别有五个业务员去找人家;不好的话,恐怕是五个业务只有一个是让我们邮政拿到了,其他的我们根本不知道,都给了别人。"显然,任东辉对建立在 CRM 系统上的邮政内部交叉销售能力非常重视。而为了实现这个想法,在市场部主任的角色上,他已经构想了一个邮政系统的新架构。

　　首先是在支局建立客户部,主要负责日常的客户维护。然后区局建立专门的营销中心,来按照专业市场进行统一的业务开发。比如针对 IT 市场,会展市场,出版社的出版发行市场等等。而在侧面支撑营销中心的是专业公司,专业公司提供建议,参与方案制定和实施。当然,任东辉最强调的是一定要有一个信息中心,专门对客户信息进行分析,然后再分派给营销中心的客户代表们。

　　任东辉坦言,这种构想在实施 CRM 之前从来没有这么清晰过,主要是因为在头脑中缺少了信息中心这个环节。而 CRM 让他看到了拥有大量动态客户信息的下一步,显然就是全系统的业务统一开发和交叉销售。

　　不久前,顺美服装让东区邮局为买该公司服装的人直邮一些资料。商函中心接到信息后,录入到了 CRM 系统。直复营销公司的业务经理看到后,马上联系顺美说:"我们这里有完备的高收入阶层的数据库,你们是不是可以考虑购买。"最后顺美增加了 1 万多的名址,这不光使得邮寄量翻了一倍,而且在数据库销售上也增加了收入。一笔 10 多万元的业务就从原本几万元的业务中衍生了出来。"其实这还远远没有完成客户价值的最大化,我们完全可以提供更多的服务。"任东辉似乎很有些不甘心的意思。

　　一年来,CRM 的实施为东区邮局带来的直接收益还很难计算,但是,任东辉还是很满意地说:"在管理上的进步,确实是可以丈量的。"

　　其实,CRM 原本就不是一吃就灵、马上见效的"大力丸"。客户关系管理首先强调的是以客户为中心的思想,这种思想必须渗透到企业管理的每个环节。没有管理体系的主动适应和调整,再好的软件也没用。从某种意义上讲,CRM 对企业的第一个贡献,就是"摧毁原有的管理制度"。至于利润,那是后面的事情了。

案例思考

　　1. 试分析该企业实施 CRM 的动力。
　　2. 该企业实施 CRM 的步骤是怎样的?
　　3. 该企业成功实施 CRM 的关键因素是什么?
　　4. 试分析该企业是如何对关键客户(大客户)进行营销的。
　　5. 该案例对国有传统企业实施 CRM 的启示是什么?

案例 12 中欧国际工商学院的 CRM

案例摘要

中欧国际工商学院(China Europe International Business School,CEIBS,以下简称中欧)是一所由中国政府与欧洲联盟共同创办、专门培养国际化高级管理人才的非营利性中外合作高等学府,于 1994 年 2 月 28 日在上海成立。经过 10 年左右的辛勤耕耘,中欧国际工商学院的学位及课程就获得了国际工商教育权威机构EQUIS 的认证。中欧国际工商学院连续 5 年在英国《金融时报》商学院权威排名中位居全球 100 强,亚洲前 3 名。在发展的过程中,为了满足学员个性化需求,在充分竞争的市场中表现得更卓著,并提高管理效率,也为了实现中欧的战略目标,中欧实施了 CRM 计划。通过实施 CRM,中欧更加深入地了解了学员的差异性以及他们个性化的发展需求,并因此能以更优质的教学水准和更周全的服务来培养他们,并将他们凝聚得更加紧密。通过 CRM 项目的实施,中欧实现了利用系统化的视角和科学的方法来管理学院,从而加强了中欧国际工商学院的核心竞争力。

关键词

客户关系管理 中欧国际工商学院 教育行业

案例导读

自 1994 年中欧创建以来,经过十多年的努力,中欧商学院取得了惊人的成绩。但是随着中欧商学院的发展,在中国经济飞速发展和全球化的大背景下,中国对管理学教育的饥渴前所未有地显现出来,市场需求日益旺盛,同时中国高等管理教育市场的竞争也日趋激烈。一方面,在本土市场上,大批商学院应运而生,经教育部资格认定的商学院已经有 100 多所,尤其是国内市场上的各名牌大学的商学院在生源的数量和质量上展开了激烈的竞争;另一方面,国外商学院也纷纷进入中国市场,他们大多以与中国各高校合作的形式进入中国市场,有的还在中国建立办事处,而更多商学院正在努力寻求进入之路。为了在激烈的竞争中表现得更加卓著,中欧清晰地意识到需要投入更多的资源在教授、学员,校友以及员工上,并去开拓更广阔的管理教育市场。于是,中欧实施了客户关系管理战略,进行了以客户关系为中心的市场、服务和招生的教育市场管理大胆尝试,2005 年实施 CRM 项目,由此迎来了新一轮的大发展和机遇。

2004 年 2 月 18 日,上海浦东金桥红枫路,中欧国际工商学院张院长的办公室。

尽管还是春寒料峭,但上午明媚阳光透过宽大的百叶窗照射进来,温暖宜人,但张院长的心情却不平静。此时他站在窗前眉头紧锁,思考着下午将要开会商讨决策的 CRM 实施议题。将近 10 年的中欧商学院创业之举已见成效,两年前中欧在英国《金融时报》的商学院评选中进入了全球百强,名列第 92,今天,中欧在这个榜单中的名次提升到了第 53 名。排名也许不能说明一切,但在不少人面对中欧如此迅速的攀升表示惊讶的目光中,迎来新的发展阶段的中欧,需要解决的问题也显然不同。在迎来了 10 岁生日的中欧,设立了下一个 10 年的愿景,那就是要做全球"TOP 10"。为了实现这一愿景,中欧需要培养核心竞争力,那么,如何快速地培养呢? 实施 CRM 战略是必然之举,下午的会议就本学院 CRM 战略及其实施要点将与中欧商学院的决策层开会讨论,希望各决策者能献计献策,根据学院和各部门的情况能尽快拿出配合 CRM 战略的实施方案。

12.1　中欧国际工商学院简介

中欧国际工商学院是一所由中国政府与欧洲联盟共同创办、专门培养国际化高级管理人才的非营利性中外合作高等教育机构,于 1994 年 2 月 28 日在上海成立,也是中国大陆第一家开设全日制工商管理硕士课程(MBA)、高层管理人员工商管理硕士课程(EMBA)和高层经理培训项目(Executive Education)的商学院。

经过 10 年左右的辛勤耕耘,中欧国际工商学院的学位及课程已获得国际工商教育权威机构 EQUIS 的认证,且中欧国际工商学院连续 5 年在英国《金融时报》商学院权威排名中位居全球 100 强,亚洲前 3 名。学院目前是亚洲唯一一所三大课程全面进入世界前 50 名的商学院,是中国唯一被世界认可的一所世界级商学院。同时学院的品牌影响力正在迅速蔓延,它已成为中国高层经理人的一个智慧库。在前 10 年间,有超过 3 万人次的高级经理在中欧学习过,有 7000~8000 名中高级经理人通过上 MBA、EMBA、EDP 的方式来补充"弹药"。据英国《金融时报》的调查,中欧的"毕业后三个月就业率"为 96%,高居全球第二;"三年薪水平均提高幅度"达 194%,为全球第三,超过哈佛商学院;"就业成功率"则排在全球第 20 位,紧随哈佛。2009 年 10 月 19 日,在当天出版的英国《金融时报》全球 EMBA 课程2009 百强排行榜中,中欧国际工商学院作为中国自主品牌的独立商学院,又一次取得了优异成绩,综合排名全球第 26;如果剔除合作品牌,则独立品牌排名全球第 17。

2009 年全球共有 12 所三项核心课程(MBA,EMBA,EDP)全面进入世界 30 强的商学院。其中绝大多数是欧美的老牌名校,如美国的沃顿商学院、西北大学、芝加哥大学、哥伦比亚大学、密西根大学、杜克大学;欧洲的伦敦商学院、INSEAD、瑞士洛桑商学院、IE 商学院、IESE 商学院。中欧国际工商学院是亚洲唯一一所三项课程全面进入世界 30 强的商学院。所有这些佳绩的取得,皆与其实施 CRM 战略相关。

12.2　中国管理教育市场及其发展

在中国经济飞速发展和全球化的大背景下,中国对管理学教育的饥渴前所未有地显现出来。大批商学院应运而生,目前,经教育部资格认定的商学院已经有 100 多所。与西方的发展历程类似,以 MBA 为主要形式的管理教育,正越来越深刻地影响着中国商业文明的演进。

中国经济迅猛发展,使中国对高素质管理人才的需求不断增加,而随着掌握中国一半经济命脉的国有企业向市场化经营过渡,中高层经营主管的短缺矛盾将日益凸现。此外,中国为实现 2007 年对外全面开放金融服务业的目标,也急需培养大批拥有工商管理学位的经营管理者。

然而,中国的管理教育市场起步晚,但发展却很快。

12.2.1　中国 MBA 教育的发展

1979 年,邓小平在访美期间,与美方达成协议,决定合作举办"中国工业科技管理大连培训中心",大连项目是改革开放后第一个引进国外现代管理教育的办学机构,第一期为期 5 年,开设厂长经理讲习研究班等非学位课程。

1984 年 10 月,大连项目开始与纽约大学布法罗分校合办工商管理硕士(MBA班)。而比大连项目早一个月,1984 年 9 月 1 日,当时的国家经济委员会与欧共体在北京联合举办的中欧管理项目工商管理硕士研究生(MBA)班第一届学员已正式入学。这是中欧工商管理学院的前身。

整个 20 世纪 80 年代,合作办学都是中国引进西方管理教育的主要模式。在"大连项目"和"中欧项目"之后,南京大学和厦门大学也先后和美国及加拿大的学校开展了 MBA 办学合作。基于这些合作办学的成功经验,1990 年,国务院学位委员会正式批准设立 MBA 学位和试办 MBA 教育。次年,中国人民大学、清华大学等 9 所高校获批正式招收 MBA 学生。中国 MBA 教育的雏形逐渐显现。此后几年,中国 MBA 教育进入了快速发展的轨道,管理制度也逐渐规范。MBA 教育得以迅速扩张,在校生从 1995 年的 2956 人上升至 2001 年的 32 392 人。

但到了 2003 年,中国 MBA 报考人数首次出现了下降。这与专业硕士学位增加有一定关系,但更重要的是,国外商学院开始加大在中国的招生力度,分流了生源。为此国内的商学院纷纷展开了价格战,有统计显示,这一时期学费在 5 万人民币以下的国内商学院占到了将近 70%。同期伦敦大学、香港大学和哥伦比亚大学合办的 EMBA 项目学费高达 28 万港元。

当时,有一些商学院意识到,如果国内院校全部集中在低端竞争,只会把 MBA 教育市场越做越滥。因此,像中欧、北大、清华等商学院开始探索高端差异化的发展路线,并且加入了争取国际认证的行列。如今,这批商学院中有一些已经步入世界一流的行列。与此同时,中国的 MBA 教育市场也在 2006 年后逐渐回暖,报考人数止跌回升。

中国政府至今并没有就中国管理人才短缺的具体情况发表过官方统计数据,但来自学术团体和工商界的各种研究和预测数据均显示,中国管理人才供不应求的程度相当严重。

上海市教育局曾预计,到 2006 年,中国将每年需要 3.75 万名新鲜出炉的工商管理硕士。咨询公司麦肯锡(McKinsey Co.)则认为,未来 15 年内,仅有意向海外扩张的中国公司就需要多达 7.5 万名富有经验的管理人员,才能保证它们的持续发展。麦肯锡的预测不包括外国公司在中国业务所需的人员。

不过尽管中国拥有 MBA 学位的人数不断增加,但现有毕业生的总数依然相当低。中国政府 1991 年才正式发放高等学校开展工商管理教育资格认证,第一批只有 9 所学校获准开办 MBA 项目,当年招收学生仅 86 人。到 2006 年,根据 QS 的统计,中国已有 95 所学校开办 MBA 项目,共培养出超过 1.2 万名毕业生。

西方教育市场目前面临的是国内 MBA 市场的饱和,对于他们而言,中国的 MBA 市场需求无疑有着巨大的吸引力。截至 2004 年 6 月,中国政府已授权至少 20 多所外国院校来华,通过与中方机构合作的方式推出不同类型的 MBA 课程。

有数据显示,截至 2006 年,中外合作的 MBA 项目至今已有 60 至 70 个,而且仍不断有新的外国院校加入中国市场。在中国开办 MBA 项目的包括美国康奈尔大学(Cornell University),该校与南京大学合作开设了 EMBA 项目。而英国的诺丁汉大学(University of Nottingham)也最新在宁波有了自己的校址。先期已进军中国 MBA 教育市场的外国大学还有麻省理工学院和 Rutgers 新泽西州立大学(Rutgers University)。麻省理工学院 1994 年开始与清华大学合作开办了 MBA 课程,并于 2007 年与上海交通大学合作成立全球制造业领袖项目。而 Rutgers 也几乎在同时与上海交通大学结成联盟。Rutgers 很快还将与大连理工大学合作开办 MBA 项目。目前仅在上海正式挂牌的商学院中国办事处已达到 6 家,而更多商学院正在努力寻求进入之路。

在中国知名度最高的两个 MBA 项目也都具有中外合作背景,它们分别是北京大学中国经济研究中心与美国福坦莫大学(Fordham University)合作的国际工商管理硕士(International M. B. A.)项目,以及中欧国际工商学院。

12.2.2 中国 EMBA 教育的发展

1995 年,中欧国际工商学院开办了中国管理教育历史上第一个 EMBA 课程,1998 年,中国人民大学商学院与美国布法罗纽约州立大学共同拉开了中国 EMBA 学位教育的序幕。2002 年,国务院学位办[2002](64)号文件发布了第一批 32 所有 EMBA 招生资质的院校名单:北京大学、中国人民大学、清华大学、南开大学、天津大学、东北财经大学、复旦大学等,国务院学位办[2009](36)号文件发布了第二批 32 所有 EMBA 招生资质的院校名单。

2009 年 6 月 17 日,国务院学位办发布了新增第二批 32 所具有 EMBA 教育资质的院校名单,此外,还对第一批 EMBA 院校的招生名额做了大幅调整,国内 EMBA 教育资源整体扩容达到 4 倍之巨。平均每家机构招收近千名学员,而企业家更是占据了大部分。对他们来说,花几十万争相读 EMBA,更多的是一种投资,为不确定的未来投资。

长三角地区经济发展的巨大潜力以及对高端商务管理人才的需求使得 EMBA 市场竞争接近白热化。如 2009 年欧洲顶尖商学院-法国 HEC 在中国上海成立办事处。面对 EMBA 市场这块"肥肉"的诱惑,国内高等院校争先恐后,无论是否具有管理学科的积累,也都纷纷使出浑身解数来试图推出相关课程,力图要争得一杯羹。

12.3 中欧国际工商学院实施 CRM 的背景

中欧实施 CRM 项目是基于如下挑战和压力:

(1) 招生的竞争日益加剧。国内外高端管理教育机构共同抢占中国管理教育市场,他们争抢优质生源,其竞争白热化。

(2) 传统的招生手段已经不能适应新时期的要求。如何更加有效地保留现有客户并吸引新的客户成为成功的重中之重。

(3) 服务需求的多样化。随着客户需求的不断增加、变化,市场将需要更多不同以往的、创新的和更有针对性的教育模式。

(4) 学院内部管理的需求。如责任追查、报告和符合规章。这些都要求业务部门能够在保证信息安全和符合政策的前提下根据管理层、其他部门和客户的要求及时地提供有关数据,信息共享。具体表现在如下方面:

• 经过 10 多年的发展,中欧各个部门拥有大量真实、可靠的客户信息,但由于没有一个统一的信息平台,各部门一直以各自不同的形式、方式与客户进行交互,导致学院层面无法对这些信息充分、高效、安全地利用。

• 在 EDP 的课程推广过程中、校友基金和企业赞助的发展过程中,还缺乏规范的过程管理。

• 各业务部门都会开展形式多样的市场营销活动,但往往很难共享资源和成果。同时,即使在同一个业务部门内部,也没有对市场活动进行完整的历史跟踪,从而难以进行有效的数据分析。

• 同时各类信息以不同的形式分散在不同部门的不同用户之中,管理层缺乏有效的机制来实时、准确地掌握和管理全院及各业务部门的业务情况。

(5) 高效率和低成本的要求。如何提高运营效率,节约运营成本,从而使得学校的资源更有效地配置到一些更有价值的活动中,如教学,研究和资金筹集等。

面对以上种种的业务挑战,中欧清晰地意识到需要投入更多的资源在教授、学生、校友以及员工上,并让他们去开拓更广阔的管理教育的市场。中欧希望通过建立和维护一个强大的校友/学生/客户关系网络,来提高教学和服务质量,获取高质量的学生和客户资源,最终不断提高核心竞争力。于是,中欧开始了以客户关系为中心的市场,服务和招生的教育市场管理的大胆尝试。

12.4　中欧国际工商学院的 CRM 解决方案

12.4.1　中欧 CRM 选型——Oracle

经过战略考虑,中欧开展了以客户关系为中心的市场、服务和招生的教育市场管理大胆尝试,中欧总共花了一年半左右的时间来进行广泛的市场调研工作,并对中国市场上的 CRM 套装软件进行评估和选型工作,中欧选择了 Oracle(甲骨文)客户关系管理整体解决方案。

中欧为何选择 Oracle CRM 的整体解决方案? 基于以下理由:

(1) 甲骨文股份有限公司是全球最大的数据库软件公司,是世界上最大的企业软件公司,向遍及 145 个国家的用户提供数据库、工具和应用软件以及相关的咨询、培训和支持服务,其业务涵盖财务、制造、供应链、人力资源、客户关系、项目、合同和绩效管理等企业应用领域。甲骨文公司同时还是世界上唯一能够对客户关系管理—操作应用—平台设施进行全球电子商务解决方案实施的公司。甲骨文公司1989 年正式进入中国市场,成为第一家进入中国的世界软件巨头,目前,甲骨文公司在北京、上海、广州和成都均设立了分支机构,向中国市场全面提供 Oracle9i 电子商务平台、Oracle 电子商务应用软件以及相关的顾问咨询服务、教育培训服务和技术支持服务。

(2) Oracle CRM 系统的唯一数据模型提供了客户的完整视图,能够帮助他们对于客户进行深入透视,发掘更多的向上销售和交叉销售的业务机会,同时也能在很大程度上提高客户的满意度和忠诚度。

（3）Oracle 系统的灵活性、可扩展性以及方便强大的客户化能力对我们项目的成功提供了强有力的保证。

（4）Oracle 系统可以支持多条业务线和业务流程在可靠的安全机制的控制下,运行在一个统一的平台之上,使这个系统成为一个跨越各部门的协作平台。

（5）Oracle 提供了一整套完全集成的企业级系统解决方案,Oracle CRM 系统所具有的与其他系统的集成性（如财务,订单管理,学员管理系统,网络教学等）,大大降低了集成的成本,同时也降低了未来业务的扩展成本。

（6）Oracle CRM 系统内置的行业最佳实践可以对中欧高效率地满足客户需求以及增加投资回报率等方面提供帮助。

12.4.2　选择实施 CRM 项目的实施方

中欧实施 CRM 项目的实施方为汉得信息技术有限公司,中欧为何选择该公司作为实施 CRM 的第三方?

汉得公司作为本土历史最悠久的 ERP 咨询公司,拥有丰富的实施内容,结合多产品实施的有利条件,始终与最新管理思想潮流和软件升级换代保持同步,与供应商密切配合,除 ERP 核心模块的深入外,在新模块的掌握和推广、应用的延伸等各方面保持领先。配合 Oracle 公司对多个业内尖端产品的收购与融合,汉得现在除提供 Oracle EPB 产品财务、供应链、制造、客户关系管理、人力资源等咨询外,还提供 PLM PDM/Siebel/Hyperion/G-log/Retak/Agile/Demantra/BIEE/UCM 等产品内容的咨询与实施。目前汉得是中国最大的 Oracle 应用产品实施队伍。

适合的信息技术解决方案可以大大提高企业的竞争实力,然而,方案的设计和实施并非易事,选择一个拥有丰富行业经验、精湛技能、发展长期稳定的信息技术服务伙伴是保证实施成功的关键。

汉得公司的 Oracle 顾问团队不仅了解跨国公司的企业运作,尤其对国内大、中型企业管理模式的流程有独特的理解。

对于客户的需求汉得公司提出以下内容:

——根据客户需求实施 BPI（业务流程提升）,达到 BPR 与 ERP 项目实施相结合,在实现业务最优化的同时提高实施的可行性;深刻理解客户的实际业务,并按合理需求实现标准产品与客户化集成;

——充分利用以往项目实施经验,为客户引入汉得多年积累的独特的"解决方案",实现最佳业务实践（HBP）;

——对大量的实践进行总结、归纳,提出了"快速优化实施法"（QuickHAND™）、

"CRP 实施法"、"价值优化实施法"（ValueHAND™）等方法论，为客户带来最大的成果及实现成本节约；采用 ARIS 流程设计与管理体系为客户提供从企业流程地图→企业区域地图→业务目标地图→主流程→子流程→操作单元的完整业务梳理；

　　——从售前到实施后续支持及 ERP 持续发展，由多方位专业队伍和人员为客户提供持续服务；

　　——顾问具备严谨、敬业的工作态度，良好的团队精神及与客户的充分沟通，以保证为客户提供超值服务；

　　——系统升级及评估。

12.4.3　实施

　　由于中欧的 IT 部门针对产品和自身业务作了大量的调研工作以明确当前以及未来的业务流程，在 Oracle 合作伙伴汉得信息技术有限公司的帮助下，从 2004 年开始实施。基于 OracleCRM 整体解决方案的中欧 CRM 系统一期项目于次年 6 月即投入了使用。目前，随着 Oracle 产品的全面部署，CRM 系统的应用范围已经包括了 EDP 课程注册系统、MBA/EMBA 在线报名服务中心、管理信息门户和校友会社区管理系统等。以 Oracle 解决方案为核心的 CRM 系统全面涵盖中欧的主要业务流程（市场活动、销售线索、业务机会、订单、收款）。

12.5　实施亮点及效益

　　利用 Oracle CRM 整体解决方案，中欧搭建了高效、安全、信息全面集成的客户关系管理平台，该平台为中欧提供了完整全面的客户信息，包括与客户的各种历史往来，并通过有效的安全系统来保护客户数据。CRM 平台还为中欧提供了统一的数据处理机制，以实现关键信息在整个学院的实时共享，并保证客户信息能通过多交互渠道始终如一地在业务人员之间交换。同时从始至终地跟踪管理各种复杂的市场活动和重要事件，便于不同部门在市场推广活动中开展合作。以 Oracle CRM 为核心，中欧建立了集成的企业管理系统，提供了诸如订单管理与财务管理等部分 ERP 的功能，为通过信息化管理手段全面改善各个业务部门的运营水平，全面提高客户满意度和忠诚度奠定了坚实基础。

　　通过 Oracle TCA 客户模型，把平面的、分散的客户数据转换为立体的、有机的客户信息。使客户信息成为了与学院品牌同等重要的无形资产。

　　通过 Oracle CRM 的标准流程和部分教育行业特色的客户化开发，打通了营销、销售、运作、服务、财务等各业务环节中的信息断层，实现了整个业务闭环的自动化、规范化。

通过合理的流程设计，并辅以大量灵活、实用的报表，在系统中形成了一条重要的信息链，使各部门及各层级的用户之间自然产生了一种信息供求关系。而学院管理层、各业务部门管理人员和营销人员在管理信息门户上可以实时方便的查看各类管理报表。

通过 CRM 项目，中欧成功地实现了主要业务流程（市场活动→销售线索→业务机会→订单→收款）的规范化和自动化以及学院特殊的业务需求，一是以客户中心的客户自助服务流程：主要通过在线门户实现；二是内部工作流程，包括从市场推广、销售跟进、订单管理到客户服务、财务收款等一系列工作流程。

客户自动流程包括 EDP 课程注册系统、MBA/EMBA 在线报名服务中心、管理信息门户和校友会社区管理系统等。通过实施 Oracle CRM 整体解决方案，中欧实现了客户信息管理、市场营销、销售业务、订单业务及财务业务等业务领域的紧密集成。从而协助中欧消除了业务流程之间的信息链断裂现象，打通了营销、销售、运作、服务、财务各个业务环节的信息断层，为中欧实现关键业务流程的自动化与规范化提供了有力支持。

中欧在 Oracle CRM 流程中针对客户体验关键点做了个性化的设计，以最大化客户的销售服务体验。在中欧高层经理培训部的网站上，学员在注册过程中，系统会提示其他哪些公司已经注册该课程，并会把相关的交通、课程、酒店信息发给学员。

中欧信息中心主任薛东明表示："我们需要的是不仅仅单纯客户信息管理系统，而是一个完整的企业级管理平台。Oracle 则能提供一整套完全集成的企业级解决方案，再加上 Oracle CRM 与其他系统的集成性，可以实现财务、订单管理、学员管理与教学等系统的全面协同，不仅可大幅地降低系统成本、工作量与实施风险，还能加速未来的业务扩展行动。"

利用 Oracle CRM 解决方案，中欧成功实现了建立和维护一个强大的校友、学员、客户关系网络来提高教学和服务质量，并且获取高质量学生和客户资源的项目建设目标。更为重要的是，通过引入成熟的客户关系管理系统，中欧管理者实现了应用系统化的视角和科学的方法来管理学院，从而全面加强了中欧的核心竞争力。

案例思考

1. 教育行业及其客户有何特点？其客户关系的特点又如何？
2. 中欧实施 CRM 的动力何在？
3. 中欧实施 CRM 的成功经验若何？
4. 中欧商学院成功实施 CRM 对中国教育机构的启示如何？

下篇　CRM 经典案例精解

案例1 精解 实施CRM,
力求三位一体

1.1 理论基础

1.1.1 CRM实施战略框架

一般而言,CRM实施战略框架如下:

(1) CRM实施中的战略思想和核心理念;

(2) 实施CRM的技术系统,这是实施CRM的工具;

(3) CRM实施方案:包括CRM实施过程和具体步骤;

(4) 组织与CRM项目的匹配:成功实施CRM,需要相应的组织结构、业务流程、企业文化与CRM的匹配;

(5) CRM策略:企业实施CRM项目后,需要在如何吸引新客户、保留老客户、挖掘客户潜力,使客户价值增值进行策略谋划。如运用数据库营销、关系营销、直复营销、一对一营销等策略。

这些内容之间的关系见图1-1所示。

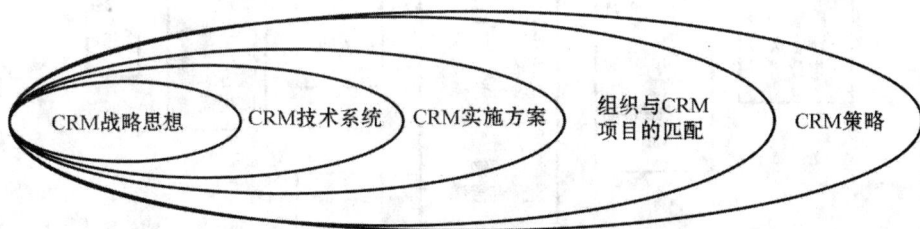

图1-1 CRM战略实施框架

1.1.2 实施CRM的基本原理——CRM利润链

作者曾经在《客户关系管理与价值创造》一书中提出了CRM利润链模型,见图1-2所示。CRM利润链逻辑:即企业实施CRM使顾客感知所得增加、感知所失降低,顾客感知价值增加,从而促进顾客满意度和忠诚度提高,因而促进企业的顾客盈利率。在 CRM 利润链中,首先制定企业的 CRM 战略,一切以客户为中心,然后利用 CRM 系统收集、整理、分析和共享顾客信息,进而对企业选定的细分市场进行有针对性的市场营销策略,如提供定制化的产品与服务,进行适当的定价、分销和促销,其结果是目标顾客感知所得增加,感知所失减少,从而增加了目标顾客的感知价值,这样有可能增加顾客的满意,企业与满意的顾客容易建立良好的有利可图的关系,随着满意的不断积累,企业与满意顾客的关系强度不断增强,关系的长度不断延长,顾客或不断重复购买,或不断为企业进行积极的口碑宣传,或不断地进行推荐,这样顾客满意导致了顾客忠诚,从而导致了顾客盈利率增加。这就是企业实施 CRM 驱动价值创造的原理,也即 CRM 利润链的原理。当然在这一驱动模型中,有很多环节和因素各自发生作用,它们综合影响其价值创造的总结果,即顾客利润率,在正常情况下,这一传导机制正常发生作用,即沿着这一逻辑关系演变,但如若其中的因素发生变化,这一传导机制可能发生偏差,从而影响其最终结果—顾客盈利率的形成。

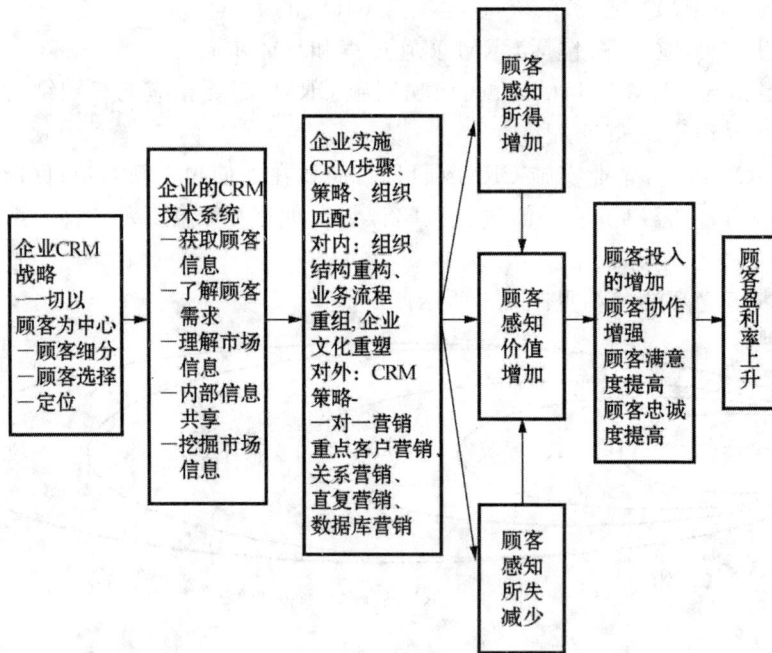

图 1-2　CRM 价值驱动模型——CRM 利润链

CRM 利润链涉及三个主体:企业实施的 CRM 项目、顾客得到的价值以及企业的利润,并建立了一个企业实施 CRM、顾客的态度和行为、企业绩效联系在一起的逻辑关系。企业的利润与增长主要是因企业实施 CRM 后企业与顾客建立了有利可图的长期良好关系带来的。

1.2　案例分析

1.2.1　上海大众汽车实施 CRM 的框架

（1）上海大众汽车实施 CRM 战略的目标。

（2）CRM 技术系统：上海大众汽车实施 CRM 的技术系统，包括系统层次、功能、类型等问题。

（3）实施过程和步骤。

（4）组织与 CRM 的匹配：上海大众汽车需要就其组织结构、人员安排、业务流程及其企业文化等如何与 CRM 实施项目匹配等问题进行决策。

（5）CRM 策略：上海大众汽车需就企业实施 CRM 项目后如何吸引新客户、保留老客户、挖掘客户潜力，使客户价值增值的策略问题进行决策。

1.2.2　上海大众汽车实施 CRM 的具体情况

1）CRM 战略和实施项目的确定

上海大众汽车实施 CRM 战略的目标为：通过各种触点与目标客户群进行沟通，建立品牌知名度，激发购买意愿。管理客户购车和使用体验，提升客户的满意度，进而提升其忠诚度，实现忠诚客户的重复购买和正面的口碑宣传，不断挖掘客户的价值潜力。

2）CRM 技术系统

（1）与客户互动的界面和沟通渠道（协作型 CRM）。

· 客户开发中心：呼叫中心平台，全面整合销售咨询和售后服务两大呼叫中心。

· 经销商广域网：建立经销商自营 CRM 系统。

· 消费者网站：针对潜在客户和现有客户的网站。

（2）数据仓库：将所有界面及运作的信息、数据全部整合到数据仓库，其体系结构见图 1-3（分析型 CRM）。

（3）运营型 CRM（销售、服务支持与营销层面如何运作）。

通过经销商广域网、上海大众汽车总部 CRM 系统和经销商自营 CRM 系统，形成了经销商自我的闭环营销、上海大众汽车和经销商之间的闭环营销。如图 1-4 所示。

潜在客户/客户开发中心	经销商广域网	潜在客户在线登记
目的	目的	目的
●更新核实客户信息（呼出电话） ●收集并核实潜在客户信息——使之转成热切潜在客户（呼入/呼出将经销商联网以便尽量做到 ●在网上不断进行产品和销售培训 ●通过每天传递"热切潜在客户"资料，帮助经销商提高销量 ●跟踪经销商客流量	●将经销商联网以便尽量做到 1.在网上不断进行产品和销售培训 2.通过每天传递"热切潜在客户"资料，帮助经销商提高销量 3.跟踪经销商客流量 4.共享潜在客户信息	●建设一个面对目标受众的网站创建品牌体验——品牌忠诚度（贵宾网站） ●包括经销商网页设计及经销商地址 ●客户开发中心与有兴趣的客户进行一对一的信息验证

建立功能强大的数据仓库

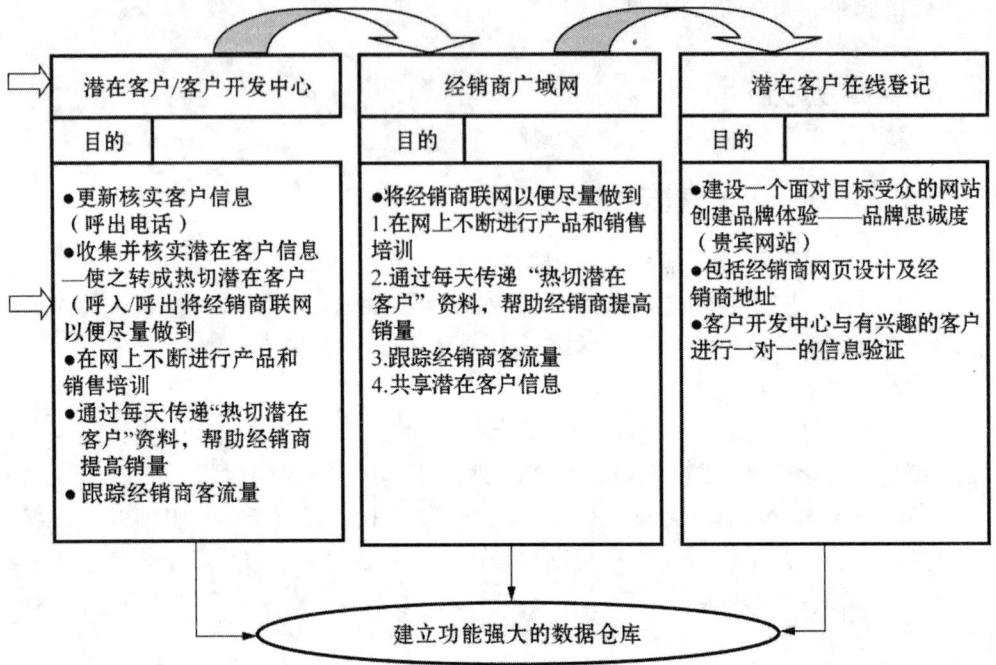

图 1-3　与客户沟通互动的界面

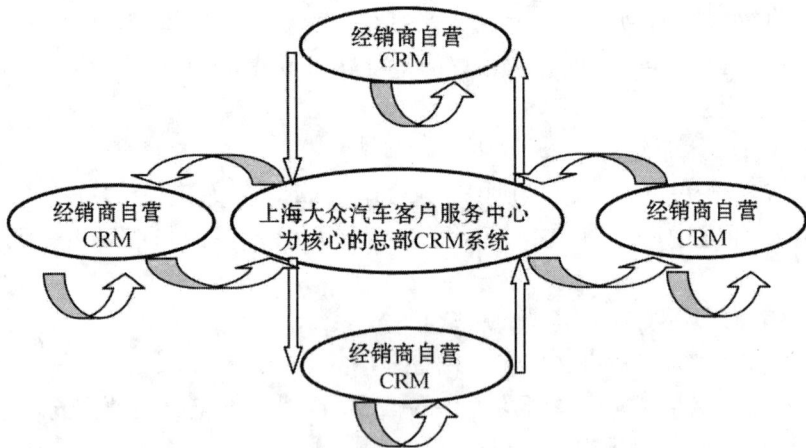

图 1-4　上海大众汽车及其经销商之间 CRM 闭环系统

（图中节点：经销商自营 CRM；上海大众汽车客户服务中心为核心的总部 CRM 系统；经销商自营 CRM）

3）CRM 实施步骤

实施步骤思路：确定实施阶段——理清实施方案——实施具体步骤。

（1）确定实施阶段。

第一阶段：呼叫中心的建立，以及三步走的方案。

第二阶段：呼叫中心的完善与客户服务中心的发展、经销商自营 CRM 的建立，及三步走的方案。在此基础上实施顾客忠诚度计划——上海大众汽车车主俱乐部的建立。

三步走方案：

• 第一步：呼叫中心整合、完善。

• 第二步：经销商自营 CRM 系统的建立；以上海大众汽车总部 CRM 的业务逻辑为基础，根据经销商潜在用户自我管理的需求。上海大众汽车在分析了大部分经销商业务模式和典型需求后，决定开发一个以经销商自我管理、自我经营的经销商 CRM 系统，免费向所有的上海大众汽车特许经销商提供。用于经销商管理依靠通过市场拓展获得的，属于自己的潜在用户，和售后服务客户的信息。

• 第三步：实施顾客忠诚计划—车主俱乐部建立。

（2）理清实施思路、确定实施方案。

一般而言，企业实施 CRM 项目大致经历如下步骤：领导支持、获得企业所有人员的认同、建立 CRM 项目实施小组、CRM 实施计划、CRM 软件选择、技术、挑选供应商、业务流程再造、组织重构、CRM 系统的实施与安装、CRM 系统的持续管理等。

在上述基础上，企业实施 CRM 的步骤见图 1-5 所示：理念导入，业务梳理，流程固化及组织重组，系统部署和业务上线。各步骤具体的实施工作细节见每一步骤中箭头所指部分。

4）CRM 策略

（1）明确客户的概念。此案例中，客户是广义的客户，从环节看：一是终端客户，二是经销商；从是否已发生交易看：老客户（车主）、新客户（潜在客户）。

（2）CRM 的获取、保留与发展顾客策略。

实施 CRM 是 CRM 思想、技术系统与实施方案与策略一体的系统。上海大众汽车 CRM 项目从成立开始就定位为一个旨在维护和开发客户关系的营销体系。上海大众汽车的 CRM 超越了软件，超越了呼叫中心，上海大众汽车认为软件和呼叫中心仅仅是 CRM 的工具而不是实质。上海大众汽车的 CRM 体系以客户生命周期数据库管理为基础，整合了呼叫中心、直邮、互联网、经销商广域网和市场活动等不同的营销手段。CRM 的运作过程，借用一句古诗来说，就是"随风潜入夜，润物细无声"。CRM 不是一个单独的战术，而是市场整合营销的一个环节，它为其他营销环节服务，也受到其他营销环节支持，脱离了整合营销的基础，CRM 就不能发挥自己的价值。

理念导入	业务梳理	流程固化组织重组	系统部署	应用培训	业务上线及评估
1.组建实施小组 2.确定人员和时间 3.项目动员 4.CRM理念培训	1.CRM战略目标及提升指标分析 2.业务模式及CRM中存在问题分析 3.市场、销售、服务部门内部流程分析 4.各部门间协同工作流程分析 5.企业各级人员角色及权限分析 6.企业市场、销售、服务及CRM中需要的表单及统计报表分析	1.协助企业制定以客户为中心的管理制度 2.提出分部门、分阶段的实施计划 3.提出市场、销售、服务等业务流程建议 4.进行各部门间协同工作流程设计 5.企业各级人员角色及权限设计 6.各种表单及统计报表设计 7.根据企业决策需要,提出决策分析模型建议	1.建立企业数据编码体系 2.建立基础数据结构 3.协助完成初始基础数据录入 4.对于数据量较大的部分,提供专业工具,协助完成一次性初始数据录入,节省工作量 5.实现《实施方案》中设计的流程,包括流程中各个步骤的设置,某些动作的权限设置等	1.提供培训课程及教材 2.系统总体介绍 3.操作流程及数据流程图 4.系统功能应用讲解 5.技术培训 6.上级操作及模拟案例练习 7.学员认证 8.技术疑难解答	1.将原有模式切换至CRM系统,系统正式启用 2.应用广度、应用频率、应用规范评估 3.应用深度、应用功能、流程优化评估 4.应用效果(数据整合度、流程完整性、频率提升、销售提升、客户满意度、客户忠诚度)评估

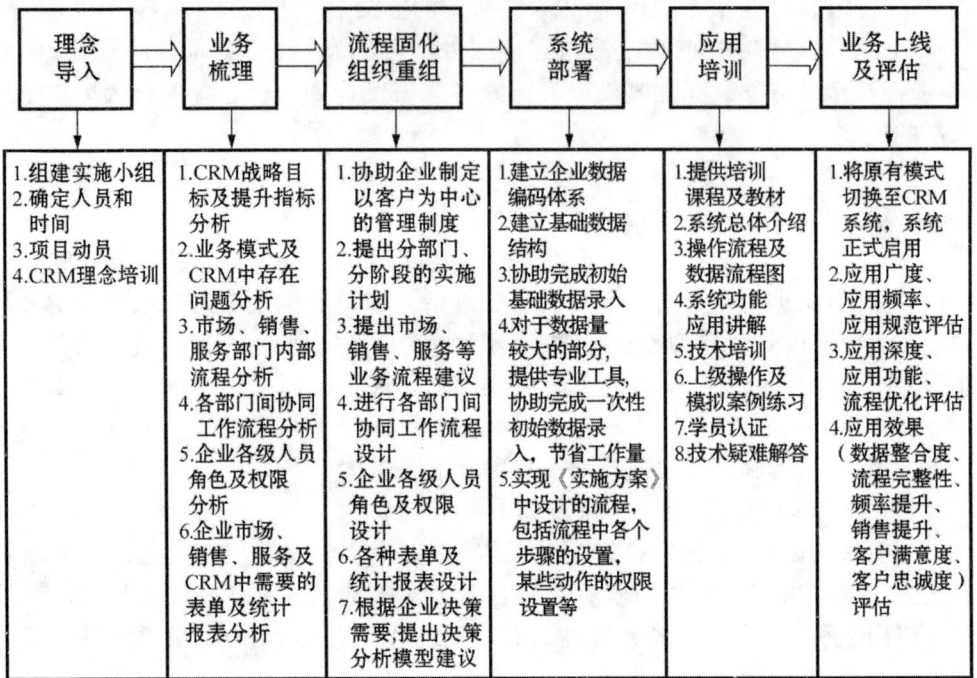

图 1-5　CRM 实施步骤

1.3　案例总结

根据 CRM 实施环节,结合大众的具体情况,大众汽车实施 CRM 有其自身的特点,总结如下:

(1) 软件为自主开发。

根据企业的实际情况企业可选择购买 CRM 软件,也可自主开发 CRM 软件。上海大众汽车 CRM 体系和很多企业 CRM 体系的最大区别,就是上海大众汽车的 CRM 体系是完全自主开发,拥有 100% 的自主知识产权,而很多企业的 CRM,就是把 Oracle 数据库、SAS 数据分析软件还有诸如 IBM 等的解决方案等照搬过来,拼起来。自主开发的好处很多,如系统能符合企业的实际情况,并能不断进行自主升级,相对于向软件公司购买 CRM 软件系统可节约许多成本。当然也有其不足之处,耗时长。

(2) "金三角管理"。

上海大众汽车实施 CRM 的架构是"金三角管理",上海大众汽车同时拥有精信顾客关系营销和上汽信息产业公司两家合作伙伴,能充分利用两家公司所长以提升其实施效果。精信是富有经验的客户关系咨询机构，它在体系中的角色是介于企业和 IT 公司之间的策略咨询者，它将企业所需要的"商业流程"转化为 IT 公司能理解的"编程语言"，成为企业和 IT 公司之间有效沟通的桥梁。

（3）其 CRM 系统可直接为销售部门和售后服务部门提供数据支持。

上海大众汽车汽车实施 CRM 项目时引进了"客户生命周期管理"的理念——一位客户从产生购车意向，到实施购买，然后到每一次车辆维修和保养等，都详细记录在数据库里，包括这个客户是否再从上海大众汽车购车，或者推荐朋友购买上海大众汽车的车，都有完备的记录。在整个客户生命周期中，CRM 和销售部门和售后服务部门都密切配合，切实发挥信息传递和关系管理的作用。

（4）项目实施自上而下：包括领导支持与相应的组织匹配。

高层的支持：CRM 作为一个全新的战略理念，其实施必然对企业原有流程产生巨大的影响。面对出现的变革，上海大众汽车做了充分的前期调研，了解了很多 CRM 实施的案例，并在此基础上制定了详尽的实施计划。

组织匹配：公司自上而下成立了专门的负责实施 CRM 部门，部门经理为大众德方总经理助理，项目进程直接项中德双方总经理回报。实施初期。公司高层领导亲自组织召开由各部门一把手参加的启动大会。每一个新环节的推广首先在总公司各部门进行培训，在得到各部门的首肯和接受之后，CRM 再协同各部门向各地区逐级推行。

（5）分步实施。

项目的具体实施并没有以一种好大喜功的方式迅速全面展开而是每一阶段皆采用了小规模试点、局部试验和全面推行的三步式实施方式。以经销商广域网为例，先在上海地区选取了 6 家经销商进行小规模的培训并进行试点。在此过程中，与参与试点的经销商保持密切联系，监控实施的每一个环节，了解实际操作过程中的问题并记录下来。经过一个月的小规模试点，对反馈和发现的问题进行了同一分析与集中处理。对衡量投资回报的一些因素做了重新评估，又用了半个月的时间进行系统优化。之后在全国范围内选择了 52 家经销商进行局部试验。由于一些操作环节中的具体问题在小规模试点中已经暴露并得到解决，对于人员抵触可能造成的影响也有了处理经验，其综合反馈比小规模试点好。局部试验 6 个月后上海大众汽车将客户关系管理的战略与系统实施推广到全国的销售网络进行，将项目风险降低到了最低。

1.4　案例点睛

上海大众汽车的 CRM 成功实施是业界的榜样，其 CRM 实施可以给业界如下借鉴：

（1）CRM 是一个完整的战略体系，是一个系统工程，是 CRM 战略思想、CRM 技术系统与 CRM 实施策略、方案三位一体的体系，三个方面缺一不可。

（2）CRM 的成功取决于各因素综合发挥作用。

（3）各环节实施到位，组织结构、业务流程、企业文化与 CRM 相匹配。

（4）高层领导支持，有关键人物推进。

（5）CRM 的技术系统、实施策略与方案视企业具体情况而定，是一个逐步积累、分期实施、不断完善的过程。

案例 2 精解　向"海底捞"学服务
——两个满意度

2.1　海底捞及火锅行业背景

2.1.1　海底捞有限公司概况

海底捞成立于 1994 年,是一家以经营川味火锅为主,融汇各地火锅特色为一体的中高档火锅餐厅。其通过对员工满意度和顾客满意度的双满意度考察体制,成功打造了火锅行业"五星级服务"典范。

- 企业核心理念:体验美味、享受生活、拥有健康、共赴卓越。
- 企业价值观:用双手改变命运,用成功证明价值,靠奋斗走向卓越。
- 企业服务理念:顾客至上、三心服务(贴心、温馨、舒心)。
- 品牌目标:成为中国第一流的餐饮管理团队,成为中国火锅第一品牌。

2.1.2　火锅行业背景

中国的餐饮业是第三产业中发展最快的行业之一,连续十多年保持两位数的增长幅度,经营业绩不断跨越新的台阶,其中火锅的发展尤其迅猛和突出。随着中国国民经济稳定快速增长,城乡居民收入水平明显提高,餐饮市场呈现出旺盛的发展势头,餐饮消费成为拉动全年消费需求稳定增长的重要力量。

1) 火锅业特点

首先,火锅是一种适合多种消费层次的餐饮形式,有足够的消费群体。火锅取材多样,吃法灵活,精细相宜,价位适中,可适应各类消费者的不同需求。

其次,火锅更易标准化,而且其产品单一、生产加工环节少、底料和调料的统一配置,能够保证产品的稳定性和一致性,便于复制,有利于总部的管理指导。

第三,容易建立产业链条,获得规模经济效益。

2) 中国火锅行业现状及其竞争情况

(1) 中国行业现状。

火锅行业是一个劳动密集型的行业,火锅市场是竞争激烈的市场。中国的火锅行业主要采用连锁经营,具有以下几大特点:

・品牌繁多,竞争激烈。

传统火锅向来有南北之分,以"麻、辣、烫"著称的川味火锅是南派火锅的典型代表,北派火锅则以涮羊肉为主要代表。但当今火锅的发展已经远远超出了以往人们对火锅的概念,各种特色火锅层出不穷,菌类火锅、海鲜火锅风靡一时。火锅的经营品牌和经营品种也有好几十种,加之新品牌和新品种的不断面世,使得一个地区的火锅业的竞争日趋激烈。

・特许经营占绝对主导地位。

火锅连锁经营的一个突出特点是特许经营占绝对主导地位。河南百年老妈和青岛摸错门的加盟店的比例分别为88.9%和87.9%,内蒙古小尾羊、重庆德庄、重庆小天鹅、重庆秦妈、重庆苏大姐、成都谭鱼头、成都川江号子、北京东来顺等知名火锅连锁企业的加盟店的比例均在90%以上,其中重庆苏大姐和内蒙古小肥羊则分别达到98.7%和97.8%。可见,特许经营是火锅连锁企业扩大规模,获取规模经济效益的重要方式。

・产业关联效应明显。

火锅上下游产业的联系紧密,很多知名的火锅连锁企业都建立了自己的原料基地,如小肥羊火锅连锁建立了养殖基地,陶然居建立了辣椒生存基地,能够带动相关产业的发展。

(2)主要竞争对手分析。

下面列举了海底捞目前面临的几大直接竞争对手,见图2-1。

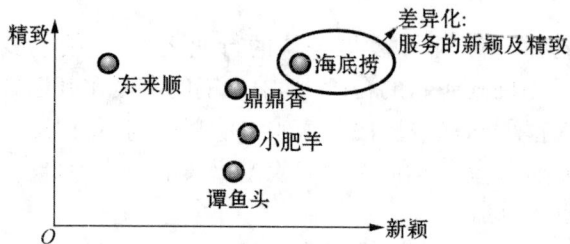

图2-1　各品牌火锅店的竞争地位

小肥羊:"羊肉第一品牌",家喻户晓,管理团队职业化高。

鼎鼎香火锅:推陈出新,精品火锅。火锅精品化、营养均衡化、造型艺术化、品位时尚化。

谭鱼头火锅:辣而不燥、鲜而不腥、入口窜香、回味悠长,以平均每年300%的速度飞速发展。

东来顺火锅:老字号品牌,中国驰名商标。

2.2　理论基础

该案例的理论基础主要是服务利润链理论,其次是顾客满意理论和顾客忠诚理论。

2.2.1　服务利润链理论内容

服务利润链是表明利润、顾客、员工、企业四者之间关系并由若干链环组成的链,是 1994 年由詹姆斯·赫斯克特教授等五位哈佛商学院教授组成的服务管理课题组提出的。这项历经二十多年、追踪考察了上千家服务企业的研究,试图从理论上揭示服务企业的利润是由什么决定的。他们认为:服务利润链可以形象地理解为一条将"盈利能力、客户满意和忠诚度、员工满意度和忠诚度与生产力之间联系起来的纽带,它是一条循环作用的闭合链,其中每一个环节的实施质量都将直接影响其后的环节,最终目标是使企业的盈利"。

服务利润链的基本理念是,利润是由客户的忠诚度决定的,忠诚的客户(也是老客户)给企业带来超常的利润空间;客户忠诚度是靠客户满意度取得的,企业提供的服务价值(服务内容加过程)决定了客户满意度;最后,企业内部员工的满意度和忠诚度决定了服务价值。简言之,客户的满意度最终是由员工的满意度决定的。如图 2-2 所示。

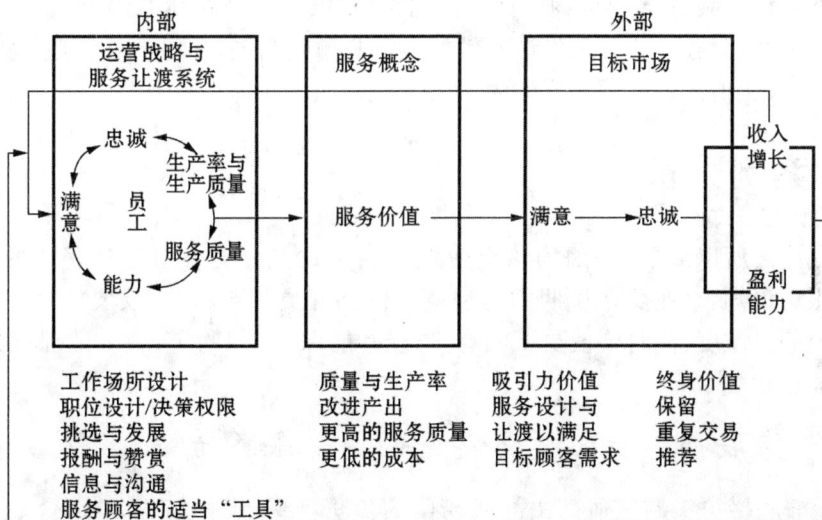

图 2-2　服务利润链模型

服务利润链的核心内容是顾客价值等式,而与顾客价值等式直接相关的是顾

客忠诚循环和员工能力循环。实践证明,服务利润链中存在如下重要关系:

(1) 利润和顾客忠诚度。

(2) 员工忠诚度和顾客忠诚度。

(3) 员工满意度和顾客满意度。

在服务过程中,他们之间的关系是自我增强的,即顾客满意和员工满意是相互作用的。

2.2.2　服务利润链理论的意义

服务利润链理论提出,对于提高服务企业的营销效率和效益,增强企业的市场竞争优势,能起到较大的推动作用。主要体现在三个方面:

(1) 服务利润链明确指出了顾客忠诚与企业盈利能力间的相关关系。这一认识将有助于营销者将营销管理的重点从追求市场份额的规模转移追求市场份额的质量上来,真正树立优质服务的经营理念。

(2) 顾客价值方式为营销者指出了实现顾客满意、培育顾客忠诚的思路和途径。服务企业提高顾客满意度可以从两个方面入手:一方面可以通过改进服务,提升企业形象来提高服务的总价值;另一方面可以通过降低生产与销售成本,减少顾客购买服务的时间、精力与体力消耗,降低顾客的货币与非货币成本。

(3) 服务利润链提出了“公司内部服务质量”的概念,它表明服务企业若要更好地为外部顾客服务,首先必须明确为“内部顾客”——公司所有内部员工服务的重要性。为此,服务企业必须设计有效的报酬和激励制度,并为员工创造良好的工作环境,尽可能地满足内部顾客的内、外在需求。

2.3　案例分析

海底捞之所以成功,是因为该企业发展的模式充分契合服务利润链的模型。董事长张勇深知,企业要在长期中盈利就要内外部员工兼顾,不仅要使客户满意,培养客户的忠诚度,同时要使员工满意,这样才能保证员工生产率,提高服务质量,最终才能盈利。

2.3.1　海底捞为员工提供良好的内部服务质量

(1) 海底捞员工的住宿都由海底捞门店负责,给员工租借正式小区或公寓的两、三居室,离店面不超过 20 分钟。房间配备电脑和空调,还有专门的阿姨负责房间的保洁工作,每套房子还配备可上网的电脑,保证员工有舒适便捷的住宿环境。

(2) 海底捞注重员工的福利,每位员工拥有 12 天的带薪年假、往返火车票。

员工的小孩读书海底捞会提供赞助,大堂经理以上级别的员工享有每月 300 元的父母补贴。对于工作多年的员工会有所奖励。

(3) 海底捞尊重员工,充分调动了员工的工作积极性。海底捞给基层员工打折、换菜甚至免单的权利,只要事后口头说明即可。员工由此产生"主人"的感觉,更努力地工作,提高了工作效率。

(4) 海底捞拥有良好的晋升通道,有公平竞争的环境。海底捞给员工提供职业培训并且管理层基本都是从基层提升而来,只要正直、勤奋、诚实,每个员工都有可能得到提升。

2.3.2　海底捞努力让员工满意,进而员工忠诚

(1) 海底捞服务员对职业的认同感,远远高于 MBA 班学生。

(2) 所有的服务人员虽然都忙得团团转,但脸上都挂着发自内心的真诚笑容,善解人意,有求必应,同时他们洋溢着的那种自信与不卑不亢让顾客不由得尊重他们。

(3) 挖掘员工最核心的内心需求——用双手改变命运,并给其真实的希望。

2.3.3　海底捞员工提供良好的外部服务价值

(1) 海底捞门店有专门的泊车服务生,主动代客泊车,提车。周一到周五提供免费擦车服务。

(2) 海底捞拥有人性化的等候区,大屏幕上显示最新等位信息,为顾客提供水果、饮料、扑克和跳棋以打发等位时间。同时,顾客可在等位时享受无线上网,享受免费擦皮鞋以及美甲等服务。

(3) 海底捞的席位服务精心周道,相当贴心。点菜服务节约当道,服务员会为长发女顾客提供发带,为戴眼镜的顾客提供眼镜布,为餐桌上的手机套上小塑料袋防止油腻。服务员还会陪同小孩子在游戏天地做游戏并喂食。

(4) 海底捞提供五星级的卫生服务,卫生间配备洗手液、护手霜、牙刷、牙膏等,并有专人为顾客提供纸巾擦手。

(5) 底捞提供细致周到的餐后服务,餐后可免费得到口香糖以及服务员微笑的道别。

2.3.4　海底捞让顾客满意,进而顾客忠诚

(1) 每天 4～7 次的翻台率。

(2) 在大众点评网、饭统网等网站上,"海底捞"一直牢牢占据着几大城市"服务最佳"榜单的前列。

(3) 开辟了十分之一的面积给等位的客人休息,但大多数时候仍然座无虚席。

2.3.5　顾客终生价值提高,企业收入增加,利润提高

海底捞对内部服务质量和外部服务价值的重视,使得其员工满意度与顾客满意度都很高,从而使得其营业收入增长和企业盈利能力有了大幅提高。

2.4　案例点睛

(1) 员工和顾客同等重要。

16 年前,海底捞的老板张勇只是一个四川拖拉机厂电焊工,凭借着自己的商业敏感和不断摸索的精神,他的海底捞几乎是完全复制了同一年在哈佛诞生的"服务利润链"理念——员工满意度和顾客满意度被提到了同一个水平。也正是这样的先进理念使得张勇的海底捞能够长期、完好地在各家门店保存一直延续的服务文化。而员工和顾客共同的忠诚度也在很大程度上通过满意度的实现而建立,并最终为企业创造价值,这一点值得所有餐饮企业与服务类行业借鉴。

(2) 客户终生价值比单笔利润更重要。

在海底捞的营业模式中,企业盈利不依靠单笔利润的多少来决定。在薄利多销的火锅行业,通过周到的"五星级服务"来吸引更多消费者、增加"回头客"是海底捞的保家战略。而这种战略的本质便是通过提高客户满意度和客户忠诚(包括员工和顾客)来提升客户的终生价值,也即海底捞通过一系列服务内容,努力让顾客满意度提升,从而顾客忠诚度提升,导致客户流失率降低、企业经营成本降低,进而为企业带来边际利润的提高,最终提高顾客终生价值。在服务类行业中,如何更好地管理客户从而提升其终生价值,将比顾客的单笔利润的获得更为重要。

(3) 要重视服务利润链的每一个环节。

服务企业要重视服务利润链中的各个环节,其中的每一环节都很重要,要环环相扣。因为它们之间的关系是自我增强的,互相影响。只有这样才会最终使得企业经营的长久成功。

(4) 企业做强比做大更重要。

如同海底捞老板张勇所说,在拥有足够多的符合海底捞文化的员工资源以前,海底捞不会盲目扩张。实际上,海底捞面对很多投资公司的青睐而没有选择进行风投、扩张,没有急于在全国范围内跑马圈地,盲目做大规模。因为海底捞的创新服务文化不是标准化的员工培训能够完全掌控的。如何在连锁店铺中更好地通过人才发展传递海底捞的文化机制,培养公司的核心竞争力,是其在长远扩张道路上不得不面对的关键问题。海底捞选择了先做强然后再做大的发展道路,因为只有企业做强了,才具备核心竞争力,才有可能稳步、持续的发展。

案例 3 精解 顾客没有对错，
只求让其满意

3.1 理论基础

3.1.1 服务质量差距理论

Parasuraman,Zeithaml 和 Berry(1985)三位教授(简称 PZB)认为,服务质量体现了顾客所期望的服务,与商家提供的实际服务之间的差距,这一差距发生在企业内部,以及企业与顾客交互过程中的其他四个差距累计造成,GAP 模型描述了这四个差距累计形成服务质量差距的过程,如图 3-1 所示。

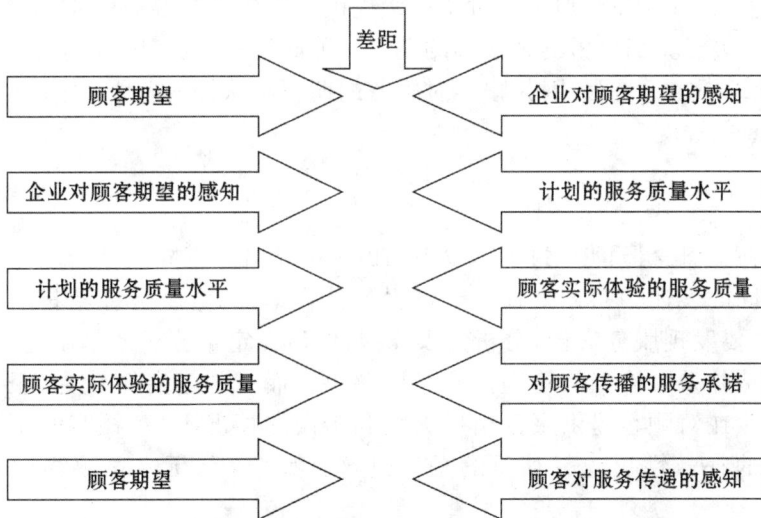

差距

顾客期望	企业对顾客期望的感知
企业对顾客期望的感知	计划的服务质量水平
计划的服务质量水平	顾客实际体验的服务质量
顾客实际体验的服务质量	对顾客传播的服务承诺
顾客期望	顾客对服务传递的感知

图 3-1 描述服务质量差距的 GAP 模型

此模式提出服务质量有五个差距(GAP),而这五个差距就是服务业的服务质量无法满足顾客需求或期望的原因,如果企业要让顾客的需求达到满意水平,就必须缩小这五个差距的差距。而这五个差距中,前四个差距是服务业者提供服务质量的主要障碍,第五个差距是由顾客认知服务与期望服务所形成的,且第五个差距是前面四个差距的函数。

差距一：顾客对企业产品的期望与企业对顾客期望的感知存在差距。很多企业不能满足顾客的需求，是因为他们根本不了解顾客的期望。如果企业不注重顾客满意度的话，企业可能为它的产品寻找顾客，而不是为其顾客生产产品。

差距二：虽然企业知道顾客的期望，但可能由于成本，企业资源等问题无法满足顾客的全部期望，企业所提供的服务质量水平达不到顾客的要求。

差距三：企业原计划向顾客提供的服务质量水平，经过员工、渠道传递后，顾客实际感受到的水平可能会小于计划水平，这方面的差异体现了企业的执行力的强度，著名的大企业在这方面要比小企业做得出色。

差距四：是从顾客的角度出发，顾客购买产品或者服务后，他实际体现到的感受会与企业所宣传的承诺比较，例如企业承诺七天内无条件退货，但顾客购买后，企业却拒绝退货，顾客就会不满意。

差距五：是顾客对事前的服务期望和感知的服务之间的差距，此差距是顾客对接受服务前预期的服务水平和接受服务后认知到的服务水平之间的差距。如果事后的认知大于事前的期望，则顾客对企业提供的服务质量会感到满意；如果事后的认知未达事前的期望时，则顾客对企业所提供的服务质量会感到不满意，而口碑、个人需求过去经验都会影响到顾客的期望。因此得知，要使顾客达到满意的服务质量，必须缩小这一差距，因为顾客对服务的期望和认知的差距，决定了顾客对服务质量满意的程度。

3.1.2　服务补救理论

服务补救概念最早由 Hart 等人于 1990 年提出。不同的学者对服务补救的概念有不同的表述。Tax 和 Brown 将服务补救定义为：服务补救是一种管理过程，它首先要发现服务失误，分析失误原因，然后在定量分析的基础上，对服务失误进行评估并采取恰当的管理措施予以解决。而有的学者则认为，服务补救是服务性企业在对顾客提供服务出现失败和错误的情况下，对顾客的不满和抱怨当即做出的补救性反应。其目的是通过这种反应，重新建立顾客满意和顾客忠诚。

在提供服务的过程中，即使最优秀的企业也不可避免出现服务的失败和错误。这是因为：

一方面服务具有差异性，即服务产品的构成成分及其质量水平经常变化，很难界定。在大多数情况下，服务过程毫无担保和保证可言，服务产品的质量通常没有统一的标准可以衡量，服务质量具有不可确定性。

另一方面服务具有不可分离性，即生产者生产服务的过程就是消费者消费服务的过程,消费者有且只有加入到生产服务的过程才能最终消费到服务。由此,企业服务的失败和错误是很难对消费者隐藏和掩盖的。此外,有的服务失败和错误,是由企业自身问题造成的,如由于员工的工作疏忽将一间空房同时租给两位顾客。而有的服务失败和错误,则是由不可控因素或顾客自身原因造成的,如飞机因天气恶劣而晚点或因寄信人将地址写错而导致的投递错误,则是不可避免的。

消费者对企业提供的服务具有较高期望值,服务的失误会使顾客产生不满和抱怨;虽然他们可将不满归咎于不同对象,如企业或他们自己,但企业必须抱有"顾客始终正确"的观念,对顾客的不满和抱怨当即做出反应——服务补救。"当即"是指服务补救具有现场性和快速性。现场性是指企业必须在服务失误出现的现场,就地进行服务补救。快速性是指企业要尽可能快地进行服务补救,避免由服务失误造成的不良影响扩散和升级。

服务补救也可定义为企业在第一次服务失误后,企业为留住顾客而立即作出的带有补救性质的第二次服务。第二次服务可以与第一次服务同质,即第二次服务是第一次服务的重复。当然也可与第一次服务异质,即第二次服务是第一次服务的延伸或转变。如零售企业无条件地为对产品质量表示不满的顾客所做出的换货服务(同质服务)或退货服务(异质服务)。

3.1.3　客户投诉及其管理

顾客投诉是其对企业管理和服务不满的表达方式,企业应鼓励顾客投诉,因顾客投诉为企业创造了各种各样的机会:

- 它是企业发现问题和失误的机会;
- 也是企业促进连续改进的机会;
- 还是企业留住不满意客户的最后机会;
- 也是企业创新的源泉。

顾客投诉能给企业带来很多信息:

一则表明他对你还没有绝望,你还有机会与他做生意,他还想尝试一次;

二则表明不仅仅是投诉顾客对你的产品不满,他还代表其他顾客的意见,因为并不是所有对你不满的顾客都会对你进行投诉;

三则表明你的企业存在许多经营管理问题,尤其是你的产品和服务,你必须马上改进;

四则表明顾客还有没有未满足的需求,企业还有创新的空间。

麦肯锡公司进行了关于顾客投诉的相关调研。从表 3-1 中可知,企业进行顾客投诉管理非常必要。

表 3-1　公司不满意客户再次购买其商品的可能性

类　别	问题主次	购买该公司商品的可能性(%)
不投诉者	主要问题 次要问题	9 37
投诉但没有得到解决者	主要问题 次要问题	19 46
投诉获得解决者	主要问题 次要问题	54 70
投诉获得迅速解决者	主要问题 次要问题	82 95

　　雪佛莱公司对顾客投诉也进行了类似研究。研究发现:在遇到问题的客户中,真正愿意提出投诉的大约只有 40%,但其中却有 80%的客户表示,如果公司以一种专业的、有效的、关心的方式处理他们的问题,他们将再购买雪佛莱的产品,即公司并不需要彻底解决客户的投诉,就能实现较高的客户重度购买率。这些客户投诉的根本目的就是希望能促使公司倾听他们的抱怨并提供可能实现的帮助。在遇到问题而不投诉的 60%客户中,只有 10%的客户再购买公司的产品。即 100 位遇到麻烦的客户中有 60 位客户不投诉,其中有 6 位会再购买公司的产品,而 54 位会选择竞争者的产品;在 40 位投诉的客户中,有 32 位愿意再购买公司的产品。

　　由以上研究得出结论:公司需要鼓励所有遇到问题的客户主动投诉,且公司应该迅速解决顾客的投诉。

3.2　案例分析

3.2.1 事件解析

　　从客户和携程两个不同的角度来审视整个事件,理清双方的争议点,如表 3-2 所示。

表 3-2　携程与客户的争议点

争议事由	消费者说法	携程旅行社说法
航班问题	并非直飞往返澳洲	经停包含在直飞含义中
饭店问题	全程四星饭店不符事实	澳洲饭店星级定义与国内存在差异
行程问题	航班时刻安排不合理	目的是为消费者精打细算
投诉问题一	亲访被拒	无回应
投诉问题二	网上投诉被删	管理的人员认为与版面内容无关,并不是要阻止投诉

从表中可知，两者在五点上有争议，各自坚持自己的立场，水火不相容。

3.2.2　顾客投诉携程的原因分析

根据服务差距理论，顾客期望与实际体验的服务质量之间往往存在着差距，从而造成顾客的不满和投诉，而消费者马天兰对于携程旅游产品的不满，也正是源于这样的差距。如图 3-2 所示，该图利用了 GAP 模型分析造成顾客投诉的原因。

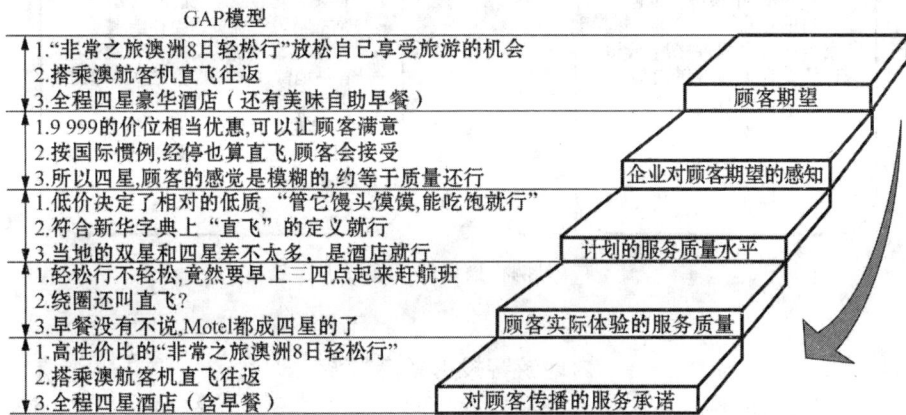

GAP模型

1."非常之旅澳洲8日轻松行"放松自己享受旅游的机会
2.搭乘澳航客机直飞往返
3.全程四星豪华酒店（还有美味自助早餐）　　　顾客期望

1.9 999的价位相当优惠，可以让顾客满意
2.按国际惯例，经停也算直飞，顾客会接受
3.所以四星，顾客的感觉是模糊的，约等于质量还行　　企业对顾客期望的感知

1.低价决定了相对的低质，"管它馒头馍馍，能吃饱就行"
2.符合新华字典上"直飞"的定义就行
3.当地的双星和四星差不太多，是酒店就行　　　计划的服务质量水平

1.轻松行不轻松，竟然要早上三四点起来赶航班
2.绕圈还叫直飞？
3.早餐没有不说，Motel都成四星了　　　顾客实际体验的服务质量

1.高性价比的"非常之旅澳洲8日轻松行"
2.搭乘澳航客机直飞往返
3.全程四星酒店（含早餐）　　　对顾客传播的服务承诺

图 3-2　GAP 模型分析图

3.2.3　携程问题与解决方案

就携程客户投诉案例中，针对携程在处理马天兰投诉过程中的不足之处，携程应该按如图 3-3 所示的投诉管理方案进行处理。

携程应认识到投诉是客户送来的礼物，应"亡羊补牢"，"纳佳言以祛病"。通过客户的投诉，及时发现在经营、服务和管理等诸多方面的欠缺和不足，及时做好"亡羊补牢"和"纳佳言以祛病"的工作。客户的投诉，可能是批评和指责，但有些也是市场信息。企业应将客户的投诉进行分类，哪些是服务上需要改进的，企业就需赶快去纠正，落实整改；哪些是顾客向企业提出的业务需求或产品期望，企业就要以此为线索，视客户的诉求为最好的鞭策，去寻找和细分业务市场，核实其是否确有需求，去伪存真。区别客户不同期望，分步实施，设计并拓展新的业务产品，有针对性地推进精确营销，更有效地提升服务品牌。

GAP 理论表明，顾客期望与企业提供的服务质量之间难免存在着一些差距，因而顾客投诉对于企业来说不可避免，而顾客投诉也是给了企业一个改进自身的机会。因此，企业所要做的就是如何处理好投诉，避免类似投诉再次出现。下面给出了一个在顾客投诉方面处理得当与及时的案例，以供借鉴。

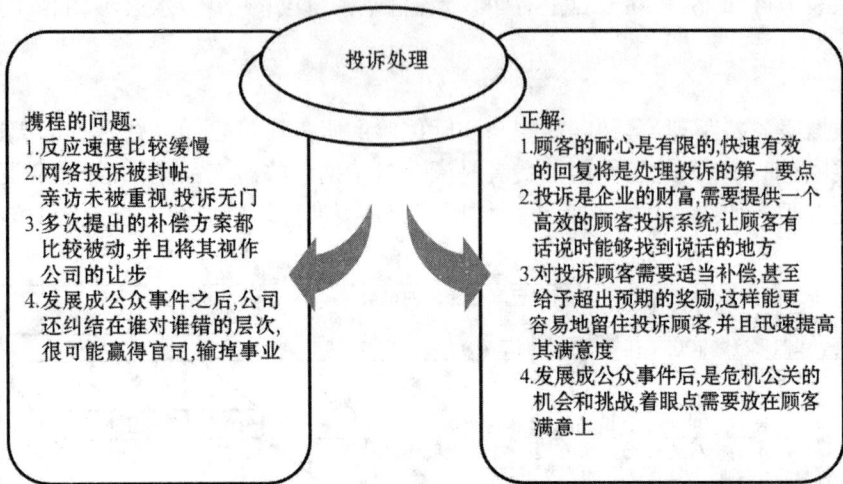

图 3-3　对携程投诉的正确解决方案

内地游客投诉香港导游

2010 年 3 月,一段长达 7 分钟的视频占据了各大知名网站的头条位置,并经内地以及香港电视台和报纸的广泛报道,引起了大家的关注和广泛讨论。事件的经过大致如下:2010 年 3 月 25 日,来自安徽省 24 位游客的赴港旅行团,因为购物情况不理想,招致香港导游李巧珍的不满,用无礼的语言不断责难和辱骂内地旅行团游客不肯购物,甚至以制造食宿方面的难题威胁他们必须购物,车上鸦雀无声,24 位客人以及大陆领队均沉默以对,任由香港导游不断地谩骂。　其中一位游客用 DV 偷偷录下导游谩骂游客的经过,以视频的形式上传到网络,由此拉开了香港导游谩骂大陆游客事件的大幕。事情发生后,香港旅游业协会非常关注事件,强调会严肃处理涉事旅行社和导游,而国家旅游局也同样关注事件,更罕见地发出首个赴港旅游服务警示。

以下是事件发生后,各方对事件的态度和应对措施:

1)国家旅游局

事件发生后,国家旅游局新闻发言人发表谈话:

(1)国家旅游局对内地游客在香港旅游权益保障高度重视,关注香港旅游主管部门针对此事采取有效措施。国家旅游局欢迎游客积极参与旅游服务质量监督,遇有侵害游客利益时,要保存好有关证据,及时向有关地方旅游质量监督管理部门投诉。国家旅游局在官方网站上再一次公布了各地旅游投诉电话。

(2)国家旅游局迅速与香港旅游主管部门进行工作沟通,了解有关情况。同时要求内地有关省市旅游部门和旅行社,认真调查处理此事。

（3）国家旅游局质监所已经发出赴港旅游服务警示,提示游客出行旅游要签订合同、谨防购物陷阱,要理性消费、合理维权。

（4）国家旅游局一直高度关注旅游服务质量和市场秩序问题,采取了一系列措施,提升旅游服务质量。针对此事情,国家旅游局和各地方旅游局将继续采取措施,坚决打击侵害游客权益的行为,维护市场秩序。

2）涉案旅行社

香港金凯旅行社承认,互联网上流传片段中强迫游客购物的李姓女导游是他们的兼职导游,旅行社对事件感到十分遗憾,也对这位女导游感到十分失望,今后将不会再聘用这位女导游。

金凯国际旅游承认,网上流传导游谩骂游客不购物的片段是今年三月他们接待的一个 24 人旅行团。

公司负责人,表示公司一直严格遵守职业操守,对发生的事件表示遗憾。短片中的李姓女导游不是公司的固定员工,而是因为人手不够临时雇佣,公司决定对她永不录用。

3）香港旅游业协会

事件发生后,香港旅游业协会表示,对于侵权严重的旅行社及导游,香港旅游业协会将给予撤销其会籍和导游证、撤除登记店铺的资格的处分。香港旅游发展局主席田北俊接受记者访问时,就香港女导游强迫内地游客购物事件,向内地游客道歉。表示只有通过两地的努力合作,才能把内地游客到香港旅游的整个行业水准提高,也为旅游者提供更好的服务。

7 月 27 日,因谩骂内地游客,引发社会广泛关注的香港女导游李巧珍,在立法会议员谢伟俊及金凯国际旅游老板周文伟陪同下,首次向媒体交代事件,吸引大批媒体到场采访。

7 月 28 日,国家旅游局与香港旅游发展局在京联合举行深化推广“优质诚信香港游”发布会,以全新形象大使小猪麦兜为代言,再次推出一系列“优质诚信香港游”新举措,包括在利用网络平台加强全国覆盖的同时,通过新增 23 家合作旅行社,将直接参与这一计划的城市从目前的 18 个扩展至 27 个,进一步扩大“优质诚信香港游”的影响力,让“优质诚信香港游”更快、更多地覆盖内地城市。

3.3　案例点睛

本案例对携程的警示以及对其他企业的启示如下:

（1）处理顾客投诉不应在谁是谁非上纠缠,企业应主动承担企业责任。对于企业而言,顾客没有对错,让其满意才是硬道理。

（2）企业应建立扁平化的客户投诉系统,对客户的投诉要做到立即响应,速度是关键,及时关注和响应服务过程中的小抱怨可以将大事化小,小事化无。

（3）加强管理客户的期望值,准确把握客户期望值,及时满足甚至超越客户期望。

（4）旅游产品的细节描述应更加人性化、具体化。在使用优惠促销方式吸引低端客户群后,一定要做好针对性的服务工作。

（5）在将产品和服务投入市场之前,应该做出基本的体验评估。

（6）在产品和服务售出后,要对客户的体验有持续的反馈。

案例4精解 新加坡航空
——两个忠诚度

4.1 理论基础

4.1.1 顾客忠诚及其价值

顾客的分类有多种标准,以公司为界,员工为内部顾客,消费者等为外部顾客。两者的忠诚对企业而言皆有重要意义。

1) 外部顾客忠诚及其价值

外部顾客就是通常所称的顾客,他们对企业的忠诚具有重要的价值。

在营销实践中,顾客忠诚被定义为顾客购买行为的连续性。它是指顾客对企业产品或服务的依赖和认可、坚持长期购买和使用该企业产品或服务所表现出的在思想和情感上的一种高度信任和忠诚的程度,是顾客对企业产品在长期竞争中所表现出的优势的综合评价。

忠诚顾客对企业很有价值。他们不仅能为企业带来客观的、有形的货币价值,还能为企业带来巨大的、无形的非货币价值。既可增加企业的收入,又可降低其成本,从而为企业带来很大的利润空间。具体分析如下:

(1) 货币价值。

• 增加收入:①顾客重复购买、频繁购买,交叉购买,增量购买,从而增加企业的收入;②忠诚顾客推荐新顾客前来购买,从而增加企业的收入;③增加钱包份额:当顾客对某一企业或者品牌感到亲切,或者和他们有良好关系时,他不仅总是选择这个企业,而且还会在他的开销中给予此企业更大的比例;④对价格的敏感度低。

• 降低成本:①节约获取新客户的成本;②节约服务成本;③节约失误成本;④节约营销成本。

(2) 非货币价值。

• 口碑效应:在一些情况下忠诚的客户是企业免费的广告资源,他们会对企业进行正面的口头宣传,他们会对其朋友或家人推荐企业的产品和服务,是企业业余的营销人员,是企业的无价资产。

• 形象效应:客户满意会给企业带来不仅仅是短期经济利益的提高,还会提高企业在消费者心目中的形象,也即企业的商誉,从而有利于企业推出新产品和服务。

　　• 综合效应:高的顾客忠诚会提高企业的综合竞争力。

　　对企业而言,开发一个客户的成本要远远大于培养一个忠诚客户的成本。而忠诚客户不断重复购买、交叉购买、增量购买企业的产品和服务,对于企业利润的产生有着决定性的影响。表 4-1 为不同行业的顾客保持率每增加 5%,其顾客净现值增加的情况,说明了顾客忠诚对企业利润的影响。

表 4-1　顾客保持率每增加 5%对顾客净现值的影响

行　业	顾客净现值增长率(%)
广告业	95
人寿保险	90
银行	85
保险	84
汽车服务	81
信用卡	75
洗衣行业	45
FM	40
软件业	35

　　2) 内部顾客忠诚及其价值

　　内部顾客忠诚,即为员工忠诚。员工的忠诚度是指员工对于企业所表现出来的行为指向和心理归属,即员工对所服务的企业尽心竭力的奉献程度。员工忠诚度是员工对企业的忠诚程度,它是一个量化的概念。忠诚度是员工行为忠诚与态度忠诚的有机统一。行为忠诚是态度忠诚的基础和前提,态度忠诚是行为忠诚的深化和延伸。

　　员工忠诚的价值如下:

　　(1) 员工忠诚决定了员工的工作绩效。

　　员工是企业的基本成分,他们的热情代表企业的士气,他们的工作自觉性于潜移默化中体现企业的实力。员工忠诚将大大激发员工的主观能动性和创造力,使员工潜在能力得到充分发挥。忠诚是效率,员工的忠诚度与顾客满意度存在着促进的作用。企业每名员工的忠诚度提高了,企业竞争实力也就得到了提升。

　　(2) 员工忠诚维系了员工与组织之间的稳定关系。

在现代经济发展中,员工会根据自身的个人的判断不断寻找适合自己发展的空间,人才流动成为一个普遍现象。企业作为经济组织始终处于动态发展中,员工与企业之间的文字契约,并不能保证员工与企业之间稳定关系。要想维持这种长期稳定关系,就需要构建依赖和真诚的雇佣关系,培育并提高员工的忠诚度。

(3) 员工忠诚增强了企业的核心竞争力。

在所有的资源中,人力资源是最具活力的资源,科学地使用人力资源能帮助组织赢得竞争优势。企业员工的创造性思维和劳动是企业发展的根本驱动力。组织的创新能力最终体现在员工的创新能力上。但是这种能力的发挥还取决于员工的忠诚度。

(4) 员工忠诚减少组织的人员置换成本。

当员工的忠诚度降低时,就会对其为之服务的企业不满,甚至选择离开,从而引起员工流失。而企业为了填补员工离职的空白,又将重新招募、培训新的员工,这期间还要冒着可能的生产率降低、新进员工无法胜任工作的风险,这样就会形成置换成本和交替成本。

4.1.2　顾客和员工忠诚在服务利润链中的地位

在服务利润链中,员工忠诚和顾客忠诚是很关键的环节。一般而言,员工忠诚是员工满意的结果,又是顾客满意的缘由,顾客忠诚既是顾客满意的结果,又是企业业绩的来源。两个满意度导致了两个忠诚度,而两个忠诚度又导致了企业的经营绩效。

4.1.3　顾客满意与顾客忠诚的关系

长期以来,人们普遍认为顾客满意与顾客忠诚之间的关系是简单的、近似线性的关系,即顾客忠诚的可能性随着其满意程度的提高而增大。如哈佛大学商学院服务管理信息小组 James 等总结的服务利润链理论模型,就揭示出了企业收入和利润的增长来自于忠诚的顾客,而忠诚的顾客来自于顾客的满意度。顾客的满意度越高,顾客就越容易变得忠诚,从而为企业带来的收入和利润增长就越快。

但近些年来,研究发现顾客满意对顾客忠诚的作用并不总是直接的,有很多因素成为这两者关系的中介,如竞争程度、转换代价、有效的常客奖励计划、顾客对产品和服务质量的敏感状况等。因此满意分值的高低并不一定直接导致忠诚度的高低,而只是提供了产品或服务的有效预警,满意顾客并不总是比不满意顾客有更多的购买。但在竞争激烈的行业,如服务业,顾客满意对顾客忠诚的作用总是直接的。

但一般情况下,两者的关系为正相关关系。顾客满意是使企业获利的必要因素,顾客忠诚则是使企业获利的充分条件。顾客满意是顾客真正忠诚的前提,没有满意的顾客便不会有顾客对企业的绝对忠诚,满意的顾客不一定是忠诚的顾客,而绝对忠诚的顾客一定是满意的顾客。

顾客忠诚不单单是顾客的重复购买,真正的顾客忠诚必须以顾客满意的情感和积极的态度取向为前提,顾客忠诚是顾客的内在积极态度、情感、偏爱和外在重复购买行为的统一。

在顾客忠诚的诸驱动因素中,顾客价值和顾客满意作为全驱动因素同时在内在态度和外在行为两个维度上推动顾客忠诚,而其他如高转换成本、高认知风险、高投入等半驱动因素只推动顾客的重复购买行为。

4.1.4　感官营销

感官营销即是五感营销,其诉求目标是创造知觉体验的感觉,通过人们的视觉、听觉、触觉、味觉与嗅觉来建立其感官上的体验。感官营销可用于区分公司和产品的识别,引发顾客的购买动机,并增加产品的附加价值。感官营销式策略是在产品的营销过程中融合了人的感官成分(如基本特征、风格和主题),以引发顾客的美感或兴奋点。顾客原本就是从五觉,即视觉、听觉、触觉、味觉与嗅觉来构建对世界的感知,很多企业在打造品牌形象时,大量依赖视觉与听觉,透过媒体传送广告的方式塑造品牌,而媒体的限制就是以视觉与听觉为主。而如果秉持着无时无刻不在传达品牌精神的概念,就自然可以体会到,其实每一个消费者接触点,点点滴滴都在建立消费者对一个品牌的印象,而不只是靠媒体宣传;而最真实有效的接触,是五个感官全面的接触。很多企业用感官营销策略来增加产品与服务的附加值、引发消费者的购买动机、加深顾客对品牌的印象,因而取得了成功。

4.2　案例分析

新加坡航空公司凭借高水准的服务品质与营运表现,先后获得了 100 多项国际大奖,成为国际上声誉最好的航空公司之一。在美国《财富》杂志评选的"全球最受赞赏的公司"中,新加坡航空公司被公认为亚洲客户满意度最高的航空公司。不仅如此,新加坡航空公司还是一家利润颇丰的公司,其中一个重要原因是它在保持高品质的同时实现成本控制最低化。导致新航的成功,有很多因素,但与其培养和提高外部顾客和内部员工忠诚度密不可分。

4.2.1　新航提高外部顾客忠诚度

新航为了提高外部顾客的满意度,进而提高其忠诚度,在如下方面进行了努力和创新。

　　1）新航的五感营销

　　新加坡航空以五感营销来提高顾客满意度，从而提高其忠诚度。也即从顾客的视觉、听觉、嗅觉、味觉、触觉等各感官系统加深顾客印象，在美女、美食美味、美妙香气以及娱乐系统等方面全方位为顾客提供价值，然后令顾客满意，从而顾客忠诚。

　　（1）美女。

　　新加坡空姐（Singapore Girl）温婉清秀，她们穿着特制的沙笼，为顾客提供完善的机舱服务，长久以来成功塑造了东方空姐以客为尊的服务形象，令乘客在赏心悦目中享受其高质量的专业服务。哈佛商学院教授评价她们将优雅、殷勤、亲切的亚洲古韵在客舱内演绎为现实。她们身穿的沙笼，是新航聘请巴黎名设计师皮埃尔·巴尔曼（Pierre Balmain）专业设计的。这种制服与众不同，有浓厚的马来风味，宝蓝色蜡染布料，以金丝彩线为绣，下身的裙装齐脚踝，行走步伐较小，和中国云南少数民族的服装有点相似。侧面欣赏其制服裙，短款上衣加长裙显示出新加坡姑娘的玲珑曲线。更奇特的是空姐的正式服装脚下搭配拖鞋！这也是该设计师的杰作。据说，她们的服装设计是经过严格考虑的，绝不会影响服务的速度和水准。这种空姐装，从 1972 年至今未更改，仅在细节方面进行过调整。2001 年新航为空姐设计新鞋，他们从 10 个国内外著名设计师的作品中挑选，最后敲定还是采用由法国设计师皮埃尔·巴尔曼（Pierre Balmain）的设计。在新加坡空姐身上，东方礼仪被强化了，体现出亲切、热情、优雅、体贴的东方女性形象，这就让东方女性的魅力被放大到极致。新加坡空姐就成为新航提供优质服务的完美的人性化体现。这一策略大获成功，新加坡空姐成为新航最好的品牌代言人。

　　（2）美妙香气。

　　新加坡航空禁止员工使用其他香水，因为公司有特制的香水，是特别调制的"热毛巾上的香水味"，成为新航的特有香味，并申请了专利。

　　（3）美食美味。

　　坐过飞机的人大都认为机上的饭菜不好吃。一是因为各航空公司提供的大多是快餐，二是人在机上，因为气压的变化使得人的味觉变得迟钝，再加上飞机内空间有所限制，厨师没有发挥的余地，因此在航空旅行中享受到美食绝不是一件简单的事情。但这一点硬是被新航琢磨出名堂来了。新航要让乘客在飞机上吃到世界各地的美食。1998 年 9 月新航为乘客提供国际风尚美食，邀请世界各地名厨组成顾问团精心为新航乘客设计国际级的航空餐点。这其中包括来自中国的名厨朱俊。朱大厨精通上海菜，就为新航特别设计了独有的现代中餐服务，起名为十全食（谐音十）美。如鲍鱼煲加上酱黄瓜，海带汤配上扇贝和蚝干，红焖羊肉配上红枣和萝卜,热八宝饭配上草莓冰激凌和焦糖酱等等中式佳肴。另外,新航的头等及商务客舱旅客,可以在出发前 24 小时,享用"Book the Cook"服务,从指定餐牌内的 20 款菜式中挑选心仪美食,菜式全部有别于航机内的正常餐牌,务求满足嘴刁或爱突显个人品位的乘客。

(4) 视听娱乐系统。

如所有自中国出发的航班每个座位都配有"银刃世界"个人娱乐系统,提供超过 200 种不同类型的娱乐项目,让乘客随意挑选。无论是最新最叫座猛片、热门电视剧、紧张刺激的互动游戏、曲目广泛的音乐或不断更新的卫星新闻,都能让乘客乐在其中。每月提供最新中文影片及 7 部中文字幕的最新外语院线片供乘客欣赏,并提供中文的定位操作指南。银刃世界系统安装在每个座位上,其遥控器本身就是一部卫星电话。在莱佛士商务舱,电视屏幕设在座椅的扶手里,高分辨率显示屏宽达 26.4 厘米。

2) 创新的差异化服务

"只有新生事物才能创造出出其不意的效果。我们要为客户提供他们所意想不到的服务,产品创新部会不断地关注这些新的需求趋势:为什么人们以某种方式去做事,为什么人们去做某种事。然后我们把眼光放在 3 年到 5 年内,设法去跟踪短期和长期的趋势。了解他们潜在的需求,并提供服务。"新航负责产品和服务的高级副总裁 Yap 先生曾在接受媒体采访时透露。

在长达 38 年的经营中,新航总是果断地增加最好的旅客服务,特别是通过旅客的需求和预测来推动自身服务向更高标准前进。早在上世纪 70 年代,新航就开始为旅客提供可选择餐食、免费饮料和免费耳机服务;上世纪 80 年代末,新航开始第一班新加坡至吉隆坡之间的"无烟班机";1992 年初,所有飞离新加坡的新航客机都可以收看美国有线电视网络的国际新闻;2001 年,新航在一架从新加坡飞往洛杉矶的班机上首次推出了空中上网服务——乘客只需将自己的手提电脑接入座位上的网络接口,就可以在飞机上收发电子邮件和进行网上冲浪。在过去 3 年内,新航花费将近 4 亿元提升舱内视听娱乐系统,为将近七成(所有远程飞机)飞机换上这个系统,花费了超过 6 亿元提升机舱娱乐设施和商务舱座位。

4.2.2 培养员工忠诚度

如果新航内部员工没有对公司保持足够的满意度和忠诚度,从而没努力工作,把好的服务传递给顾客,那么,顾客的忠诚度将无从谈起。因此,新航除了关注外部市场,也同时关注另一个"市场",这就是公司的员工。只有内部员工对企业忠诚,才能使外部顾客对企业忠诚。

在新航人力资源管理的背后,有五大相辅相成的要素——严格选拔和招聘员工、大力投资员工培训与再培训、塑造成功的服务团队、授权一线员工,以及员工激励。其中培训、激励员工皆是业界的典范。

1) 大力投资于员工培训

新加坡航空公司,对于员工培训情有独钟。新航的首席执行官这样看待员工培训:培训是必需的,而不是可选的。即便是经济波动时,培训也不会被省去。从办公室助理、包裹处理员到首席执行官,每个人都要接受培训。新航对待培训几乎到了虔诚的程度。每年在员工培训上的花费会达到1亿美金。培训课程分为职能培训和一般管理培训:职能培训是训练员工具体工作的技能,让他们在技术方面有足够的能力和信心,而公司的管理发展中心负责提供一般的管理培训。

新航的负责人曾经说过:"我们不会节省培训方面的开支。我们购买最好的软件和硬件设施用来培训员工,因为我们从长计议来看待培训。我们对员工发展的投资不会受经济波动的影响。培训是永远的,没有人会因为太年轻或太老而不需要接受培训。"这足以体现新航对员工培训的重视。

2) 有效的人力资源培训

新航的机组人员是"能够体察别人感受的人",在面试之后,只有约4%的应征者会录用。新航比任何一家航空公司都要重视对一线员工的培训。新加入的空乘人员要接受4个月的强化训练班,飞行员在被允许起降操作之前要整整接受29个月的全面培训——航空业中最强、最全面的过程。此外,致力于培养团队精神和激励——对员工的认可不一定非要通过钱来体现,另一个不可或缺的因素是整体风气——从公司成立以来的植根于员工心中的服务文化。

每个主管都经过相应的训练,他们都经过轮岗,从市场部到创新产品部,再到工程部,可以说是"通才"了,这个过程需要好几年。

拿新进职员来说,他们本来就是一流大学的一流毕业生,年轻积极主动,急于展现自己的实力。公司安排好新工作后,他会想,"我怎样做得更好?"第一年,他会看哪里有问题需要改进。然后第二个人来的时候,他会想,"我的前任都干了些什么? 我需要怎样改进?

3) 员工激励

在薪酬的问题上,新航的奖金考察的不是员工的个人表现,而是整个公司的业绩,也就是说,员工的奖金都是一样的,当公司业绩好的时候,会得到几倍于平时的奖金。员工卖力工作,一方面会做好自己的工作,做好团队的工作,但同时整个公司的业绩也因为"万众一心"而节节攀升了。

新航对员工的激励,体现在很多方面。如:对于员工获奖者除了给予 Omega 星座表的物质奖励外,还有将获胜者的名字刻在金质的荣誉名册上的精神奖励,该名册永远的陈列在新航的管理中心;鼓励员工从低绩效向高绩效转变,给员工任务，一个挑战，同时也让他们从中得到成功感；根据利润分配计划，员工获得公司盈利的红利。这些项目皆让员工受到鼓舞和激励，以至于使他们更加努力的工作，创造更佳的业绩。

4.3　案例点睛

顾客忠诚与员工忠诚是服务利润链中的关键环节，它们既是员工满意、顾客满意的直接结果，也是企业利润的源泉。企业的经营活动都应该围绕提高员工忠诚度、顾客忠诚度进行。

根据心理学原理，当人们在参与活动时，若能调动其各种感官（五感：视觉、听觉、味觉、嗅觉和触觉）同时参与活动，则记忆会很深刻。因此企业在营销时，应尽量调动其五种感官同时活动，从而达到良好的营销效果。优秀的企业尤其是服务企业无一不是五感营销的典范。

案例 5 精解 "忠诚计划"赢得忠诚

5.1 理论基础

自从经济学家提出了"20/80 定律"以后，就成为了商业圈的热门法则。企业营销人员开始意识到，企业的主要利润仅仅掌握在一部分消费者手中，如果牢牢地抓住这部分消费者，对于企业的利润增长和营销战略都具有非同寻常的意义。而忠诚不是天生的，忠诚必须要去赢得。因此，系统性的、计划性的让顾客忠诚已经成为对企业具有战略意义的营销规划之一。

5.1.1 忠诚计划的原理

顾客忠诚计划就是通过维持顾客关系和培养顾客忠诚度而建立顾客长期需求，并降低其品牌转换率的顾客计划，它的主要模式和手段有积分奖励、会员卡、顾客俱乐部等，其中以积分奖励最为普及。忠诚计划的基础是顾客的累计购买，通过对顾客累积购买的回报来加强顾客对企业品牌的感情，如航空公司的里程计划，信用卡的累计使用奖励。在近年来信息科技发展的背景下，顾客忠诚计划应该包含以下三个要素：信息科技的运用、顾客信息/知识的洞察，以及直接与个性化的顾客沟通。忠诚计划是激励顾客持续购买企业产品的促销工具，其主要作用是为了吸引、发展、保留忠诚顾客。它首先是一种营销模式，其基础是顾客的累积购买，它的手段是对顾客累积购买的激励，它的目的是培养、巩固顾客忠诚度。

5.1.2 忠诚计划的利弊分析

1）忠诚计划的利处

保留一个老顾客的效益要比寻找一个新顾客的效益好得多，忠诚计划和促销、广告的营销手段是有区别的，它有一个长期的定位，它被认为是唯一一个明确集中的来改变消费者重复购买类型的营销手段。忠诚计划带给企业的利处为：

（1）企业会记录顾客在这段消费时间之内反映出来的消费偏好和较为特殊的消费习惯，形成完整的顾客资料数据库。

（2）为不同的顾客量身定做忠诚计划，针对不同的顾客需要提供不同的激励措施，从而留住那些对单纯的财务奖励计划已经失去兴趣的顾客。

（3）顾客会觉得自己受到了企业的关注和尊重，进而在情感上更加喜爱该企业。顾客与企业在忠诚计划的实施过程中不断地发生着良好的互动，最终企业与顾客之间产生了一种强有力的信任关系，企业也就获得了忠诚的顾客。

（4）顾客熟悉和喜爱所忠诚的企业，他们保持着良好的购买记录，并且热心地向别人推荐企业的产品或服务，实现顾客和企业的忠诚互动。

2）忠诚计划的弊端

首先是成本问题。自行开发软件，进行数据收集和分析，这些都需要相当大的成本和人工，包括折扣成本、宣传成本、忠诚计划运营管理费用。

其次，很多积分计划的进入门槛较高，能够得到令人心动的奖励积分的额度过高，而且对积分有一定的时效要求。这样做虽然比较符合 20/80 原则，将更多的优惠服务于高价值的顾客，也有助于培养出一批长期忠实的顾客，但这样做也流失了许多消费水平没有达到标准的准高价值顾客。

另外，随着积分项目被越来越多的商家广泛使用，手里持有多张积分卡的顾客会越来越多。这些顾客在不同的商家那里出示不同的会员卡，享受相应的折扣或者积分优惠，却对每一家都谈不上忠诚。

5.2　案例分析

5.2.1　德士高的忠诚计划与一般忠诚计划不同之处

（1）摆脱简单折扣卡。

• 积分规则简单易懂，返利清晰明了（1%），代金券邮寄，方便实惠；

• "俱乐部卡"储存准确的客户数据信息，掌握大量翔实的顾客购买习惯数据，构建全面的消费者数据库；

• 利用细分的消费者数据来设立"利基俱乐部"。顾客分类，采用差异化营销战略，开展针对性营销活动，提高顾客的情感转换成本，加筑有效竞争壁垒；

• "俱乐部卡"成为德士高整合营销策略的基础，而非短暂的促销手段。

（2）有效的成本控制。

• 直接邮寄取代电视媒体广告，节省广告开支，拉近目标客户距离；

• 在"获得新顾客"的营销活动中，明智选择一两本该细分市场经常阅读的杂志，花较低的广告费，在杂志中夹带"利基俱乐部"的促销信件；

• 通过掌握消费者数据库的优势，获取供应商的促销支持，转嫁忠诚计划成本，实现共赢。

（3）业务延伸，绑定最有价值忠诚顾客。

- 涉足金融服务领域，于1996年6月成功推出"Club card Plus"联名卡；
- 针对俱乐部卡会员中最忠诚、消费额度最高的20％的中产阶级家庭；
- "德士高个人金融服务"、"德士高电信服务"等高利润衍生服务。

（4）依托顾客信息系统，定制奖励方法。

德士高通过顾客在付款时出示"俱乐部卡"，掌握大量翔实的顾客购买习惯数据，建立起顾客信息系统，以便有效开展现金返还和量身定做促销活动。一方面，德士高通过顾客信息系统管理"俱乐部卡"的顾客积分，实施现金返还，顾客可以从他们在德士高消费数额中得到1％的奖励。另一方面，德士高的顾客信息系统帮助分析持卡会员信息，将这些顾客划分成了十多个不同的"利基俱乐部"，定制不同的奖励方法，满足其个性化要求。

（5）建立积分联盟网络，丰富奖励方式。

德士高积极建立一种各方面联系密切、利益共享的积分联盟网络，为顾客提供丰富多样化的消费选择机会，使顾客忠诚度大为提高，并吸引了大批的新顾客，有效地提高了企业的经营业绩。从1996年开始，德士高不满足于经营单纯的零售积分卡，而是把业务延伸到了金融服务领域，于当年6月推出了"Clubcard Plus"联名卡。当前，"Clubcard Plus"信用卡在英国颇受欢迎。联名卡一般是非金融界的营利性公司与银行合作发行的信用卡，近年来被市场广泛接受、发展很快。在管理方式上，联名双方（或多方签有详细的利润分成），可以利用公司的品牌和忠诚顾客基数，针对有一定特殊共性的消费群体来设计品牌和提供个性化服务。2003年公司在"俱乐部卡"的基础上还推出了"德士高个人金融服务"和"德士高电信服务"等其他增值服务，丰富了顾客的奖励选择机会。

（6）直效沟通和联手促销。

直效沟通和与供应商联手促销是德士高控制顾客忠诚计划成本的两大法宝。一方面，德士高采用邮寄信函、Email等直效沟通方式来推广"俱乐部卡"，严格控制推广成本。另一方面，德士高超市还经常和供应商联手促销，作为返还给消费者的奖励，把维系顾客忠诚计划的成本转移到了供应商身上。

5.2.2　德士高"忠诚计划"的成功之处

1）计划切实可行

德士高的忠诚计划将"俱乐部卡"作为营销基础。与其他公司提供的既繁琐又不实惠的方案相反，德士高的积分计划的简单易懂，顾客可以从他们在德士高消费的数额中得到1％的奖励，而且每隔一段时间，德士高就会将顾客累积到的奖金换成"消费代金券"，邮寄到消费者家中。这种方式能够有效调动消费者的累计兑换热情，达到较高的使用率。这种方便实惠的积分卡吸引了很多家庭的兴趣。据德士高自己的统计:俱乐部卡推出的头 6 个月,在没有任何广告宣传的情况下,就取得了 17% 左右的"顾客自发使用率"。

2) 建立消费者数据库

德士高通过顾客在付款时出事的俱乐部卡,掌握了大量翔实的顾客购买习惯数据,了解了每一个顾客每次的采购情况,并建立准确的消费者数据库。经过数据挖掘,德士高可以掌握消费者的购物习惯,对消费者进行划分,并提出有针对性的计划,提高顾客的满意度。

3) 对顾客进行细分

德士高将顾客划分为十多个不同的俱乐部,俱乐部卡的营销人员为不同的俱乐部制定了不同版本的杂志,发布他们最关注的促销信息和话题。德士高将顾客经常购买的商品分为 50 种类别,每种类别和消费者的一种生活习惯和家庭特征相对应,然后通过收银员扫描每个顾客购买的商品得到大量的统计数据,再根据这些数据为顾客量身打造"贴心服务"。例如,德士高为女性购物者和对健康很在意的消费者,特别推出了"瘦身购物车"。虽然这种"瘦身购物车"造价是普通推车的 7 倍,但受到了目标群体的热烈欢迎。

4) 提高顾客的情感转换成本

德士高将利基俱乐部发展为一个个社区,为不同俱乐部的成员组织各种活动。德士高还为消费者提供人性化的产品和服务,与顾客建立情感层面的一对一的关系,这大大增加消费者的情感成本,成为德士高的竞争优势。

5) 有效的成本控制

德士高的忠诚计划包括建立大型俱乐部、以现金返还奖励消费者、维持消费者数据库以及大量促销活动。这些措施的开销非常大,有效的成本控制是德士高成功的必要条件。德士高用信件的方式而不是广告的方式吸引消费者的注意。除此之外,德士高经常与供应商联手促销,把维系忠诚计划的部分成本转移到供应商的身上。

5.2.3 德士高"忠诚计划"对零售企业的启示

德士高超市"俱乐部卡" 成功经验表明:运作顾客忠诚奖励计划必须从保持顾客满意度和提高顾客转换成本两个方面着手。借鉴德士高顾客忠诚计划,零售企业在运作顾客忠诚计划时要注意如下环节:

1) 明确顾客忠诚计划目的

零售企业顾客忠诚计划不是简单的市场促销方式,不是不加选择地招徕所有顾客,而要通过分析顾客的消费行为,用适当方法吸引自己的目标细分忠诚顾客群。因此,零售企业顾客忠诚计划的定位不应该把扩大市场份额作为主要目的,而应着眼于获得更大的顾客份额。每一家零售企业实施顾客忠诚计划的具体目的不会是完全相同的,但通常应从如下两个方面考虑:首先,从持卡会员中找出真正为企业带来高收益的忠诚的顾客;其次,顾客忠诚计划一定要能为忠诚的顾客提供超值的回报。零售企业只有搞清楚顾客忠诚计划的目的,才能真正地运用好顾客忠诚计划。

2) 建立有效顾客信息与跟踪服务系统

顾客信息与跟踪服务系统是零售企业顾客忠诚计划实施的技术保障,是定制个性化奖励方案的基础。德士高的"俱乐部卡"成功关键在于顾客信息与跟踪服务系统为德士高提供了重要的顾客消费习惯和顾客细分的一手资料,便于德士高量身定做顾客忠诚计划。顾客信息与跟踪服务系统以准确及时的顾客动态信息为依托,通过顾客识别,将零售企业顾客忠诚计划的努力落实到细微之处。零售企业建立顾客信息与跟踪服务系统可以基于原有的 POS 系统,在顾客自愿的条件下,加上其姓名、家庭住址、电话、E-mail 各种联系方式等,使之成为与顾客直接沟通与交流的平台。此外,顾客信息与跟踪服务系统相关数据资料也可通过特定目的的商业调查、销售或订货记录、维修服务记录、投诉记录以及营业人员与顾客的接触等渠道获得。

3) 提高顾客忠诚计划的情感转换成本

提高转换成本是零售企业顾客忠诚计划设计的关键。顾客忠诚计划的转换成本涉及程序转换成本(主要是在时间和精力上)、经济转换成本(主要是积分利益损失和金钱损失)和情感转换成本(主要是个人情感损失和品牌情感损失)。零售企业在设计顾客忠诚计划内容时,除了考虑程序和经济转换成本外,重点应关注如何提高顾客情感转换成本。因为,情感转换成本比起程序和财政转换成本来说,更加难以被竞争对手模仿。比如:德士高"俱乐部卡"提供的个性化奖励产品和服务,增加顾客对其的依赖性;"利基俱乐部"通过联谊活动和情感交流活动,增加顾客的情感成本,让顾客意识到它是不可替代的,以留住顾客。为此,零售企业顾客忠诚计划可以通过为顾客提供更加人性化、定制化的服务,与顾客建立情感层面的一对一的关系,提高顾客的个人情感和品牌情感转换成本。

4) 实行积分联盟丰富顾客忠诚计划

积分联盟是以消费积分换取对顾客回报作为利益驱动机制的新型促销战略联盟,它通过加盟企业建立积分联盟网络,为顾客提供多样化的奖励选择机会,增强对顾客吸引力。比如:德士高"俱乐部卡"的积分联盟网络涉及金融、电信等与目标顾客生活密切相关的服务性企业,为顾客提供了丰富的回报方案。在积分联盟模式下,零售企业与联盟企业可以优势互补,各自发挥业务、市场和技术优势,实现各方共赢的商业目的。零售企业的顾客忠诚计划要实行积分联盟模式,需解决好三个主要问题:一是制定合理的积分规则,建立与加盟企业之间合理的利益分配机制;二是要加强与加盟企业沟通,保持与积分结算平台顺畅的信息联系;三是增强积分联盟的吸引力,让与目标顾客需求相关的各种类型服务商广泛参与。

5.3　案例点睛

(1)德士高的忠诚计划为零售行业成功商业模式的典范之一。正如美国西北大学凯洛格商学院教授、整合营销创始人唐·舒尔兹(Don Schultz)所言:"零售商未来的成功模式只有两种,一种是沃尔玛模式,即通过提高供应链效率,挤压上下游成本,以价格和地理位置作为主要竞争力;另一种是德士高模式,即通过对顾客的了解和良好的顾客关系,将顾客忠诚计划作为企业的核心竞争力。没有任何中间路线。"

(2)并非所有的忠诚计划皆能成功,关键在于如何有效地控制成本和利用数据库挖掘顾客潜在的价值。

(3)在竞争非常激烈的零售业,培养忠诚的顾客,可增加顾客的重复购买、交叉购买和增量购买、提高企业的口碑效应、并带来免费的顾客推荐,以此打造企业的核心竞争力。

案例 6 精解　星巴克的价值创新

6.1　理论基础

本案例的理论基础为价值创新理论和体验营销理论,后者同宜家案例分析中的理论基础。

6.1.1　价值创新的界定

价值创新是现代企业竞争的一个新理念,它不是单纯提高产品的技术竞争力,而是通过为顾客创造更多的价值来争取顾客,赢得企业的成功。现代企业管理市场竞争手段不断变化,技术固然是一个十分重要的途径,但是向价值领域里扩展是当今的趋势。

法国欧洲工商管理学院的两位教授金昌为(W. C. Kim)和莫泊奈(Renée A. Mauborgne)对于全球 30 种行业的 30 余家高成长企业的研究,揭示了这类企业的重要特征:高成长性不受企业主体的规模或技术装备的限制,而是更多地受到企业所遵从的创新逻辑的影响。

6.1.2　价值创新的途径

- 企业可以透过定义新目标市场(新顾客划分方式、新的地理区隔)来创造产品的价值优势;
- 企业可以经由重新定义顾客的认知质量来达到价值创新;
- 企业可以经由价值链的重组与价值活动的创新等方式来增加产品的价值优势;
- 企业可以透过创新商品组合,包括增加功能、增加服务、改变产品定位(属性)、改变交易方式等不同途径,来达到价值创新;
- 企业可以透过利用引进新科技或是提升产品平台来达到价值创新。

6.1.3　价值创新的战略逻辑

传统战略逻辑关心的是"如何击败竞争对手"。当企业把竞争对手作为设计战略的唯一参照时,竞争对手之间针锋相对,刻意相互模仿,以求在同样游戏规则下打败竞争者的行为就在所难免,而价值创新所遵从的是另一种战略逻辑。开辟蓝海,价值创新的着力点是在较大范围内(而不是在传统的细分市场中)发现并努力满足顾客尚没被满足的需求,向顾客提供更大的价值。

6.1.4　价值创新的系统性

价值创新不是对产品的简单改进,它会对企业的整个经营系统都提出一定的要求,需要有经营模式(Business Model)的支持。也可以说,价值创新的深层是经营模式创新,这种创新可以为企业带来竞争对手难以模仿的优势,并为持续的创新提供一个良好的基础。

6.2　案例分析

凭着一杯杯咖啡,星巴克让全世界都对咖啡上了瘾。究竟是什么缔造了今日星光灿烂的咖啡王国?这源于长期以来星巴克对人文特质的坚持:采购全球最好的高原咖啡豆,向消费者提供最佳的咖啡产品,深厚的文化底蕴,不懈的品位追求。星巴克的价值主张是:星巴克出售的不是咖啡,而是人们对咖啡的独特体验。这种独特的文化体验正是星巴克独特魅力之所在。星巴克在产品、服务和环境设计上精心运用了体验营销,成功创造出自己品牌的独特价值——星巴克"咖啡之道"。

6.2.1　星巴克给顾客的体验

1) 咖啡体验

星巴克对产品质量的追求达到了发狂的程度。星巴克所使用的咖啡豆都是来自世界主要的咖啡豆产地的极品,并在西雅图烘焙,顾客推门进店的 10 秒内,吧台的服务人员不管多忙也会和他眼神交流,笑着说"欢迎光临",一杯浓咖啡限定在18~23 秒内冲出。为了不破坏咖啡香味,星巴克的员工甚至不准使用香水。无论在世界任何一个地方的星巴克,人们都能感受到独特的美学消费体验。

星巴克出售的不是咖啡,而是人们对咖啡的体验。

2) 情感体验

咖啡远不止是一种饮品,围绕它的是情感。人们享用咖啡,是一种典型的体验式消费。因为,人们会选择自己喜欢的咖啡馆,而咖啡馆代表了源于欧洲的咖啡文化与历史。除此而外,随着现代都市生活节奏越来越快,人们越来越感到孤独,于是,人们渴望在自己的家和工作的办公室之间,找到一个迥异于家与办公室的、别具情调的,舒适放松的第三空间(The third space)。星巴克总是出现在最繁华的街道,最显眼的位置,人们总是会在第一时间想到星巴克,星巴克提供音乐、网上点餐、高速无线上网服务,可以在星巴克享受咖啡、朋友聚会,也可以工作,甚至举行业务会议。室内音乐,家具,墙面色彩,室内读物,每一个细节都在构造着"第三空间"的概念,在星巴克与朋友同事的交流,沟通甚至邂逅,也是人们去咖啡馆的原因之一。

3）美学体验

人们去咖啡馆喝咖啡,还是一次美学的体验。咖啡馆的味道,色彩,音乐,墙面的质感,文化氛围等,都是人们消费的内容。在星巴克消费的过程就是一次难忘的,从嗅觉、视觉、听觉、触觉到感觉的咖啡美学体验。在星巴克,每一处都有美的发现。星巴克显眼的绿色美人鱼的商标,整幅墙面艳丽的美国时尚画、艺术品、悬挂的灯、摩登又舒适的家具给人以视觉美体验;石板地面、进口装饰材料的质地、与众不同的大杯子,造成星巴克良好的触觉体验;独有的音乐、金属链子与咖啡豆的声音,你会找到亲切的听觉美体验;而百分之百的阿拉伯咖啡散发出诱人的香味,以及口中交融的顺爽感,可以领略到星巴克味觉和嗅觉美的体验,这就是星巴克迷人的五种感觉的渲染。

4）方便体验

忙碌的现代都市人既渴望享受充满美好感觉的咖啡时光（传统的欧式咖啡馆）,又希望更加快捷的现代的服务与环境（美式快餐型咖啡馆）。星巴克将两者结合,让顾客既享受了传统咖啡的美好,又体验了现代咖啡的快捷、良好服务与随时随处可享用的方便。

6.2.2 星巴克给顾客的价值创新

星巴克在如下方面给顾客以价值创新:

（1）与传统的欧式咖啡馆选址在环境清幽的地方不同,星巴克的店面通常是在市区繁华地段。

（2）星巴克的店面是明亮、清新、舒适的,与传统咖啡馆的昏暗舒适的环境相比更有现代户外的气息,是一片城市绿洲。

（3）星巴克给人更多的自主性,人们可以按自己的要求调制一杯属于自己的咖啡。

就如同每一个人喜欢的颜色有差异,一点微剧的变化,都代表着个人独特的性格。星巴克发现喜欢喝美式咖啡的人,与喜欢喝焦糖玛奇朵的人的确有明显的差异。星巴克相信每一个人喜欢的饮料都不尽相同。这正代表着多样的个人风格。

在星巴克,人们可以通过以下五步来订制多种多样的个性咖啡,享受独一无二的咖啡体验。

第一步:选择饮料的大小。这里的选项有:小杯 8 OZ,中杯 12 OZ,大杯 16 OZ 三种。

第二步:选择浓缩咖啡。这里的选项有:低咖啡因,半脱咖啡因以及增加浓度等多种选择。

第三步:选择喜欢的糖浆。这里的选项有:香草、焦糖、杏仁、榛果、覆盆莓、原味、无蔗糖等多种选择。

第四步:选择喜欢的牛奶。这里的选项有:全脂牛奶、低脂牛奶、豆奶三种选择。

第五步:你特别的偏好。这里的选项有:泡奶的多少、鲜牛奶的多少、牛奶的热度等等。

完成以上的五步,这时,一杯特制的咖啡就在星巴克为您制作完成了。我们来简单地做个算术题。消费者可以从这五步的每一步中做出不同的选择。比如说,某位消费者可能在第一步时面临大、中、小杯三种选择;在第二步时面临低咖啡因、半脱咖啡因以及增加浓度三种选择;第三步时面临香草、焦糖、杏仁、榛果、覆盆莓、原味、无蔗糖七种选择;第四步时有全脂牛奶、低脂牛奶、豆奶三种选择;在第五步,也面临三种选择。那么,这位消费者就至少有 $3 \times 3 \times 7 \times 3 \times 3 = 567$ 种选择。其实,在实际操作中,星巴克的消费者面对的选择远不止这么多。只要顾客有需要,星巴克就能按照顾客的需要为顾客订制一杯独一无二的星巴克咖啡。

(4) 星巴克的产品创新能力非常快,每一款产品都充满视觉感觉的想象力。

在咖啡零售领域竞争非常激烈,雀巢、麦氏等企业把注意力放在生产成本、质量、分销渠道上。一句话,都在"红海"竞争。然而,星巴克的诞生,开创了全新的盈利方式,将这些竞争对手远远甩在了背后。因为星巴克不仅出售咖啡,还提供独特环境、良好的氛围以及咖啡文化,对其价值进行了创新。

本案例的分析中,将星巴克与欧式咖啡馆、美式咖啡馆给顾客的价值进行比较,星巴克给顾客的价值创新如图 6-1 所示。

传统的咖啡馆一般有两类:

•欧式咖啡馆:为喜欢咖啡或咖啡氛围的人提供一杯上乘的咖啡,但价格贵,冲调咖啡的时间长,不便利。

•美式咖啡馆:让快节奏生活的现代人随时随地都可以喝上一杯不错的咖啡,但咖啡的品质不高,没有氛围,品种少,也谈不上咖啡冲调技巧,更谈不上咖啡文化与美学体验。

而星巴克咖啡既吸取了两者的优点,又弥补了两者的不足,在咖啡文化营造、咖啡美学体验和第三空间设计等方面给顾客全新的价值。

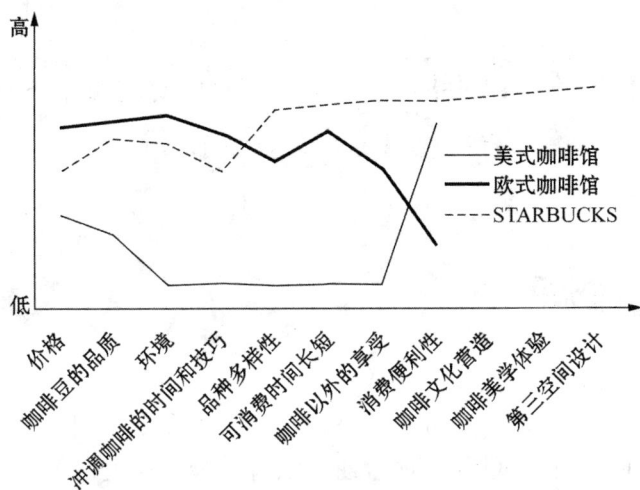

图 6-1　星巴克的价值创新轨迹

6.3　案例点睛

此案例给我们的启示有：

（1）卖咖啡，更是卖一种生活体验。

（2）出售咖啡，更是输出一种咖啡文化。

（3）喝咖啡的场所，更是除了工作、生活之外的第三空间，一个社交的场所。

（4）要想在激烈的咖啡竞争中获胜，就必须开辟蓝海，能够把咖啡店的卖咖啡的性质进行重新解释，为顾客进行价值创新。星巴克不仅出售咖啡，还提供独特环境、良好的氛围以及咖啡文化，并且遍布整个美国甚至是全世界，成为咖啡店的"可口可乐"。

案例7精解 卖产品更卖体验，卖家具更卖生活

7.1 理论基础

本案例的重要理论基础即为体验营销理论。

体验营销是施密特博士(Bernd H. Schmitt)提出的，它是指企业通过采用让目标顾客观摩、聆听、尝试、试用等方式，使其亲身体验企业提供的产品或服务，让顾客实际感知产品或服务的品质或性能，从而促使顾客认知、喜好并购买的一种营销方式。这种方式以满足消费者的体验需求为目标，以服务产品为平台，以有形产品为载体，生产、经营高质量产品，拉近企业和消费者之间的距离。体验营销(Experential Marketing)要求企业必须从消费者的感觉(Sense)、情感(Feel)、思考(Think)、行动(Act)以及关联(Re-late)五个方面重新定义，设计营销策略。此种思考方式突破了"理论性消费者"的传统假设，认为消费者的消费行为除了包含知识、智力、思考等理性因素以外，还包含感官、情感、情绪等感性因素。

体验营销的形式有：感官式营销、情感式营销、思考式营销、行动式营销以及关联式营销。

感官式营销是指通过视觉、听觉、触觉与嗅觉建立感官上的体验。它的主要目的是创造知觉体验。感官式营销可以区分公司和产品的识别，引发消费者购买动机和增加产品的附加值等。以宝洁公司的汰渍洗衣粉为例，其广告突出"山野清新"的感觉：新型山泉汰渍带给你野外的清爽幽香。公司为创造这种清新的感觉做了大量工作，后来取得了很好的效果。

情感式营销是在营销过程中，要触动消费者的内心情感，创造情感体验，其范围可以是一个温和，柔情的正面心情，如欢乐、自豪，甚至是强烈的激动情绪。情感式营销需要真正了解什么刺激可以引起某种情绪，以及能使消费者自然地受到感染，并融入到这种情景中来。在"水晶之恋"果冻广告中，我们可以看到一位清纯、可爱、脸上写满幸福的女孩，依靠在男朋友的肩膀上，品尝着他送给她的"水晶之恋"果冻，就连旁观者也会感觉到这种"甜蜜爱情"的体验。

思考式营销是启发人们的智力，创造性地让消费者获得认识和解决问题的体验。它运用惊奇、计谋和诱惑，引发消费者产生统一或各异的想法。在高科技产品

宣传中,思考式营销被广泛使用。1998 年苹果电脑的 IMAC 计算机上市仅六个星期,就销售了 27.8 万台,被《商业周刊》评为 1998 年最佳产品。IMAC 的成功很大程度上得益于一个思考式营销方案。该方案将"与众不同的思考"的标语,结合许多不同领域的"创意天才",包括爱因斯坦、甘地和拳王阿里等人的黑白照片。在各种大型广告路牌、墙体广告和公交车身上,随处可见该方案的平面广告。当这个广告刺激消费者去思考苹果电脑的与众不同时,也同时促使他们思考自己的与众不同,以及通过使用苹果电脑而使他们成为创意天才的感觉。

行动式营销是通过偶像,角色如影视歌星或著名运动明星来激发消费者,使其生活形态予以改变,从而实现产品的销售。在这一方面耐克可谓经典。该公司的成功主要原因之一是有出色"JUST DO IT"广告,经常地描述运动中的著名篮球运动员迈克尔乔丹,从而升华身体运动的体验。

关联式营销包含感官、情感、思考和行动式营销的综合。关联式营销策略特别适用于化妆品、日常用品、私人交通工具等领域。美国市场上的"哈雷牌"摩托车,车主们经常把它的标志文在自己的胳膊上,乃至全身。他们每个周末去全国参加各种竞赛,可见哈雷品牌的影响力不凡。

7.2　案例分析

很多人都很好奇,宜家为什么拥有那么多的忠诚客户,因为在许多人看来宜家存在着诸多弊端:

- 它采用"单程道"的设计布局让消费者必须走过每一个展区:客厅、饭厅、厨房、书房、卧室、卫生间、再到儿童房,没有任何捷径可直接到达你的目标区域,即使只想买一样东西也会花费你大量的时间;
- 宜家的楼面人员较少,在楼下的仓储区找东西颇费力气;
- 取货、付款、送货、安装过程也比较缓慢;

但在这一系列的不利因素后面展现出的却是宜家逐步攀升的口碑和不断提高的销售额,这一切究竟是为什么?且看下面的解析。

7.2.1　宜家家居的特点

宜家家居的特点体现在价格、产品、产业链与设计上:

(1) 价格。

- 低价格,高质量;
- 更简单、更有效率和始终更具有成本效益。

(2) 产品系列。

- 产品多样化；
- 风格上种类繁多；
- 以人为本和儿童友好型产品。

(3) 产业链：打通产业链占据上下游。

(4) 设计上：平民化设计，简约中蕴涵时髦。

7.2.2　宜家痛与愉悦的体验流程设计

以下是一个顾客在宜家的典型体验过程。

如顾客想在宜家购买办公室用品，以下则是他在宜家的购物体验：很远就能看到整栋楼被刷成宜家蓝黄两色的大型店面，走到入口，店内装饰风格鲜明，拿到免费提供的纸尺、购物袋、手推车就开始了顾客的 DIY 购物旅程。但痛就从这里开始了：明明只想去买办公家具，但宜家的设计布局却偏要你走遍每个展区，从客厅、饭厅、厨房、书房、卧室、卫生间，到儿童房等。特别在节假日，人群非常拥挤，需要花费大量时间。

好不容易到了办公区，产品的风格和外观都合意，价格有高有低，提供了不同的选择。各类家具组合摆放设计，激起了购买冲动并启发很多有效利用空间的想法。产品的说明和标签详细列明所需信息，增强了消费者的信心。

然而，不好的地方又来了。宜家的楼面人员较少，总是很忙，好不容易找到一个，身边通常围满了询问产品信息的顾客。

不过最"痛"的部分还在后头。在记下想要的产品后，就要到楼下庞大的仓储区寻找产品摆放位置。花费时间找好产品后，还得从货架上拿下搬上手推车，对很多女士甚至一些先生来说，极为费劲，特别是那些大型家具搬起来就更难。来到这里，有些消费者就在心里嘀咕，这是什么样的客户体验呀，付钱买东西，还要自己搬搬抬抬！一路抱怨，一路买，到最后把货都找齐了，终于可以去付款，还是和平时一样排长队。如果没有私家车，得安排好几天后宜家送货。如果需要宜家安装，还要多等几天，因为负责送货和安装是两个不同部门，这里转一圈，那里跑一回，就花掉好几个小时了。

在这个"不太愉快"的过程中，宜家还有一些独到之处。第一，宜家设置了儿童区域，在大人购物时，小孩可以在那里玩耍，既安全又不失乐趣。这对很多有小孩的家庭来说是非常受用的。第二，宜家总是有大量令人眼前一亮、不忍割舍的产品，让人们流连忘返。第三，宜家也有餐厅，食物价廉美味，备受年轻家庭钟爱。离开前买他们 1 元一客的冰淇淋吃，的确便宜。

至此，在痛与愉悦交加的感受当中，顾客完成了他们独特的宜家购物旅程。见图 7-1 所示。这是在宜家购物的客户体验流程图，从进入宜家店铺开始到整个购物过程结束。

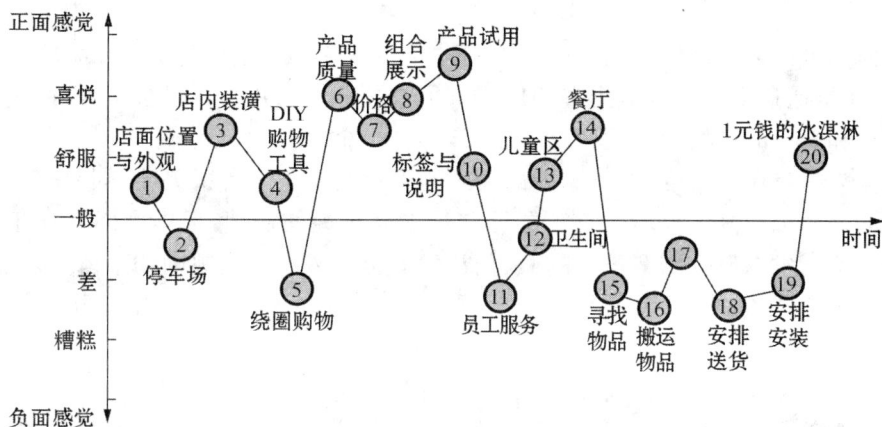

图 7-1　客户体验流程图——宜家家居

上图纵轴代表客户感情的变化,横轴代表整个店内体验的时间。数字 1～20 代表体验的顺序,每个客户的体验顺序都可能略有不同。

从上面的图明显看出,这个购物过程体验点很多,从糟糕到喜悦的体验依次有:

* 糟糕的体验:绕圈购物、员工服务、寻找物品、搬运物品、安排货运、安排安装;
* 差的体验:停车场、卫生间、付款;
* 一般的体验:店面位置与外观、DIY 购物工具、标签与说明、儿童区;
* 舒服的体验:店内装潢、价格、餐厅、1 元钱的冰淇淋;
* 喜悦的体验:产品质量、组合展示、产品试用。

从以上的分析中可知,宜家给顾客的体验并非所有的点皆是愉悦的,糟糕和差的体验点也不少,这些体验带给消费者痛苦的经历,但是许多人为什么一次又一次地去宜家重复体验呢?

诺贝尔奖得主心理学家 Daniel Kahneman 的研究可以为此释疑。Daniel Kahneman 的研究发现,人们对体验的记忆由两件事情决定,高峰时与终极时的感受,也即影响人们是否再去尝试某种体验,不是源于过程中好与不好体验的比重、好与不好体验时间的长短,这些对记忆几乎没多大影响,真正起作用的是人们在体验的峰值与终极时的感受。而对很多人来说,进入宜家,“峰”就是物有所值的产品、实用高效的展区、随意试用的体验、美味便捷的食品,而“终”可能就是出口处那一元的冰淇淋,这就让很多人在愉悦的“峰”和“终”时忘记了“痛点”时的感受,把对宜家的整个购物经历变成了正面的体验、美好的回忆。

7.2.3　宜家家居的价值创新

何谓价值创新理论? 它是指企业竞争的一个新理念,不止提高产品的技术竞争力,而是通过为顾客创造更多的价值来争取顾客。它并非着眼于竞争,而是力图使客户和企业的价值都出现飞跃,由此开辟一个全新的、非竞争性的市场空间。

作为家具业界的巨头,宜家的成功经验不仅为其竞争者所关注,同时也给其他领域的企业以很好的启示。宜家能够取得如此辉煌的业绩,根本原因还在于其实施了一整套可以持续创造价值的蓝海战略,即打破传统行业规则的束缚,最大限度地降低企业成本,同时以差异化的产品和服务,充分满足目标客户群体的市场需求。

宜家给顾客的价值创新体现在如下方面:

(1) 产品设计方面:宜家的产品设计走的是平民化路线,具有典型的"朴素中的时髦"特色。

(2) 产品服务方面:将消费者的个性化需求明晰并满足这种需求。

(3) "有所为,有所不为":宜家没有采用传统的"前店后厂"经营方式,而是抓住产品设计和销售这两个利润回报最大的环节。

宜家给顾客的体验在于以下方面:

一是在如下五个环节让顾客充分体验,见图 7-2。

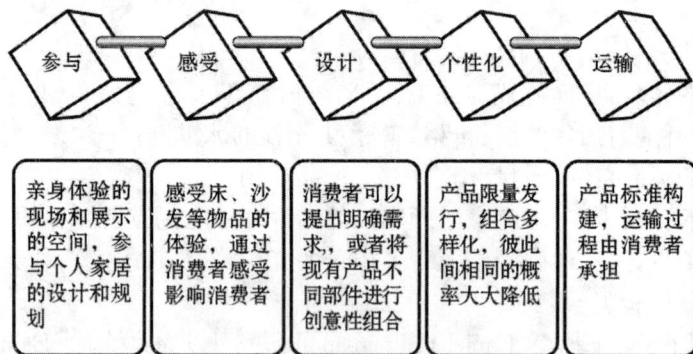

参与	感受	设计	个性化	运输
亲身体验的现场和展示的空间,参与个人家居的设计和规划	感受床、沙发等物品的体验,通过消费者感受影响消费者	消费者可以提出明确需求,或者将现有产品不同部件进行创意性组合	产品限量发行,组合多样化,彼此间相同的概率大大降低	产品标准构建,运输过程由消费者承担

图 7-2　宜家体验营销的五环节

通过以上不同环节的体验,给顾客创造体验价值。

二是梦想与体验营销的结合。宜家的卖场在人们眼中已不单单是一个购买家居用品的场所,它代表了一种生活方式,正像前面提到的:在人们心中,用宜家,已经像吃哈根达斯、喝星巴克咖啡一样,成为一种生活方式的象征。在宜家的营销策略中充分形成梦想,体验营销元素的结合,一边在编织着梦想,一边又以商品体验来诠释梦想。正是通过感性营销努力营造梦想与诠释梦想让宜家更加贴近消费者与其形成良性的互动关系,宜家的成功正是梦想、体验结合的完美诠释。在宜家的这两营销策略中,两者是有机结合起来的,两者相辅相成。宜家的品牌形象深深地植入了消费者的心中,宜家也一步步成为一种社会文化符号和象征,宜家的理念也印证了这一点,"美好生活,从宜家开始"。

7.3　案例点睛

(1) 在顾客体验过程设计时要有所取舍,"有所为,有所不为"。因为人们对体验的记忆由两件事情决定,高峰时与终极时的感受。只要让顾客在"峰"和"终"时有足够的愉悦的体验顾客就会忘记"痛点"时的感受,从而把对企业整个购物经历变成了正面的体验、美好的回忆。

(2) 宜家卖产品更卖体验,卖家具,更卖生活。宜家给顾客想象的空间,挖掘其梦想,设计体验营销元素,让顾客一边编织着梦想,一边又以商品体验来诠释梦想。正是通过感性营销努力营造梦想与诠释梦想,让宜家更加贴近消费者,并与其形成良性的互动关系,宜家的成功正是梦想、体验结合的完美诠释。

案例 8 精解　波音的全客户关系营销

8.1　理论基础

8.1.1　关系营销理论

关系营销理论诞生于 20 世纪 80 年代的服务业,由美国学者 Leonard Berry 最早提出。它假设同客户和其他重要的"公司利益相关者"(图 8-1)建立长期良好的关系,则可为企业带来利益。

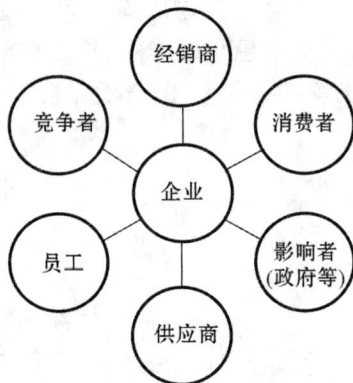

图 8-1　企业与利益相关者关系图

以上即可用 SCOPE 模型说明,即企业与供应商 S-(Supplier)、与竞争者 C-(Competitor)、消费者 C-(Consumer)、企业所有者 O-(Owner)、合作伙伴 P-(Partner)以及员工 E-(Employee)皆存在利益相关的关系。

不少学者对于关系营销皆有自己的观点。如:

•"通过合作及合作努力来与选定的顾客、供应商、竞争者为了创造价值而建立密切的互动关系的导向。"　　　　　　　　　　　　——Paratiyar & Sheth,1995

•"为了满足企业和相关利益者的目标而进行识别、建立、维持、促进同消费者及其他公众的关系,并在必要时终止关系的过程,这种关系只有通过相互交换和承诺履约才能实现。"　　　　　　　　　　　　——Gronroos,1996

•"关系营销就是创造、保持并提升与顾客及其他利益相关者的关系。"

——Kotler，2002

从上可知，关系营销的实质，是将企业置身于宏观经济背景中考察其市场营销活动，将企业营销活动视作识别、建立、维护和巩固与客户、供应商、竞争者、经销商和政府等利益相关方的关系活动。

关系营销和传统营销不同，如表 8-1 所示，可以清楚地发现关系营销重在实现客户价值的特征。

表 8-1　关系营销与传统营销区别

	关系营销	传统营销
时间定向	长期交易	短期交易
营销手段	有限承诺、营销技巧	良好合作关系、营销技巧
组织目标	扩大企业盈利	客户价值最大化、企业盈利
客服优先性	极高	较低

关系营销，其实更是一种融入了换位思考、客户参与以及建立信任等方法在内的综合性营销方法，它以客户满意为导向，始终强调实现客户、企业和社会各方的价值最大化。而基于这一特点，旨在以实现更高客户价值换取更大利益回报的客户关系管理（CRM）成为了关系营销中最重要和主要的手段。CRM 源于关系营销，它是一种通过建立长期而系统的客户关系来提高单个客户价值、继而惠及企业自身价值的战略和方法。其主要活动示意如图 8-2 所示。

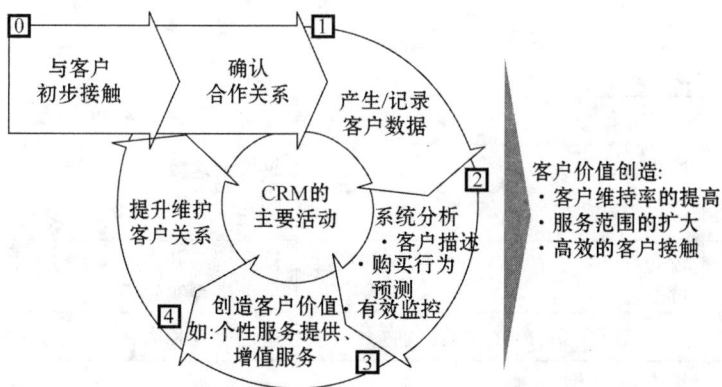

图 8-2　CRM 涉及的主要活动图

专业的 CRM 软件运用了数据库、网络、图形图像、媒体、人工智能等技术，将最佳的商业实践与数据挖掘、信息流、资金流、物流等紧密集成为一体，已成为当代企业关系营销活动最强大的支持。而由于受众面广泛,关系营销的实施手段不仅仅为利用 CRM 软件一种,还演绎为公关、网络互动等多种形式。

此外,关系营销还可分为三个层次:第一层次,企业通过财务价值让渡使客户满意,从而建立了长期的交易关系;第二层次,企业在前者基础上为客户提供了更具个性化和人性化的服务,以取悦客户巩固了商业关系;第三层次,企业与客户已形成伙伴关系,能以独一无二的服务牢牢"锁定"客户。这三个层级的关系营销在不同时期分别为企业、客户和利益方创造着价值,因而使许多企业趋之若鹜。但关系营销并不适用于所有行业和企业,满足下述条件,它的优势才能得到最大限度发挥:客户数量少但边际利润高;转换成本较高;客户偏好稳定;产品生产需要客户的介入;工业产品,因此 B2B 工业企业无疑是最适宜关系营销成长的土壤。目前,也确有越来越多的 B2B 企业已迈入了关系营销的践行行列。

8.1.2　B2B 营销理论

B2B 营销领域,最重要的特征就是关系营销。所谓 B2B 营销是指企业对企业的营销,具体是指企业以盈利为目的向使用产品或服务的公司、政府部门机构和分销商展开的营销活动。B2B 与 B2C 间的重要的区别,可由表 8-2 一目了然。

表 8-2　B2B 营销与 B2C 营销主要区别

	B2B	B2C
驱动因素	关系因素	价格因素
营销目的	实现关系价值最大化	实现交易价值最大化
目标市场	少量集中	广泛分散
购买过程	多样复杂	简单直接
销售周期	较长	较短
价格因素	议价余地较大	议价余地较小
分销渠道	较短	较长
购买决策	较为理性,决定于客户所认同的商业价值	较为情绪化,决定于客户的愿望及交易价格等实际因素
品牌识别	通过人际关系、内在联系识别	通过反复和内在意象识别

此外,B2B 营销还具有销售的拉力与推力并重、采购金额高昂、营销难度巨大的特点。鉴于 B2B 企业的上述特点,因而关系营销策略是 B2B 企业最常用且最有效的营销策略。

8.2　案例分析

8.2.1　波音民用飞机集团为典型的 B2B 企业

作为一家典型的 B2B 企业，相对于 B2C 的企业，在客户与销售有很多特点。如波音的客户为数不多，但每一个客户的购买量大，且由于每一产品单价高，因而总金额也很高。以案例中国的航空公司为例，2003 年温家宝总理访美前夕，中方派出多方人士组成的采购团赴美，采购总值 60 多亿美元，其中包括 30 架波音飞机。2005 年 1 月 28 日，波音与中国政府和航空公司代表签订框架协议，将向六家中国航空公司出售共 60 架波音 787"梦幻客机"。迪拜的阿联酋航空公司在购买飞机上更是大手笔，在 2003 年 6 月巴黎航展上，它签下了世界民航史上最大的一笔订单，购置 71 架新型空中客车和波音飞机。两年之后，在 2005 年第九届迪拜航空展上，它又一举订购了 42 架波音 777 飞机。

另外，由于是 B2B 的企业，其客户购买的决策过程和影响的因素完全有别于 B2C 企业。决策时间长，影响因素多，影响者也多，使得决策的程序复杂而冗长。也以中国购买波音飞机为例，目前中国的航空公司购买飞机仍然处于两个决策层面，一是航空公司自身，二是国家层面。这种双重决策机制使这个行业离真正的市场化还有相当的距离。在航空采购这种涉及巨大政治与商业利益的交易中，中国的航空公司还没有"完全的自主权"，受政府的政策、与国外的经济贸易关系影响大，但他们自己对市场的判断和商业利益的考虑分量正在增加。2002 年民航改革后，航空公司获得了飞机采购权，可以不通过中航材公司而直接采购，但最终进口飞机仍需要国务院批准。

在采访过多位相关政府官员和航空业内人士后，《财经》对购买民航客机的决策过程大致理出如下脉络：首先，国内航空公司与国外飞机制造公司接触并协商，在就希望购买的机型、数量和付款方式等达成一致并签订意向书；之后，向民航总局提出申请；民航总局批准后提交发改委，由发改委会签外交部，并征求其他相关方面的意见。中央政府在国际政治、贸易关系方面的宏观考虑即在这个阶段，通过外交部的意见体现到决策过程中。发改委随后将申请提交国务院；航空公司在获得国务院批准后，才可以签署购买飞机的框架协议。

所以不断深入挖掘、探查与某个客户组织关系的背后，以便发现自身与该组织内部个体决策者和施加影响者之间的关系，才是 B2B 企业生存下去的王道。结合多年的从业经验及敏锐的判断力，当年的艾伦·穆拉利做出了以后任何时期都看来是明智的重要决定，在实施 CRM 项目的基础上，全面推行关系营销。

8.2.2　波音的 CRM 技术系统

专业 CRM 软件无疑就是一种最立竿见影也最具科学性的关系营销手段,于是以严谨"工程师文化"著称的波音便以此开启了一轮全新的营销活动。波音先后采用了内部部署型的协作型 CRM 软件和分析型 CRM 软件两类软件,从提高波音的窗口——"商业航空服务部"的员工服务效率进阶至提高全部应用软件的效率,再上升为利于商业智能竞争情报提供的客户数据分析,由浅入深地逐步改善了整个商业航空服务部的风貌。无论是提供个性化和一致的服务体验,还是保留和发展客户关系,专业 CRM 软件不仅在客户能享受到的服务水准上,也在使用企业的人员素质本身做出了巨大贡献,它将事务处理、分析和反馈功能以量化、非量化的形式传递给管理人员、监控人员,以富有价值的数据、信息实现了客户满意度和企业盈利的双重增长。

8.2.3　波音的全客户关系营销策略

根据 SCOPE 模型,企业的客户关系不单是与终端客户的关系,而是全方位的客户关系,即是要建立与维护和供应商、客户、竞争对手、所有者、合作伙伴、内部员工、甚至是政府等多方利益相关者的良好关系,波音在对公众、客户以及客户的政府、供应商以及内部员工方面进行了成功的关系营销。

1) 通过媒体与公众建立良好关系

而社会媒体的应用也是波音关系营销中别出心裁的一个举动。社会媒体作为一种给予用户极大参与空间的新型在线媒体,可以很好地激发人们的主动性,它模糊了媒体和受众之间的界限,使公众参与几乎没有任何障碍,让信息在媒体和用户间双向传播、畅通无阻,继而形成了完整而且持续的交流。在社会媒体中占据主流地位的博客,对于总局限在杂志广告或业界展会而缺乏与广大公众沟通的波音而言,是一个绝好的弥补方式。个人博客(兰迪日记)、官方博客(波音博客)同时开放的模式,则能创造更多的价值。一方面,波音可以自此倾听到许多富有建设性的、前所未有的批评或建议,从而对产品和服务做出改进。另一方面,波音通过该平台的内容直接影响潜在的终端消费者,再经由他们间接影响直接购买者(客户),可以更清楚地了解自己将在哪些领域拥有高市场渗透率和市场机会。最重要的是,这些沟通方式展示了波音官方越来越开放的姿态,能有效帮助拉近波音和客户的关系,影响销售的成功几率。上述这些,都是波音梦寐以求的结果,而社会媒体确实也以"互动性极高"的特点,一一为它做到了。

2) 与政府的关系

为了与政府建立良好的关系,企业常常会进行政治公关,这是关系营销中一种颇为常见、亦颇为高效的手段。如案例资料中所提及的,波音曾借此逆转乾坤。但时过境迁,纯粹的游说已然不再是讨巧的公关方式,赞助或是捐赠也显得乏善可陈。欲求与政府的关系有所突破,必然还需懂得投其所好、把握分寸,才能显得既不乏噱头又不失诚意——"以东道主的特点命名",波音的这一公关方式极尽巧妙。其一,弃50万张选票的民意改名为"波音787"的命名事件,以"为一棵树放弃整片森林"的姿态充分表现了波音对东道主价值观的认同;其二,"波音郑和号"的命名更表明了波音尊重东道主文化、努力融入东道国的诚意。于是,在第一次公关就为东道国政府称许有加的基础上,再以相同的策略为自己赢得更多商机自然不再是一桩难事。

3) 与供应商的关系

此外,波音也将与其长期保持紧密联系的供应商一并纳入为关系营销的对象,这看似非同寻常的举动却是理念的胜人一筹。波音针对供应商开展的培训,实际上是一笔对于双方而言都有极高回报率的"投资"——供应商从中收获的是独一无二的制造专长和价值连城的技术专利,波音从中收获的是品质卓越的备件零件和千金不换的亲密关系。激烈残酷的商场中,波音及其供应商的利益却都在如此充满"人情味"的方式中得以升华,怎能不称之为高妙的关系营销手段呢?

4) 与员工的关系

最出人意料但又在情理之中的是,员工也成为波音关系营销对象中关键的一分子。也许波音意在以此缓和劳资矛盾突出的问题。无论如何,即使在办公自动化日益普及的当今,为员工设立社团组织、提供交流倾诉平台、加强与他们的联系对任何企业而言都还是非常重要的。乍看之下,员工的满意度并不会影响客户满意度或是忠诚度,但如终会渗透进大地的雨水,员工的情绪和态度仍将直接或间接左右客户的感受,慢慢构成客户心目中的企业印象,最后决定客户与企业的交易关系、交易量。因而服务于广大员工的BECU的创设,也是波音关系营销中必不可少的环节,有员工满意度为前提,波音才有资格实施多种策略去维持客户、争取客户。

8.3 案例点睛

波音民用飞机集团的案例,涵盖了关系营销中常见的一些手段,对其他企业有指导和借鉴意义的。由此案例我们可以发现:

(1) 企业除了要与终端客户保持良好的关系外,还要与其他的关键客户如供应商、政府、员工、合作伙伴等保持良好长期的有利可图的关系,企业应该实施全客户的关系营销策略。只有将利益相关者"各个击破"、照顾周全,才能为企业带来长久的、持续的利益。

(2) 政治公关是 B2B 企业在关系营销中常见的策略，也是企业回报最为丰厚的关系营销策略，与政府、与客户的政府建立和保持良好的关系，企业就会借政府的势、资源、影响力，达到良好的效果；

(3) 社会媒体推广，有着极高互动性、传播性及低廉成本等优点，是任何企业均可加强力度实践的关系营销手段。尤其是波音受"兰迪日记"访客启发而改进飞机的实例，就更揭示了"拥抱终端消费者"所带来的巨大优势，这也值得许多 B2B 企业借鉴的。

案例 9 精解　实施 CRM，
管理 VIP 客户

9.1　理论基础

9.1.1　顾客价值理论

顾客价值应从两方面考虑：一是企业给予客户的价值；二是客户给予企业的价值。在当今市场竞争激烈的情况下，只有企业先为顾客提供价值才会让顾客满意，从而使得顾客重复购买并成为忠诚客户，为企业增加货币或非货币收入。如果企业没有给顾客提供他们所期望的价值，就不可能让顾客满意，不可能让顾客忠诚，从而也不太可能为企业带来收益，即使由于市场垄断等情况，企业短期有收益，但也不可能持续下去。

1) 企业给予客户的价值

早在 1954 年，德鲁克就指出，顾客购买和消费的绝不是产品，而是价值。菲利普科特勒说：营销并不只是向客户兜售产品或者服务，而是一门真正为顾客创造价值的艺术，他提出了顾客让渡价值理论。该理论认为：消费者在选择卖主时价格只是考虑因素之一，消费者真正看重的是顾客让渡价值，它是顾客感知的总价值与顾客感知的总成本之间的差额。顾客总价值是指顾客购买某一产品与服务所期望获得的一组利益，它包括产品价值、服务价值、人员价值和形象价值等。顾客总成本是指顾客为购买某一产品所耗费的时间、精神、体力以及所支付的货币资金等，因此，顾客总成本包括货币成本、时间成本、精神成本和体力成本等。由于顾客在购买产品时，总希望把有关成本包括货币、时间、精神和体力等降到最低限度，而同时又希望从中获得更多的实际利益，以使自己的需要得到最大限度地满足。因此，顾客在选购产品时，往往从价值与成本两个方面进行比较分析，从中选择"顾客让渡价值"最大的产品作为优先选购的对象。企业为在竞争中战胜对手，吸引更多的潜在顾客，就必须向顾客提供比竞争对手更高的"顾客让渡价值"的产品。这样，才能使自己的产品为消费者所注意，进而购买本企业的产品。为此，企业可从两个方面改进自己的工作：一是通过改进产品、服务、人员与形象，提高产品的总价值；二是通过降低生产与销售成本，减少顾客购买产品的时间、精神与体力的耗费，从而降低货币与非货币成本。

2）顾客给予企业的价值

传统的顾客价值理论的研究认为，顾客的价值由当前销售额（特定顾客购买本企业的产品金额）、终身潜在销售额预期、需求贡献、信用等级、利润贡献等几部分组成。就是说，顾客的价值不仅包括销售额，也包括需求贡献等其他内容。这种对顾客价值的认识是站在企业的角度强调顾客为企业创造的价值。

根据国内外学者研究表明，顾客对企业有如下价值：顾客的购买可以使企业获得更多的收入；如果顾客对企业的渠道或分销商有更多的了解的话，他们就善于做出反应，从而降低企业销售成本；企业员工如果与顾客之间保持长期的关系，他们之间相互交往、了解，可以降低交易成本；企业的忠诚客户出于对企业的信任与喜爱，很自然为企业做宣传，有助于企业形象的提升；企业的老客户对于产品的价格敏感度较新客户低，并且愿意尝试企业的新产品或服务，这些都能为企业带来价值。

9.1.2　按顾客给予企业的价值细分市场

客户对企业的价值是不尽相同的，根据二八定律，很多公司或企业 80％的盈利，只来自 20％的客户。按照顾客价值细分顾客，形成一个金字塔式的客户结构，此方法称之为顾客金字塔法。如图 9-1 所示。

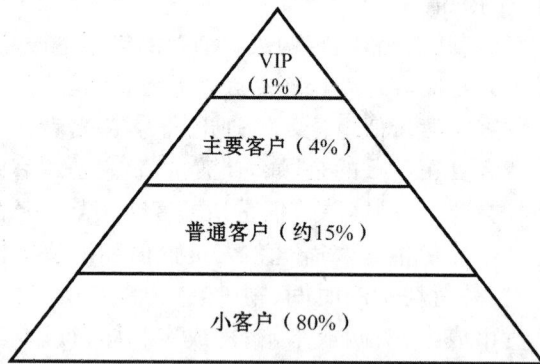

图 9-1　客户金字塔结构

从图 9-1 可知，根据顾客对企业的价值可以将客户分为四类：

（1）VIP 客户——此类客户数量不多，但消费额在企业的销售额中占有比例很大，对企业贡献的价值最大，位于金字塔的顶层，一般占总客户量的 1％左右。

（2）主要客户——指除 VIP 客户外，消费金额所占比例较多，能够为企业提供较高利润的客户。这种类型的客户约占企业客户总量的 4％。

（3）普通客户——这些客户的消费额所占比例一般能够为企业提供一定的利

润,占企业客户总量的 15% 左右。

(4) 小客户——这类客户人数众多。但是能为企业提供的盈利却不多,甚至使企业不盈利或亏损,他们位于金字塔的底层。

9.1.3 提升客户价值的途径

可以从以下几个方面去考虑:

(1) 按顾客价值细分市场,精心筛选盈利客户。

(2) 了解顾客的期望,重视目标市场客户的需求,尤其是其最重视的需求。

(3) 以创新的方式为顾客创造价值,给顾客提供满足其需求的产品和服务。

9.2 民航行业特征

9.2.1 民航业特点

民航业具有三大基本特征:

第一,行业集中度高。国航、南航、东航三大航空集团占了我国民航 80% 的运力与资源,其余航空公司共占 20%。

第二,高进入与退出壁垒。进入民航业需要一定规模的资金和技术,同时需要民航总局批准,进入难度相对较高;企业亏损多以政策性亏损进行解释,退出壁垒比较高。

第三,成本比较高,一定程度上降低了与其他运输方式的竞争性。

9.2.2 行业消费需求特征

(1) 民航是一个周期性行业,与 GDP 的增长有着密切的关系。通常以为,GDP 增幅是民航增幅的 1.4~1.5 倍,即 GDP 每增长 1%,民航运输量增长 1.4%~1.5%。我国目前每年的 GDP 增速在 9%~10% 左右,意味着我国民航业有着巨大的发展潜力。

(2) 重大事件对于民航业有着巨大的影响力。据预测,在奥运因素作用下,2008~2010 年北京入境旅游者人数将以 10% 的速度增长,而在 2002~2005 年这一数字仅为 6%。民航业作为国际旅客到中国旅游以及国内乘客旅游的重要途径之一,必然也同时受益于旅客需求量的增大。

9.2.3 消费者特征

国内民航大多数以政府工作人员、企业出差者、留学和旅游人士为主要客户,这部分消费者收入水平较低或者难以支付高票价,购买能力相对较低。因此每年仅有 5％(6 000～7 000 万次旅客)出行乘坐飞机。

通过对近几年民航旅客飞行次数的比较,发现 2008 年出行 7 次以上的旅客数量比历年有所增加。出行 1～6 次的旅客数量占民航旅客总数的 58.53％,表明我国旅客乘机频次明显偏少。而且由于民航业客流量呈现出很强的季节性特征,因此整体客座率和运载率波动比较大。在这种巨大的顾客流动背景下,市场进入买方市场,故顾客具有一定的讨价还价能力。目前国内航班平均票价为 1 000 元,平均座公里票价水平为 0.8 元。

9.3　案例分析

9.3.1　国航按顾客价值细分市场,锁定 VIP 客户

1) 国航的 VIP 理念

国航标志是凤凰,同时又是英文"VIP"(尊贵客人)的艺术变形,可以说国航从一"出生"就蕴含着 VIP 理念。"给予客户美好体验"是国航的四大战略目标之一;它的企业使命宣称"满足顾客需求,创造共有价值";企业价值观是"服务至高境界、公众普遍认同";服务理念是"放心、顺心、舒心、动心"。这一切都表明了国航对于满足客户需求非常重视,这也使得国航的品牌成为了其 VIP 理念的象征。

2) 核心 VIP 客户理念的形成

(1) 中美航线上的败北。

中美航线开通至今,国航与美联航两家公司在此航线上的市场份额加起来超过 70％,但国航却没有实现盈利。数据显示,国航的中美航线运营以来基本亏损,1996 年甚至达到了全年亏损 11.32 亿元的高峰。而与此形成鲜明对比的是,在开通中美航线后不到一年,美大陆就公然宣布它们已经开始赢利,还有包括占据着市场主要份额的美联航也是盈利的。

(2) 总结失利原因。

分析美国航空盈利的原因,国航发现它们的定位是以商务客人为核心,而国内航空公司则偏重于政府工作人员、留学和旅游人士,主要客户的消费能力左右了航空公司的赢利情况。根据 80/20 原则,即 20％的客户创造了公司 80％的利润,对于航空公司来讲,这 20％的客户就是商务客户,即 VIP 客户。国航因此转变策略,开始将 VIP 客户作为核心客户。

3) 改进市场细分准则

(1) 一般的市场细分准则。

各个民航公司都对客户进行过不同的细分,例如建立在民航所提供产品上的

细分,头等舱、公务舱、高端经济舱和普通经济舱,这种方法是针对价格敏感程度有所不同的客户,对价格敏感的旅客在出行时可以选择普通经济舱或者廉价航空公司;或是旅行目的细分,例如商务、因私;或是"常旅客"的细分,例如金卡会员、银卡会员、普通会员,往往以顾客的飞行里程作为会员分级的标准。

（2）国航以特有标准来细分市场。

国航最初也以客户飞行旅程数作为会员分级的标准,在经过技术中心对于客户信息进行分析后,发现很多会员几年才有一次飞行行为,尽管这次飞行距离很远,但对国航的贡献度反而不如那些经常乘坐国内航班的客户。因此他们开始转变会员分级的标准,将"常旅客"的细分从原先的单纯以飞行里程为标准到如今的同时以客户飞行里程的频率为标准。国航这样做的目的,是培养忠诚 VIP 客户,即重复购买公司的产品和服务。

4）挖掘高价值大客户

中美航线上 80% 都是美国旅客,而他们主要以商务客人为主。美国公司的员工福利非常好,长途飞行基本都可以享受两舱（头等舱和公务舱）的待遇。这部分客源成为了航空公司的高端客户。国内的航空公司基本上都错失了这些高端客户,2007 年国航加入星空联盟之后,才开始深入开发大客户领域。企业大客户一旦成为某家航空公司的客户,便不会轻易转换,这也是美国航空公司对企业大客户更感兴趣的原因。

9.3.2　了解顾客的期望,满足 VIP 客户的需求

1）硬件设施的改造

航空公司一般都有呼叫中心,而国航原先的呼叫中心分布散乱。国航因此下决心整合这些呼叫中心,建立起以呼叫中心为基础的电子商务直销模式。同时,他们发现头等舱、公务舱的座椅最多不过 50 把,但它们对整个飞机的收入贡献却最大。比如北京—纽约航线,"两舱"（头等舱、公务舱）带来的收入近一半。于是,国航斥资 6.88 亿元对中美、中欧航线上 15 架飞机进行"两舱"改造,单个座椅的投入资金等于一辆宝马的价钱。

2）改造效果

建立全新的呼叫中心之后,极大方便了客户自身需求的满足,如直接电话购票以及其他服务需求,也有利于顾客对服务和产品期望的反馈。同时,"两舱"的改造也帮助国航取得了比较理想的收入。仅在改造后两个月,据国航统计,其北京—纽约、北京—法兰克福航线,来自新"两舱"的收入分别占到整个飞机的 48% 和 30%,而且一旦坐满,所占总收入比例将更大。

9.3.3　以创新的模式为顾客创造价值

1) VIP"亲切关怀"活动

VIP 客户可以享受到优惠待遇,比如优先订座候补、优先机场候补、保留订座至航班起飞前 48 小时、额外免费行李额、优先行李处置、优先登机(在条件许可的情况下)、优先保证座位等等。同时,国航开展"亲切关怀"活动,在已有的回访 VIP 客户基础上采取进一步措施,把所有贵宾会员分到下属的 6 大分公司和 142 个营业部。分部总经理会定期问候、维护这些 VIP 会员,以了解他们的需求并激励他们频繁飞行。目前,国航 VIP 会员(包括白金卡、金卡、银卡)共有 6 万人,这部分高端客户以每年 10% 以上的速度增长着。据悉,他们每年贡献给国航的收入达六七十亿元。

2) 大客户计划

国航专门建立了大客户管理信息系统以实施其大客户计划,专门建立了大客户管理信息系统以实施其大客户计划。第一,针对不同协议大客户,设计了个性化服务,如提供订座、出票、候补机票的优先保证及行前机场取票等服务;第二,为每个直销大客户建立了专门的电子档案,定期对他们进行回访,了解他们的需求,并及时为他们设计满足其需求的个性化行程;第三,针对于大客户的国际、国内差旅采购,国航有先期优惠、后期折让、累计航段赠送免票以及具体航线特价等个性化合作方案。

9.4　案例点睛

国航的 CRM 是一个相当成功的案例,它给我们的启示有以下几点:

(1) 顾客价值要从两个方面理解:一是企业给顾客的价值,二是顾客给企业的价值。企业首先应该按顾客价值进行市场细分,选定有价值的目标顾客,并为之带来价值,顾客则会给企业以价值回报。

(2) 在国内航空大多以所提供产品或价格敏感度来细分市场的情况下,国航通过 CRM 系统的技术分析,以客户对企业的贡献度为新标准来细分市场,找准高端客户为其核心顾客,将 CRM 与企业业绩直接挂钩。

(3) 国航首先通过细分市场,定位 VIP 高端市场,通过"两舱"改造、VIP 亲切关怀以及大客户计划活动,给 VIP 顾客高端的产品和服务,提升企业给顾客的价值,从而最终在顾客身上得到回报。

案例 10 精解　联邦快递
——使命必达

10.1　联邦快递实施 CRM 的背景

快递业是起源于 20 世纪 60 年代末的一项新兴产业,它以商务文件、小包裹为主要递送对象,以迅速、安全、高效、门到门、实时核查等为特征,建立一套与传统邮政体系不同的运作模式。经过几十年的迅速发展,快递业已成为世界经济中增长最快的产业。

10.1.1　快递行业特点

快递行业是一个新兴的产业,它尚处于迅速发展时期。快递行业的特征包括以下几个方面:
- 市场发展迅速,产业前景光明;
- 市场进入门槛低,竞争激烈;
- 规模效益明显。

快递行业是一个规模效益十分明显的行业。也就是说,企业的规模越大,客户越多,触及的业务范围越广,那么企业的实力就越强,盈利能力也就越强。

10.1.2　联邦快递客户需求特点

随着时代和市场的发展,客户的特点和对联邦快递所提供的服务需求也有了很大的变化。

(1) 客户从原来文件快递发展到大量的包裹快递。

随着电子工业时代的来临,越来越多的贬值迅速、生命周期短、不适宜保值的高科技产品,如电脑、芯片等,成为联邦快递客户主要运送的产品。这相对于原先的文件运输来说,对联邦快递的运输能力提出了严峻的挑战。

(2) 客户不再满足于简单的快件准时到达。

客户除了要求所运快件必须准时派送之外,对快件在整个承运过程中发生的一系列事宜也要了如指掌,甚至对预计可能发生的任何延误也要提前知晓。这是因为制造业企业客户间的竞争异常激烈。随着准时生产制的兴起,客户对其出运货物情况的整体了解就有利于他们后备措施的及时采取来避免损失,这就对联邦快递的软件支持系统有很高的要求。

(3) 客户对快件派送的时间要求越来越高。

一些客户由于运送物品的特殊性,诸如正本提单、投标书、银行单据、法律文件等等,它们的延误会产生严重的后果和巨大的损失。因而有时客户会指定必须在某个时间点之前送到收件人手中,即限时派送,这就要求联邦快递具备很强的派送能力。

(4) 客户对快件运输的一些附加的增值服务的需求增加。

随着各行各业市场竞争的日益激烈,客户从自身的利益出发,要求联邦快递能提供诸如信息服务、通关服务、危险物品运输、包装与保险等附加的增值服务来提高自身的竞争能力,这就要求联邦快递人员(尤其是直接面向客户的公司客户服务人员)必须具备较高的素质并掌握全面的业务知识。

(5) 客户,尤其是制造行业,对整套物流解决方案的需求增加。

由于第三方物流行业的发展,大多制造行业的客户希望联邦快递除了提供简单的运送服务之外,能够提供供应链分析、设计、规划以及咨询;提供综合的供应链管理服务、全球订单处理、库存管理及仓储;增加供应链的价值——从全套物品提供一直到物品的包装以及打包;提供适合复杂供应链的定制化整合解决方案。

(6) 协议客户(大客户)日益增加。

随着公司在中国市场上的成熟和份额的增加,与公司订有运输协议的客户越来越多,而这些客户按分析型客户关系管理来说,是公司利润的主要来源,即公司的"黄金客户",但是他们对于快件运输的要求要远远高于普通的客户,如何为这些黄金客户提供更好的服务就显得日益重要,这也使公司面临着极大的挑战和机遇。

(7) 客户可选择的快件承运公司越来越多。

随着大量竞争对手的出现,国际快递市场上的竞争越来越激烈,客户对快件承运公司有了越来越多的选择,他们可以不选择联邦快递,而选择其竞争对手。在现今产品和服务同质化程度越来越高的市场上,如何处理好客户关系,提高客户服务的质量,提高企业竞争能力来增加利润就显得日益重要了。

鉴于上述客户需求变化,为了适应现代市场的需要,目前联邦快递的主要业务除了早期的国际文件快递和国际包裹快递外,还外加了行业解决方案、物流解决方案和一些相关的专业服务等。

随着市场的变化与发展,加之第三方物流业的兴起,联邦快递在维持本身的传统业务(文件和包裹速递)之外,也开始越来越重视其行业和物流解决方案这一方面的业务发展了,从图10-1就可以看出这一显著变化,从表10-1中也可看出包裹收入、行业和物流解决方案各自收入占总收入的比例。

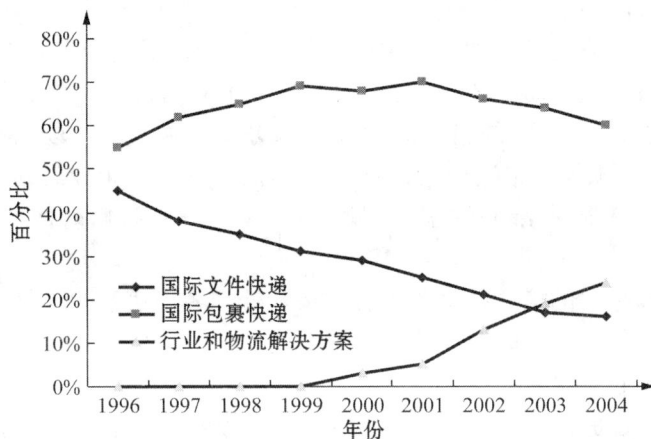

图 10-1　联邦快递各业务发展情况

表 10-1　联邦快递公司 1996～2004 年文件、包裹以及
行业和物流解决方案收入占总收入的比例

年　份	1996	1997	1998	1999	2000	2001	2002	2003	2004
国际文件快递	45%	38%	35%	31%	29%	25%	21%	17%	16%
国际包裹快递	55%	62%	65%	69%	68%	70%	66%	64%	60%
行业和物流解决方案	0	0	0	0	3%	5%	13%	19%	24%

就目前情况来看,公司在主要业务的市场占有率上,凭借其强大的运输网络和完善的配送体系占据着很大的份额,但是从市场上的竞争情况来看,联邦快递和它的竞争对手之间,在价格、营销、运输网络体系等的竞争上差别越来越小。那么如何维持甚至提高市场份额和企业的利润,从某种意义上来说,就取决于是否有完善的客户关系管理体系来提高服务质量和客户的满意度,从而保持老客户并开发新客户。

10.2　联邦快递实施 CRM 的意义

1）CRM 战略对于提升公司核心能力的具体效用分析

首先,从战略管理层面部署 CRM 有利于联邦快递核心能力的长期整合和积累。有效的战略规划和战略管理是培养和增强公司核心能力的重要途径,其关键是将推动联邦快递持续发展的核心要素和公司现实的资源融入到所设计和实施的公司战略中去。从企业管理层面部署 CRM 战略就是把客户这一促进联邦快递发展的核心资源与公司战略的发展相结合,通过扩大客户让渡价值来整合、积累以及提升公司的核心能力。

其次,CRM战略能够帮助联邦快递更科学、准确地把握客户需求,扩大企业的核心资源。不符合客户需求的、不能够为客户最重视的价值做出贡献的能力就很难称之为核心能力。CRM战略提倡"以客户需求为核心",要求公司每一个部门的运作都遵循这一原则,工作流程的设计也应当面向客户。企业通过CRM可以使得不同的部门共享统一、准确的客户信息,在与客户进行接触时协调行动,做到更科学、准确地把握以及迅速响应客户需求。

此外,CRM相关的信息技术是现有的最佳处理客户信息的工具,CRM可以实现客户数据的收集、处理和挖掘,并及时更新、扩大公司对于客户资源的使用率,不断充实企业的核心资源。

2) CRM战略是联邦快递促进管理理念和服务内涵升华的重要手段

就目前公司在市场上的地位和其所占的市场份额,以及本身规模的扩大,很明显联邦快递已经成功地过渡到了扩张阶段。

在这一过程中,多年来吸收的一些管理理念和技术使得公司既在管理理念和服务内涵上得到了一定的进步,也获得了一些管理的核心技术,在国际快递行业中形成了一定的技术性核心能力,并在原来管理的基础上引进了一些相应的策略。然而面对企业宏观和微观竞争环境的迅速变化,仅仅依靠单纯的技术优势和低层次的客户服务是不足以适应未来激烈的市场竞争和满足企业发展的要求。

在扩张阶段,企业必须未雨绸缪,在没有达到收益限制之前,进一步发展和提升企业新的核心竞争能力,促进联邦快递客户关系管理理念和服务内涵不断升华。在这样的形势下,客户关系管理作为一种提升联邦快递核心能力可选择的有效途径之一,鉴于它能为企业带来的利益和作用,以及公司客户需求特征的变化和目前在客户关系管理上存在的不足,自然而然地就成为了联邦快递首选的战略管理理念和企业经营管理模式。可以说,客户关系管理战略是联邦快递促进管理理念和服务内涵不断升华的重要手段和表现形式。引进和实施客户关系管理,将使联邦快递目前低层次的服务在质量和水平上都得到进一步的升华。通过一系列的客户关系管理方法和战略的实施,以及客户关系管理模型的构建,联邦快递的客户服务将达到专业化、高价值性以及个性化的层次。从而大大增强公司与客户的沟通能力和创造客户价值的能力,使企业的发展产生"阶越"效应,获取更大的收益。

10.3　联邦快递实施CRM的成功之处

1) 联邦快递的CRM理念

联邦快递从成立那一天起就坚守"人、服务、利润"的经营哲学,这也是联邦快递赖以生存的根本。由于优质服务和利润可持续可以画上等号,所以提供最优质服务必须成为公司的第一要务。同时联邦快递在其人——服务——利润链中强调了人(包括员工和客户)的重要性,通过连接员工和客户并使他们满意来提高公司的业绩。在联邦快递,人(People)、服务(Service)和利润(Profit)是三位一体的,称之为"PSP理念"。

2) 联邦快递的客户服务信息系统

联邦快递的客户服务信息系统主要有两个,一是其一系列的自动运送软件,如Power Ship、FedEx Ship 和 FedEx interNetShip,其次是客户服务线上作业系统(Customer Operations Service Master On-line System,COSMOS)。

联邦快递向顾客提供了三个版本的自动运送软件:DOS版的 Power Ship、视窗版的 FedEx Ship 和网络版的 FedEx interNetShip。利用这些系统,客户可以方便地安排取货日程、追踪和确认运送路线、列印条码、建立并维护寄送清单、追踪寄送记录。而联邦快递则通过这套系统了解顾客打算寄送的货物,预先得到的信息有助于运送流程的整合、货舱机位、航班的调派等。另外 COSMOS 系统增加了主动跟踪、状态信息显示等重要功能。后来又推出了网络业务系统 VirtualOrder。

联邦快递通过这些信息系统的运作,建立起全球的电子化服务网络,目前有三分之二的货物量是通过 Power Ship、FedEx Ship 和 FedEx interNetShip 进行,主要利用它们的订单处理、包裹追踪、信息储存和账单寄送等功能。

3) 经营策略

(1) ECRM(企业客户关系管理)。

联邦快递的客户关系管理是涉及公司整体战略层面、自上而下的一种策略。在联邦快递,CRM(客户关系管理)被称为 ECRM(企业客户关系管理)。这虽然只是小小的语言变化,但意味着公司强调客户关系管理不仅仅是客户服务部门的专职,也不仅仅是简单的跨部门合作,而是依靠公司整体的合作来服务于客户。

(2) 联邦快递的全球运送服务。

电子商务的兴起,为快递业者提供了良好的机遇。电子商务体系中,很多企业间可通过网络的连接,快速传递必要信息,但对一些企业来讲,运送实体的东西是一个难解决的问题。举例来讲,对于产品周期短、跌价风险高的计算机硬件产品来讲,在接到顾客的订单后,取得物料、组装、配送,以降低库存风险及掌握市场先机,是非常重要的课题,因此对那些通过大量网络直销的戴尔电脑来讲,如果借助联邦快递的及时配送服务来提升整体的运筹效率,可为规避经营风险做出贡献。还有一些小企业,由于经费人力的不足,往往不能建立自己的配送体系,这时就可以借助联邦快递。

要成为企业运送货物的管家,联邦快递需要与客户建立良好的互动与信息流通模式,使得企业能掌握自己的货物配送流程与状态。在联邦快递,所有顾客可借助其网址 http://www.fedex.com/同步追踪货物状况,还可以免费下载实用软件,进入联邦快递协助建立的亚太经济合作组织关税资料库。它的线上交易软件 Business Link 可协助客户整合线上交易的所有环节,从订货到收款、开发票、库存管理一直到将货物交到收货人手中。这个软件能使无店铺零售企业以较低成本比较迅速地在网络上进行销售。另外,联邦快递特别强调,服务要与顾客相配合,针对顾客的特定需求,如公司大小、生产线地点、业务办公室地点、客户群科技化程度以及公司未来目标等,来制定配送方案。

联邦快递还有一些高附加值的服务,主要是三个方面:

第一,提供整合式维修运送服务联邦快递提供货物的维修运送服务,如将已坏的电脑或电子产品,送修或送还所有者。

第二,扮演客户的零件或备料银行扮演业者的零售商的角色,提供诸如接受订单与客户服务处理、仓储服务等功能。

第三,协助顾客简化并合并行销业务,帮助顾客协调数个地点之间的产品组件运送流程。在过去这些作业是由顾客自己设法将零件由制造商送到终端顾客手中,现在的快递业者可完全代劳。

综上所述,联邦快递的服务特点在于协助顾客节省了仓储费用,而且在将货物交由联邦快递运送后,顾客仍然能准确掌握货物的行踪,并利用联邦快递的系统来管理货物订单。

(3) 高素质员工在客户关系中扮演的角色。

联邦快递认为,提高服务水平是长久维持客户关系的关键。只有优秀员工才能提供优质、个性化的服务。首先,在招聘时,联邦快递对新员工进行心理和性格测验;其次,对员工进行培训。以呼叫中心为例,呼叫中心中的员工是绝大多数顾客接触联邦快递的第一个媒介,因此他们的服务质量很重要。呼叫中心中的员工要先经过一个月的课堂培训,然后接受两个月的操作训练,学习与顾客打交道的技巧,考核合格后,才能正式接听顾客来电。此外,联邦快递还对新进员工进行企业文化的灌输;第三,运用奖励制度激励员工。联邦快递最主要的管理理念是,只有善待员工,才能让员工热爱工作,不仅做好自己的工作,而且主动提供服务。例如联邦快递台湾分公司每年会向员工提供平均2 500美元的经费,让员工学习自己感兴趣的新事物,如语言、信息技术、演讲等,只要对工作有益即可。另外,在联邦快递,当公司利润达到预定指标后,会加发红利,这笔钱甚至可达到年薪的10%。值得注意的是,为避免各区域主管的本位主义,各区域主管不参加这种分红。各层主管的分红以整个集团是否达到预定计划为根据,以增强他们的全局观念。

10.4　案例点睛

联邦快递成功实施客户关系管理，为业界提供了如下有价值的借鉴。

（1）核心理念。正如联邦快递的创始者佛莱德·史密斯所说的一句名言，"想称霸市场，首先要让客户的心跟着你走，然后让客户的腰包跟着你走"。联邦快递的 CRM 秉持了"PSP 理念"。一是强调人的重要性，不仅包括客户，也包括员工，甚至把员工放在第一位。提高服务水平是长久维持客户关系的关键，而只有优秀员工才能提供优质、个性化的服务。二是明确最优质服务是公司的第一要务，因为优质服务意味着利润的可持续增长。联邦快递通过"全程服务无缝互动"式服务模式并增加全新的增值服务让客户满意并保持忠诚，从而做到让客户的"腰包"跟着他们走。

（2）技术系统。联邦快递的 CRM 系统（一系列自动选送软件、COSMOS 信息系统）让在线经营成为客户首选的业务处理方式。客户可以通过在线服务找到所需信息，而企业自身则可以减少资源耗费，可以说 CRM 系统让企业与客户做到了双赢。

（3）ECRM 策略。联邦快递提出独特的 ECRM（企业客户关系管理）的经营策略，依靠公司的整体力量来进行客户关系管理，从而将 CRM 放到整个公司的战略层面，全员参与，以达到自上而下来贯彻执行的效果。

案例 11 精解　局部试点，
分步实施,积小胜为全胜

11.1　北京东区邮局实施 CRM 的驱动力

北京东区邮局实施 CRM 项目是有其必然性的。其驱动力有很多,主要是以下几点:

(1)市场需求和管理理念更新的需要。

北京东区邮局实施 CRM 之际正是中国邮政大量亏损的时候,市场竞争激烈,客户业务分流严重,而东区邮局自身虽然拥有多年累积的客户和品牌度,但是苦于没有能力去很好地管理自己的客户,而企业的管理理念也没有与时俱进,最终导致许多业务被国内外其他企业抢走。因此,更新管理理念刻不容缓,引入客户管理的概念,以客户为中心,满足客户的需求,才能真正地留住客户。

(2)企业管理模式更新的需要。

邮政市场竞争情况的变化导致企业制度体系和业务流程出现种种难以解决的问题。实际上,这些问题本身就已经存在,只是外部的环境变化使得这些问题显现出来,如业务流程中的客户信息录用这一块。在实施 CRM 之前,老的业务流程对客户信息的管理肯定是跟不上时代的节奏的,信息管理速度太慢,无法适应激烈的竞争环境。这就迫使企业加强对客户管理的重视程度,提高客户管理水平,而CRM 系统则是一个很好的选择。

(3)企业核心竞争力提升的需要。

在激烈的市场竞争中,企业的发展就如同逆水行舟,不进则退。因此,企业必须要保持不断地高速发展。而对于北京东区邮局来说,这就意味着要避免销售业务的滑坡,防止客户流失,同时还要不断发展新客户。而 CRM 系统就提供了一个很好的平台,优秀的客户管理水平就意味着优秀的核心竞争力。此外,CRM 对于东区邮局来说还意外地提高了管理能力。以往的销售出去跑业务都无法监督,他们到底干了什么,谁都不知道,根本无法考核。然而,CRM 系统可以通过销售人员每天对客户信息的录用情况来进行考核,从侧面解决了绩效考核问题,从而间接地提高了企业的竞争力。

(4)电子化浪潮和信息技术的支持。

随着科技的发展,电子化时代已经来临。数据库技术的应用和飞速发展为企业实施 CRM 提供了良好的硬件条件,从而使得企业实施 CRM 系统得以推广。相信随着技术的更进一步发展,CRM 系统未来将会成为每个企业必不可少的一部分。

11.2　CRM 项目实施的一般过程

CRM 实施过程是一个十分复杂的过程,需要分阶段、按步骤来实施。具体步骤如图 11-1 所示。

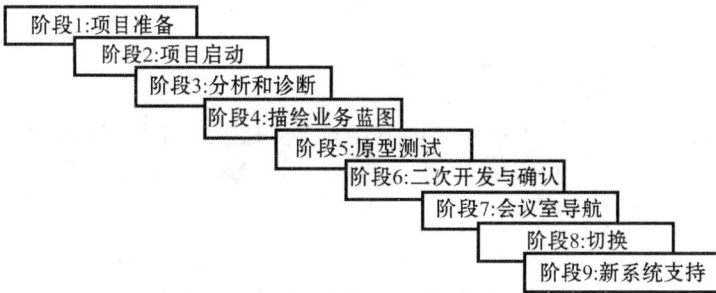

图 11-1　CRM 项目实施的一般过程

1) 阶段 1:项目准备

这一阶段主要是为 CRM 项目立项做准备,目标是取得高层领导的支持和确定整个项目的实施范围。企业在实施 CRM 系统前必须取得决策权及管理层的鼎力支持。同时,企业在导入客户关系管理之前,必须事先拟定整体的客户关系管理蓝图,预测客户关系管理的短期、中期的商业效益。

2) 阶段 2:项目启动

在确定了项目实施范围,并取得了企业高层的支持之后,CRM 软件系统实施进入正式启动阶段。这个阶段的主要任务包括确定系统实施项目的目标、建立项目组织、制定阶段性的项目计划和培训计划,每个阶段的交付成果都要有相应的文档加以整理和记录。

3) 阶段 3:分析和诊断

这一阶段是任何管理信息系统实施中必不可少的关键环节。这一阶段的主要任务包括:CRM 信息系统的安装和技术培训;CRM 信息系统应用的初步培训;基础数据的准备;现有政策和业务流程分析和诊断。

由于 CRM 倡导的是以客户为中心的管理模式,原有的以产品为中心的政策和流程必然面临着改变。不仅与企业前台业务相关的流程需要改变,企业后台的流程也要做出相应的调整。通过确定流程的需求和实现客户价值的程度,分析现有流程和政策中存在的问题,确定要改进的关键环节。可以采用流程图形建模技术和鱼骨图分析技术等来帮助分析。

4) 阶段 4:描绘业务蓝图

业务蓝图的描绘对 CRM 系统的成功实施最为重要。CRM 系统由活动、制度、人、信息技术和目标组成。信息技术只是 CRM 系统的有机组成部分,它能够在一定程度上影响活动的实现方式,影响联系活动的规则(制度的一种表现形式),影响执行活动的人,从而影响 CRM 系统的目标。但这种影响是局部的。要实现 CRM 系统的目标,需要各个要素的协调一致,共同朝着同一个方向而努力。如果只是引入 CRM 的信息技术,而企业的活动、制度和人不作改变,那么实现 CRM 的目标只是空谈而已。

5) 阶段 5:原型测试(Prototyping)

这一阶段有三个主要任务:CRM 基础数据的准备、原型测试的准备和进行原型测试。

(1) CRM 基础数据的准备。

数据准备是 CRM 实施成功的关键环节。由于 CRM 系统是面向企业前台应用的管理信息系统,所以其基础数据主要是一些市场、销售以及客户服务与支持的有关数据。

(2) 原型测试的准备。

由于 CRM 原型测试的复杂性,需要做一些准备工作,主要包括确定参与人员和定义将要测试的场景(Scenario)。定义测试场景即把新的业务蓝图置于 CRM 的信息系统中进行测试,尤其是一些经过改进后的关键的业务流程。另外,CRM 的软件覆盖了市场、销售以及客户服务与支持这些职能领域,由于需要对 CRM 软件的所有功能模块进行测试,所以还需要确定对各业务领域进行测试的不同人员,这可以在项目组内进行分工。

(3) 原型测试。

CRM 系统的信息分析能力、客户互动渠道进行集成的能力、支持网络应用的能力、建设集中的客户信息仓库的能力、对工作流进行集成的能力以及与企业内部管理系统功能的集成,是原型测试的重点。如果 CRM 软件系统在上述几个方面达到基本要求,那么就可以确认其已通过原型测试。否则,就需要企业与开发团队进行二次开发与确认。

6) 阶段 6:二次开发与确认

根据上一阶段原型测试的结果,分别视不同情况进行软件更改和其他更改(业务流程、制度和组织结构等的更改)。

7）阶段 7：会议室导航（Conference Room Pilot）

这一阶段的主要任务是进行会议室导航和最终用户培训。

会议室导航必须建立在原型测试与二次开发和确认的基础上，其主要目的是：验证或测试二次开发的可执行性；测试所有修订后的业务流程和确认相关制度；调整和准备相关凭证和报表；使 CRM 系统真正运行起来。

8）阶段 8：切换及对新系统的支持

在完成了会议室导航阶段充分细致的测试以后，在这一阶段，要从原先的前台系统转换到 CRM 系统。主要的活动包括切换前的准备和正式切换。

以上过程皆是实施 CRM 的一般过程，各企业可视其实施 CRM 的具体情况来规划本企业 CRM 实施过程，如公司所在行业性质、规模、业务模块、公司信息管理现状等来部署 CRM 实施细节。

11.3　北京东区邮局 CRM 的实施

11.3.1　CRM 的软件的选定

想要进行 CRM 系统的实施，东区邮局首先要做的就是拟定项目实施方案，选定合作伙伴。而项目实施方案如上所述，在选定合作伙伴的过程中，东区邮政局首先面临的是国内软件厂商和国外软件厂商的选择，其对比情况如下：

（1）市场上的国外 CRM 软件汉化程度较低，而中圣公司的 Sellwell 2000 是一个完全中文化的软件。

（2）在售后服务和业务咨询方面，国内厂商无论在语言上还是在地域上以及时效上都有国外厂商所无可比拟的优势。

（3）国外 CRM 软件多为成熟产品，其业务流程有别于邮政企业的实际情况，由于语言上的差异，客户化的工作难度较大。

（4）国外 CRM 软件所体现的管理风格和企业文化与国内实际情况之间的差异也是东区邮政局在选择合作伙伴时不得不考虑的因素之一。

（5）价格问题是北京市东区邮政局选择中圣公司而放弃国外 CRM 软件公司的另一个原因。

于是，在综合众多因素之后，东区邮政局最终选定了上海中圣公司作为其合作伙伴，而中圣公司生产的 Sellwell 2000 也被选定为其 CRM 系统软件。

11.3.2　CRM 系统设计和实施

在这个阶段，东区邮政局与中圣公司进行了广泛而深入的接触，东区邮政局工作流程的转变和信息管理工作的规范在这一个阶段中显得尤为重要。而且在这个时候,往往最需要考虑的阻力就是来自于员工对于旧的工作模式的习惯和对新工作模式的抵触,因此流程设计的合理性与否对于整个项目的实施有着决定性的作用。在这一个阶段,东区邮局拟定的支局工作流程如图 11-2 所示。

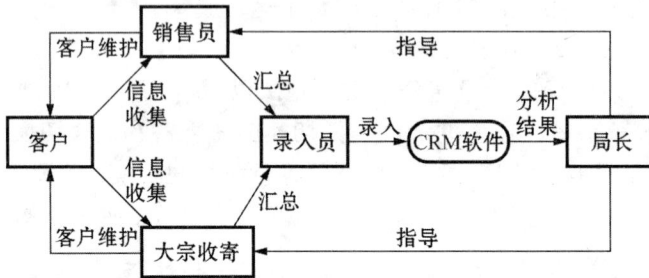

图 11-2 东区邮局支局工作流程

1)技术框架搭建

在这个阶段中,中圣公司主要对东区邮局针对 Sellwell 2000 系统进行了试用和安装。东区邮局共有 26 个支局,经过与中圣公司的多次探讨,邮局领导决定在信息化程度较高、参与市场竞争较早的几个部门率先使用 CRM,如果尝试成功,再向全局甚至全国邮政系统推广;此次实施过程中主要涉及五个部门,分别为 10 支局、22 支局、商函、Epost、市场部和营运部,在技术设施的建设方面,这些部门都分别安装组建独立的局域网,每个内部网中提供一台服务器,市场部的为主服务器,10 支局、22 支局、商函的服务器为成员服务器,Epost 组建独立的网络环境,从而构成整个 CRM 软件的运行环境。

2)模块实施和上线

在系统二次开发完成后,中圣项目实施组人员奔赴北京,查看系统配置情况,准备系统的实施和上线工作。并制定一系列项目实施计划,这包括对系统管理员、最终用户、技术人员、流程和数据分析的详细培训计划,基础数据准备和初始化等。

3)用户培训

在项目实施过程当中,中圣公司还派遣了项目调研人员赴东区邮政局对员工进行了培训工作。培训包括软件功能的培训、流程图绘制的培训和调研动员大会等内容。

(1)消除员工的不满情绪。

最初很多员工都有抵触情绪。一位已有 10 年工龄的老员工,就曾满腹牢骚地表示:"你们只要告诉我怎么使用就行了,我知道那么多干嘛? 还要学画什么流程图?"邮政局领导针对职工的不满反复解释:只有 CRM 产品的具体使用者了解

CRM的系统流程和实用功能后,才能发现问题、提出问题,供应商也才能有针对性地进行二次开发,所以员工一定要最大限度参与进来;至于学画业务流程的过程,其实也是重新思考业务、帮助设计者找出不合理之处的过程。

（2）对员工进行培训。

以流程图绘制的培训为例,邮政局的业务人员先写出业务现状的报告,再在中圣的指导下将报告绘制成流程图。当流程图绘制好后,原来业务中不合理的地方就变得明显起来,对业务流程进行改善也变得相对容易。刚一开始,邮政局的业务部门感到流程图的绘制有一定难度,但后来了解并掌握之后,还真的从中发现了很多业务上的问题,并找到了改进方法。参与培训的人员在亲眼目睹培训的作用之后,终于理解了培训的意义。所以当第二期培训（内容包括对CRM系统管理理念的培训、对最终用户软件操作的培训、对技术人员的培训、对新流程的培训和对数据分析的培训）开始之后,员工们都能积极配合,从而使整个项目可以顺利进行。

11.3.3　CRM实施问题及解决方案

CRM系统项目的实施并非是一帆风顺的,这期间也遇到了许许多多出人意料的问题,但是,在东区邮局领导以及中圣公司的共同努力下,这些问题都被一一地解决了,最终使得东区邮局的CRM项目顺利完成。期间遇到的问题主要总结为以下几个方面。

1）项目交流问题

正如上文所描述的,在项目实施刚开始阶段,北京东区邮局曾经仅仅指派几名市场部人员和IT技术人员与中圣公司进行交流,且交流的方式还仅限于电子邮件和传真。这样的远程交流方式,一方面是不足以让双方进行彻底的交流沟通,东区邮局无法将自己的需求完完全全地表达给中圣公司,而中圣公司也很有可能会对客户的需求进行错误的解释或诠释。另一方面,由于东区邮局被指派的都是市场部门和IT技术人员,然而真正使用CRM软件的则是一些一线的销售人员,只有他们才最了解他们自己的需求,因此,仅仅让市场部和IT部人员来与中圣公司进行交流沟通是不足够的,也是不到位的。

而事实证明,中圣公司在对CRM系统软件进行二次开发之后,发现东区邮局个别支局的一线销售人员在销售过程中的需求并不能通过软件来得到满足。因此,在东区邮局和中圣公司进行协商之后,双方共同组建了项目小组,让业务部门和一线的销售人员参与到CRM项目小组中去,并且承担着最重要的角色,而IT部门则仅仅扮演着支持的角色。

最终,交流沟通的问题得到了彻底地解决,项目也得以继续实施。事实证明,这样的组织方法是最合理并且是行之有效的。

2）用户培训问题

在组建项目小组之后，中圣公司派项目调研人员赴东区邮局对员工进行了培训工作。培训包括软件功能的培训、流程图绘制的培训和调研动员大会等内容。最初，很多员工都有抵触情绪，但在邮局领导和中圣公司的共同努力下，参与培训的人员亲眼目睹了培训的作用，终于理解了培训的意义。所以当第二期培训（内容包括，对 CRM 系统管理理念的培训、对最终用户软件操作的培训、对技术人员的培训、对新流程的培训和对数据分析的培训）开始之后，员工们都能积极配合，从而使整个项目可以顺利进行。

3）新旧系统并行使用

模块实施上线之后，东区邮政局进人了新旧系统同时运行的时期，即系统并行运行期。此阶段也暴露出不少问题，例如邮政局职工对新系统的使用方法仍不够熟悉，有人认为新系统比较麻烦、增加了工作量。针对这种情况，邮政局领导采取了两种对策。一是将使用系统与员工的工资奖金挂钩，强制邮政局职工使用；二是疏导的方法，教育员工这些客户信息是可以被分析和利用的，积累起来可以产生巨大的价值。另外，通过实际运行，邮政局人员还发现新系统个别地方与实际情况不符，甚至还缺乏某些功能。

4）问题解决方案

针对这些问题，东区邮政局与中圣公司共同研究，逐一地进行了解决，主要表现在以下几个方面：

（1）从管理方面看，由于客户关系管理系统的使用，使邮政局有条件改变原有的考核制度，对员工进行更有效的管理。

在新的制度中，邮政局不再把业绩作为唯一的考核标准，日常工作的完成情况（比如每天对客户的走访和客户信息的收集）和最终的业绩改为各占 50%。这样一来，不但促进了客户经理与客户接触的持续性和积极性，同时也保证了用整个企业的知识和能力去服务客户。

（2）制度上的变化也带来了企业结构上的调整。

以前，邮政局的业务部门分两块，一块负责出去谈客户，一块负责执行客户经理发展过来的新业务。这两块之间的沟通是通过两个部门经理完成的。这种方式最大的问题就是不一一对应，经常有客户经理抱怨执行部门耽误了他的业务，而执行部门却认为自己已经很忙了，客户经理业务不顺与他无关。所以这种组织结构是典型的"不以客户为中心"，在 CRM 实施以后显得格外刺眼。于是邮政局开始用项目组制度替代原来的"两大块"；即以客户经理为核心，组建项目组，项目组内人员的工资，都要由作为核心的客户经理开支，当然，业绩考核也以项目组为单位。这样一来，原本开口要四五个执行人员的客户经理现在都只要两个。

（3）从邮政局的初步应用看来，CRM 不是一用就灵、马上见效的"大力丸"。

客户关系管理首先强调的是以客户为中心的思想，这种思想必须渗透到企业管理的每个环节。没有管理体系的主动适应和调整，再好的软件也没用。从某种意义上讲，CRM 对企业的第一个贡献，就是"摧毁原有的管理制度"。至于利润，那是后面的事情了。

11.4　CRM 实施效果

一年多来，　实施给东区邮局带来的直接收益还没有立即显现出来，但是业务量的激增却是不争的事实，CRM 已经为东区邮局插上了腾飞的翅膀。

（1）市场做大了。

双井支局是第一个主动要求参加 CRM 试点的单位。一年来，系统的实施已经给这个支局带来了丰收的喜悦。

惠普公司驻北京办事机构是双井支局最大的企业客户。2000 年虽然每个月都可以为支局提供 1 万多元的稳定收入，然而其大部分业务却被快递公司和其他国际物流企业瓜分。推行 CRM 系统后，情况开始发生了变化。

首先，支局运用系统把惠普公司不同部门的业务高峰时间进行了分析，总结出展会可能选择在每个月的什么时间，巡展可能在每年的第几个季度等。随后，又通过客户信息分析了潜在的客户和可能产生的新业务，并制定出工作计划书。

惠普公司从支局的工作计划书看到了中国邮政"以客户为中心"管理理念的变化，于是把本来由其他公司做的业务转由邮政来做，比如惠普公司在每年的巡展过程中都有不少货运工作，以前这种工作都由某公司来做。当惠普公司看到支局制定的"什么时间寄出货物，什么时间到达，什么时间反馈信息，什么时间完成全部工作"，安排得井井有条，与整个展会配合得完美，又有价格优势的工作计划书时，心悦诚服了。如今，支局已经把惠普公司几个部门巡展货运的工作全部包了下来，开始了与国际物流专业公司的竞争，惠普公司对支局的业务量也由原来的月均 1 万多元上升到近 10 万元。

另有一例，顺美服装公司委托东区邮局为购买该公司服装的消费者直邮一些资料。直复营销公司的业务经历通过 CRM 系统看到这一消息后，立即找到顺美服装公司说我们这里有完备的高收入阶层的数据库，你们是不是可以考虑购买。于是，顺美服装公司通过购买数据库，增加了 1 万多个名址，为今后的业务发展奠定了基础，直复营销公司也从中获取了一笔可观的业务收入。

（2）管理加强了。

推行 CRM 系统既带来了业务的发展，还带了企业管理的加强，促进了业务结构的调整和管理流程的重组。

直复营销公司成立以来,在企业管理不断加强的情况下,总感到对市场营销人员的考核是个大难题:市场营销人员出去一天,干了些什么,无人知晓,无从考核。在客户管理信息不断输入 CRM 系统的过程中,公司领导发现这个系统除了可以深入掌握客户信息,了解客户需求之外,还可以对市场营销人员每天的工作质量和数量进行考核。部门经历完全可以通过市场营销人员每天输入 CRM 系统的客户信息,掌握每个人的工作情况。于是,公司改变了传统的年终考核业绩的做法,把日常工作的完成情况与年终业绩结合起来进行考核,促使市场营销人员每天出去进行客户走访和客户信息收集工作。

原来的商函制作中心分为两大部门,一个部门负责出去找客户谈业务,一个部门负责将发展过来的业务加以落实。由于部门之间缺乏有效沟通,时常发生相互抱怨的情况。这种"不是以客户为中心"的组织结构,在很大程度上阻碍了业务的发展。实施 CRM 系统后,公司领导根据市场实际采用项目组制度替代了原来的"两大块":即以客户经理为核心,组建项目组,考核以项目组为单位,组内人员工资由客户经理来定。这样,公司领导通过 CRM 系统就可以清楚地掌握每个客户经历每个月任务指标的完成情况。实行项目组制度后,市场营销人员的积极性被调动起来了,现在两个人能完成的工作,客户经理绝对不会再要第 3 个人。

通过上面的介绍,我们可以看到,东区邮局实施和应用 CRM 的过程是艰难的,他们迈出的每一步都付出了相当大的努力。经过系统实施过程,东区邮局的实际工作流程得到了很大的改观,客户信息的收集工作也已进入了一个有序自觉进行的状态。通过报表分析工具,企业领导可以及时查看各项业务数据,包括各地区、各产品、各组织机构的销售情况,并通过系统的计划工具给不同的机构和人员制订销售计划和目标。管理人员可以掌握营销人员的整个销售跟踪过程,而以前只知道营销结果,无法跟踪整个销售流程的情形。第一线的销售信息也可以通过系统提供的自动商机挖掘工具,找到了原先遗漏的商机,获得了更多的利益,而利用自动报价工具则提高了销售的效率。

总之,通过内部 CRM 系统的实施,北京东区邮局的全线业务同客户需求紧密接合,在有价值客户的挖掘和发展方面已经取得了巨大的效益,这个国内常称之为"技改"的 CRM 项目已经得到了中国邮政系统的注目。

11.5　案例点睛

北京东区邮局是一典型的国有企业,其实施 CRM 对于其他类似企业有如下借鉴作用:

（1）厚积薄发、逐步推进，积小胜为全胜。对于很多国有企业而言，历史跨度相对较大，有着各种各样的背景，加之体制所致，实施 CRM 不可能一步到位，可以先进行局部试点，有了成功经验与样板后再逐步推广、不断完善。

（2）除了高层领导的支持外，关键人物对实施 CRM 项目的推进也非常重要。任东辉对于北京东区邮局实施 CRM 就是重量级的人物，他对其成功实施起到了关键性的作用：先导性、强有力的推进、实施时的执行力以及克服实施困难时的勇气和决心。

（3）CRM 系统软件只是实施 CRM 战略的工具，其核心是 CRM 理念。企业的各个层面从意识上的接触、接受到自觉的行动，确实需要一定的时间。而这种从意识到行动的转变，是 CRM 实施成功的关键，而且这种转变并不只限于 CRM 软件项目实施期间，在实施之前和实施之后企业的管理者都必须强化 CRM 理念在企业上下的有效贯彻。

（4）CRM 项目的实施过程较长，它主要是改变企业员工的理念与业务流程以及做事的方法。如销售人员的工作方法多种多样、具有个性，也具有惯性，不太容易被改变。要说服销售员把个人掌握的信息拿出来让大家共享，会有阻力。此种情况下，领导层的决心往往起着决定性的作用。

（5）在实施的过程中会常常遇到计划与实际偏离的情况，往往需要对计划进行调整，这时实施人员一定要分析为什么会出现偏差，并对调整的必要性和可行性进行确定以最大限度地降低项目实施的风险。

案例 12 精解 教育机构也向 CRM 要效益

12.1 中欧国际工商学院实施 CRM 的背景

12.1.1 教育行业的特点

1) 教育机构向客户提供的是一项特殊的服务——教育

从社会分工来说,教育行业属于第三产业,教育通过提高劳动者素质,推动社会经济发展,带来社会经济效益。但是,教育部门不是物质生产部门,不能直接创造物质财富,教育属于社会公益事业,为社会提供公共产品。

教育机构需要向客户提供必要的基础设施、学习资料、良好的师资队伍以及交流沟通的平台等。使客户能够通过一定时间的学习后,掌握所需的专业知识、技能。广泛的校友资源能够帮助客户建立人脉,为以后的工作生活提供支持。

2) 客户为教育机构提供"有形"和"无形"的双重收益

一般地,客户向教育机构缴纳学费以获取所需的教育服务,学费就构成了教育机构的主要收入来源。为教育机构的正常运转、发展提升提供必要的保证。这就是客户为教育机构提供的"有形"收益。教育行业不同于其他的行业,声誉几乎是最重要的资本,而客户自身的评价、发展是形成声誉的关键因素。良好的声誉是一笔"无形"的财富,能够为教育机构源源不断地带来优质的生源,从而进一步巩固良好的形象。另外,校友资源也为教育机构带来很多经济和社会的收益。

3) 客户和教育机构的发展相互影响

一方面,客户的未来发展情况是影响教育机构声誉的关键因素。在接受教育机构的培训以后,如果客户的能力普遍得到较大提升、获得更好的发展空间,会在目标客户群体中形成良好的口碑,吸引更多的客户,促进教育机构的发展。另一方面,教育机构提供教育服务会对客户产生重要的影响。如果教育机构发展得非常好,它就会有充足的资金和资源,能够提供优质的教育服务,使得客户的需求得到满足,能力得到较大幅度的提高。

总之,客户和教育机构的发展往往会产生循环。

4) 随着时代的不断发展,更多的客户希望得到个性化的服务

目前经济的发展对雇员提出了越来越多的要求,许多雇员选择在工作以后继续学习以适应社会的需求,这也是教育行业客户的重要来源之一。然而,不同岗位的雇员有不同的教育工作背景,所需要的教育当然也不尽相同。个性化的服务能够提高教育的效率,有针对性地帮助客户提高专业技能,提升发展空间。

12.1.2　高等教育机构客户的特点

1) 客户的多样性

高等教育机构客户的种类具有复杂性、多样性和差异性。在高等院校的客户关系中,有多种多样的客户,客户差异性大,其客户分类如下:

(1) 按学生学位性质分:有学位与无学位之分。有学位的学生又分为:科学学位与专业学位的学生。科学学位的学生有:本科生、研究生、博士生;专业学位的学生有:MBA 学生、EMBA 学生、MPA 学生、MPcc 学生,DBA 学生。无学位的如 EDP 学员。

(2) 按与学生关系的生命周期划分:潜在客户、申请学员、在校学生、校友。

(3) 按客户性质可分为:学生、校友、赞助者、社区、其他企业、媒体、政府、合作伙伴、内部教职员工等。

这些客户交织成巨大的关系网,客户,尤其是学生客户(校友),是院校极为珍贵的社会资源、财力资源与智力资源,是院校持续发展的保障。管理这些客户关系,既需要以客户为中心的战略思想,也需要相应的 CRM 技术系统和策略。

2) 客户的双重性

在校学员有其两面性。一方面,高校把这些人员定位为其"生产的产品",通过用人单位的使用,对其评价,获得社会认可和声誉,体现出教育机构的教育质量,教育机构通过他们来使自己更加具备竞争优势。另一方面,他们也是学校最重要的资源,学校希望可以从他们那得到更多的收益,比如说更多的建议,更多的口碑推荐,更多的潜在学员和更多的捐赠等等。因此,了解客户的需求和期望对高等院校来说是至关重要的。更为重要的是,与其他行业不同,校友与院校的关系是终生的,即使个人或公司以后不再参加学校举行的任何活动,但他们仍然可以对学校的事业进行宣传并鼓励和推荐其他的个人或公司选择该学校。

3) 在校客户需求的差异性

由于客户的多样性,势必导致其需求的差异性大。科学学位的学生、专业学位的学生,企业委托培训的学生其背景、学习目的、接受教育的时间不同,因而其需求大大不同。

12.2　中欧实施 CRM 的驱动力

12.2.1　从需求角度看

中欧国际工商学院是亚洲唯一一所三大课程（MBA、EMBA 和高层经理培训课程）全面进入世界 25 强的亚洲商学院。中欧商学院在各方面皆取得了骄人的成绩。面对日趋激烈的市场竞争，中欧清晰地意识到需要投入更多的资源在教授、学员、校友以及员工上，并让他们去开拓更广阔的管理教育市场。在此背景下，中欧实施 CRM 迫在眉睫。中欧需要建立一个强大的校友、学员、客户关系网络来提高教学和服务质量，并且获得高质量学生和客户资源，从而提升中欧的核心竞争力。

12.2.2　从竞争角度看

随着招生竞争日益加剧，传统的招生手段已经无法适应高速发展的中国高等教育行业的发展。中欧为了成功的招收、保持和维系优质学员并提升其忠诚度，中欧必须实施 CRM，对每个学员提供更为个性的服务来满足他们的需求，从而更大程度上与申请者、学员、校友和企业赞助商之间建立良好的关系。

12.2.3　从技术角度看

随着技术的发展，高科技企业开发了更有效的客户关系管理软件及其解决方案。中欧可以通过先进的 CRM 系统，透过统一平台支持多个业务流程的运行，实现客户信息管理、市场营销、销售业务、订单业务和财务业务等领域的紧密集成，从而协助中欧消除业务流程之间的信息链断裂现象，打通营销、销售、运作、服务、财务各个业务环节的信息断层，为中欧实现关键业务流程的自动化与规范化提供有力的支持。

12.2.4　从管理角度看

中欧需要通过实施 CRM，搭建高效、安全、信息全面集成的客户关系管理平台，因为该平台能够提供完整全面的客户信息，并且有效保护客户数据。同时，中欧需要实现关键信息在整个学院的实时共享，并保证客户信息能通过多交互渠道始终如一地在业务人员之间交换。中欧迫切需要通过信息化管理手段全面改善各个业务部门的运营水平，提升管理效率，全面提高客户满意度和忠诚度。

12.3　案例分析

12.3.1　中欧 CRM 实施效果

正如中欧国际工商学院中欧信息中心主任薛东明所说："Oracle CRM 的解决方案,让我们更深入地了解了学员的差异性以及他们个性化的发展需求。我们因此能以更优质的教学水准和更周全的服务来培养他们,并将他们凝聚得更加紧密。中欧的办学竞争力由此得以提升。"

通过 CRM 项目,中欧实现了利用系统化的视角和科学的方法来管理学院,从而加强了中欧国际工商学院的核心竞争力。其实施 CRM 项目给中欧带来的主要收益如下:

(1)100％的 MBA 申请和 80％的 EMBA 申请通过网上服务中心进行,50％学生给予系统"非常好"的评价。

(2)分散的客户信息被集中到中央数据库,并在安全规则的控制下在各部门间实现了充分共享;实现了对客户信息的 360 度查看和对客户网络关系的仿真模拟;从而使客户信息实现了极大的价值增值,真正成为与学院品牌同等重要的无形资产之一,打通了营销、销售、运作、服务、财务等各业务环节中的信息断层,实现了整个业务闭环的自动化、规范化。

(3)提高了工作效率,降低了成本。从高层经理培训部上线(2004 年 7 月)后一年的情况来看,营销工作的效率提高了 33％,营销费用减少 10％,销售收入同比增长 25％。

(4)运营效果提高:根据 EMBA 部门提供的数据,报名数量同比增加 25％,数据错误率降至 1％以下,客户满意度提高 20％,工作效率提高 20％;高层经理培训部的营销工作效率提高了 33％,营销费用减少了 10％,销售收入增长了 25％。

(5)高质量的学员和校友信息库支持了市场部和业务部门之间的协同。直邮的数量在过去几年每年有 50％～100％以上的增长。

(6)学生满意度提高。根据校友会和职业发展中心的抽样调查,客户满意度和忠诚度明显提高。

(7)将员工跳槽的损失降低到了最低程度。

(8)由于中欧率先将 CRM 应用在教育事业的创举,更在权威调查机构GCCRM 每年一度的评选活动中,荣获"大中华区最佳 CRM 实施"大奖,这也使得中欧赢得了社会声誉。

12.3.2 中欧成功实施 CRM 的原因

1) 以客户为中心的理念

中欧将学生视为客户，而且是特殊的客户，以客户为中心，高度关注不同学生的需求，并提供满足学生需求的产品和服务，从而让学生满意，进而忠诚。

2) 中欧具备清晰的组织架构及业务流程

中欧的关键业务流程主要包括两个方面：一是以客户为中心的客户自助服务流程；二是内部工作流程，包括从市场推广，销售跟进，订单管理到客户服务以及财务收款等一系列工作流程。业务流程之间存在交互但不冗余，为实现自动化及规范化奠定了结构基础。

3) 差异化的 CRM 目标定位

利用 oracle CRM 整体解决方案，中欧搭建了安全、高效、信息全面集成的客户关系管理平台。CRM 还为中欧提供了统一的数据处理机制，以实现关键信息在整个学院的实时共享，并保证客户信息能通过多交互渠道始终如一的在业务人员之间交换。中欧在 Oracle CRM 流程中针对客户体验关键点做了个性化设计，以最大化客户的销售服务体验。中欧通过以网上客户自助服务和管理信息门户配合CRM 的运作，使 CRM 系统发挥了更大的作用和效益。

4) 选择权威软件及实施第三方

"工欲善其事，必先利其器"，中欧总共花了一年半左右的时间来对中国市场上的 CRM 套装软件进行评估和选型工作，慎重思考比较了市面上不同软件的权威性以及对公司业务的目标匹配性，最终选择了 Oracle 的整体解决方案。Oracle 能提供一整套完全集成的企业级解决方案，加上 Oracle CRM 与其他系统的集成性，可以实现财务、订单管理、学院管理与教学等系统的全面协同，不仅可以大幅度降低系统成本、工作量和实施风险，还能加速未来的业务扩展活动。恰当的软件选择为后期的项目实施奠定了良好的基础。通过引入成熟的客户关系管理系统，中欧管理者实现了应用系统化的视角和科学的方法来管理学院，从而全面加强了中欧的核心竞争力。此外，中欧选择了合适的第三方-汉得公司作为实施的合作伙伴，这对 CRM 项目的顺利实施也很重要。

5) 工作人员具备软件实施的基本技能

中欧的 IT 部门针对产品和自身业务做了大量的调研工作以明确当前与未来业务流程。在 Oracle 合作伙伴汉得信息技术有限公司的帮助下，中欧的系统管理人员能够高效正确的实施 CRM 流程管理。此外，中欧商学院应用 Oracle CRM 系统成功的原因还可能包括合理的项目规划、准确的预算、有序的后期维护调整以及中欧本身所坚持的高效的管理理念和经营惯性等。

总之,中欧国际工商学院在选择一个合适的 CRM 软件和提供商、制定一个合理的工作进度流程与合理的实施计划、向员工和客户推行 CRM 项目并鼓励他们使用、高层管理层的强有力的支持、不断的改进和变化以迎合客户和市场的需要等环节为同行提供了成功的经验,是一个可效仿的典范。

12.4　中欧成功实施 CRM 战略的启示

中欧 2005 年开展了以客户关系为中心的市场、进行服务和招生的教育市场管理的大胆尝试。对于如何在教育机构全面实施 CRM 系统,中欧国际工商学院为该行业提供了一个非常有价值的范例,打造了一套教育行业前所未见的 CRM 系统,不仅实现以客为本的经营策略,而且更加强了中欧国际工商学院的核心竞争力。其 CRM 实施给业界有如下启示:

12.4.1　高等教育机构实施 CRM 迫在眉睫

1) 客户的重要性

在高等教育机构进行客户关系管理,尤其是招收优异学员,培养杰出学生,保持与校友全生命周期的良好关系,对于母校的声誉、资金、获得优势资源等有百益而无一害。世界各知名大学均对校友资源给予了高度的重视,并在校友客户关系管理和校友资源的利用上做出了卓有成效的工作。比如哈佛大学的校务监督委员会会举行定期会议,对学校的工作进行调查研究,就有关大学的教育政策和教育实践提出建议,支持学校的重大活动。这从制度上确保了校友在办学中发挥重要作用,甚至影响学校的发展战略。而这些世界名校的校友也对学校提供了卓有成效的财力支持。

2) 高等教育机构发展瓶颈——内部管理的需求

(1) 客户众多不便于统一管理:高等教育机构的客户可能有数万人之多,每个客户的信息又各不相同。并且这么庞大的客户资源往往分散在不同人员手中,造成了客户信息不完整,无法针对客户提供个性化服务,同时也面临着客户流失的风险。

(2) 业务模式特殊:由于管理教育业务流程比较特殊,不同于一般的产品销售。因此普通的客户管理系统无法满足教育行业客户的要求。同时企业需要花费大量的人力物力来搭建业务平台。定制的管理系统,由于没有经过大量客户的试验使用,往往或多或少存在一定的问题,影响了工作效率。

(3) 客户沟通方式的多样性:由于客户众多,教育行业与客户的沟通主要通过邮件、短信、电话、传真、信函等方式来实现。没有一个高速有效的业务平台将会大大降低客户满意度。

3) 激烈的竞争

当今,教育机构面临着日趋激烈的市场竞争的压力,其表现在:

(1) 如何吸引和招收优质的生源。

(2) 如何制定正确的教育发展战略和实施计划来保持客户满意度,并为包括学员、家长、教员、校友甚至社区、合作伙伴、媒体、政府等的全体客户群提供良好的服务和一致的体验。

(3) 如何与学生(学员)建立良好关系、继而维系和发展相互间全生命周期的关系。

(4) 如何应对日益增长的对于高质量和有针对性的服务的需求。对于目前高速发展的中国高等教育行业来说,为了成功的招收、保持和维系优质学员并提升其忠诚度,各院校必须对每个学员提供更为个性化的服务来满足他们的需求,从而最大程度上与申请者,学生,家长,校友和企业赞助商之间建立起良好的关系。

12.4.2　高等教育机构的 CRM 完整解决方案

图 12-1 为高等院校 CRM 完整解决方案。各高等教育机构可借鉴此解决方案中带有规律性的部分,根据其具体情况,量身定夺自身的解决方案。

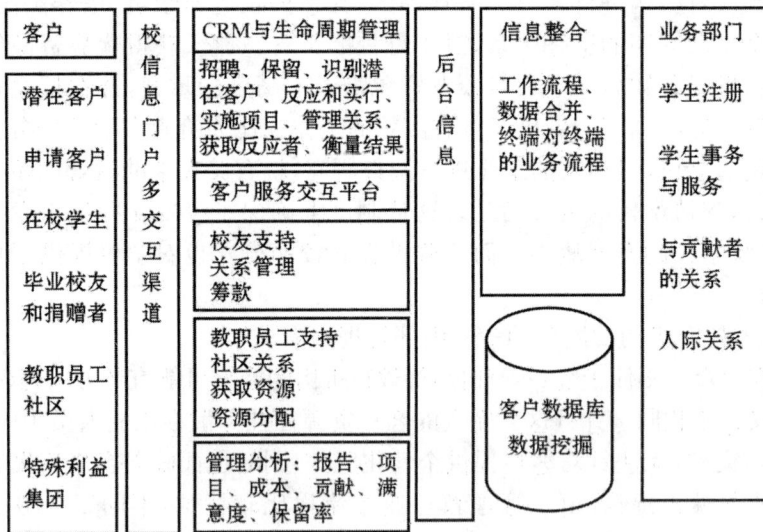

图 12-1　高等教育机构 CRM 完整解决方案图

12.4.3　管理好顾客生命周期各阶段的客户关系

按照客户关系生命周期理论,企业与客户的关系有不同的发展阶段,每一阶段关系特点也不同,因而企业在各阶段的工作重点和任务也不同。以商学院为例,其客户全生命周期如图 12-2 所示。

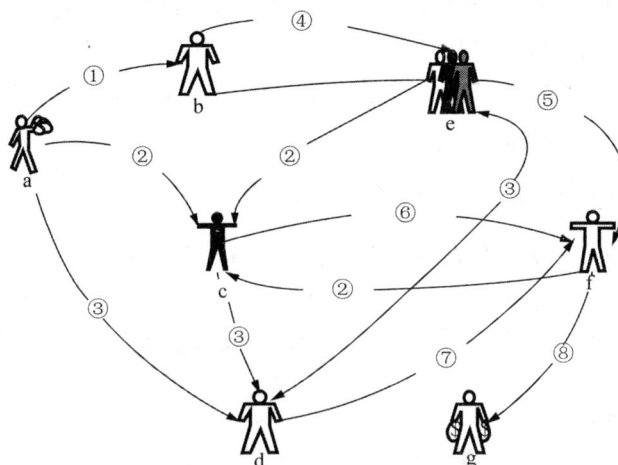

图 12-2　客户生命周期管理

① MBA Admission：MBA 入学；② Buy EDP Program：购买 EDP 计划；

③ EMBA Admission：EMBA 入学；④ Job Placement：工作替换；

⑤ Complete MBA Program：完成 MBA 计划；⑥ Complete EDP Program：完成 EDP 计划；

⑦ Complete EMBA Program：完成 EMBA 计划；⑧ Fund Raising：基金筹集

a. Candidate：候选人；b. MBA student：MBA 学生；c. EDP Participant：EDP 参与者；

d. EMBA student：EMBA 学生；e. Company Contact：与公司接触；

f. Alumni：校友；g. Donor VIP：VIP 捐赠者

• MBA 项目关系阶段：潜在学员、MBA 注册、MBA 学员、工作实习、公司接触、MBA 学习结束、毕业校友、筹款、VIP 捐赠者；

• EMBA 项目关系阶段：候选者、EMBA 注册、EMBA 学员（EDP 学员转化、公司接触产生）、EMBA 学习结束、毕业校友、筹款、VIP 捐赠者；

• EDP 项目关系阶段：候选者、各种来源购买 EDP 项目（EMBA 学生、MBA 学生、与公司接触）、EDP 参与者、完成 EDP 学习、毕业校友、筹款、VIP 捐赠者。

对于一般高等院校，其客户关系更加复杂，除了上述专业学位的学员和 EDP 学员外，还有科学学位的学员，但其生命周期关系与上述类似。

高等教育机构的客户关系阶段一般可概括为：潜在客户、申请客户、在校学生、毕业校友等阶段。管理各关系阶段时，其工作重点和任务如下：

（1）潜在客户：吸引潜在优质客户，进行宣传。

（2）申请客户：招收优质生源。

（3）在校学生：为在校学生提供优质的服务，包括优质的课程教学，贴心的客户服务，有价值的客户体验，提升其核心能力，培养出满足社会发展需要的高级人才。

（4）毕业校友：为毕业校友提供持续的服务，校园信息、情感联系、活动安排、筹款管理等，与校友建立长期良好的关系，争取校友全方位的支持。

教育机构最重要的客户就是学生，管理好其不同生命周期的关系，提高其价值，对院校的成功至关重要。

12.4.4　管理好与毕业校友的客户关系

高等院校的校友资源作为高校资源的一个重要组成部分，是学校的一笔宝贵的财富。各高校广大的校友是一个社会资源丰富，知识密集，与母校有着特殊感情联系的群体，是母校最宝贵的资源。具体来说，高等院校进行校友关系管理具有以下几方面的意义：

（1）改善与利用教学条件。

（2）提供智力支持。

（3）有利于学校文化和社会形象建设。

（4）有利于促进就业。

因此，充分发挥校友资源的作用，对母校的建设和发展具有重要意义。

12.5　案例点睛

教育行业是特殊的行业，教育机构的客户主要是学生，与一般意义上的客户不同，其需求也很特别。中欧是该行业实施CRM的先锋和典范，因此本案例的点睛之处如下：

（1）高等教育行业的客户主要是学生，首先他们是教育机构生产的"产品"，需要学校向社会"兜售"，为满足社会各用人单位的需求，向社会提供高质量的"产品"，教育机构要引导学生的需求，向他们提出严要求，引导和控制其消费过程-学习和培养过程，以达到其培养目的。

（2）教育机构的客户是学生，其次他们又是其教育服务的对象，尤其是对于那些付费的学生（如EMBA学生、MBA学生、企业来此培训的学员），他们与一般商业意义上的客户相似，教育机构要了解其需求，通过实施CRM项目，更好地为其提供服务，满足其需求，提高其满意度、忠诚度，挖掘其价值，从而提高经营管理效益。

（3）高校实施CRM项目，要关注教育行业的特点、其客户的特性，以及业务范围和工作流程，与客户关系的各个阶段，在实施CRM时也应关注如下方面，以获得实施CRM的成功：

- 获得高层管理者强有力的支持；
- 持续不断的改进以迎合特殊客户——学生的需求；
- 选择一个合适的 CRM 软件和提供商；
- 制定一个合理的工作进度流程与合理的实施计划；
- 向员工和客户推行 CRM 项目，并鼓励他们使用。

参 考 文 献

[1] 艾瑞咨询. 2009～2010 年中国在线旅行预订行业发展报告[R].

[2] 范微,赵衍. 携程旅行网案例(2007 年更新版)[J]. 上海管理科学,2008(1).

[3] [英]克莱夫·哈姆比,怀特·亨特,提姆·菲利普斯. 德士高的故事[M]. 北京:企业管理出版社,2005.

[4] 梁健爱. 德士高连锁超市——顾客忠诚计划探析[J]. 商场现代化,2005(10).

[5] 屈云波. 关系营销[M]. 北京:企业管理出版社,1996.

[6] 屈云波,郑宏. 数据库营销[M]. 北京:企业管理出版社,1999.

[7] 施建忠. 打造国际货运好管家 联邦快递演绎现代物流[J]. 信息系统工程,2004(8).

[8] 唐雯. 直复营销及在我国的发展前景[J]. 改革与战略,2004(4):21-23.

[9] 唐璎璋,孙黎. 一对一营销[M]. 北京:中国经济出版社,2002.

[10] 田同生. 客户关系管理的中国之路[M]. 北京:机械工业出版社,2001.

[11] 汪莹,李林. 浅议企业文化与CRM战略实施的融合[J]. 山西青年管理干部学院学报,2003(9).

[12] 王广宇. 客户关系管理方法论. 清华大学出版社,2004:9.

[13] 魏想明. CRM 系统的实施与企业文化重塑[J]. 集团经济研究,2006(1).

[14] 夏俊. 直复营销管理[M]. 北京:中国发展出版社,2000.

[15] 携程度假产品部内部报告.

[16] 携程旅行网 2008 年第四季度财报.

[17] 徐作宁,康杰. 业务流程重组是成功实施CRM的关键[J]. 经济体制改革,2002(2).

[18] [美]亚瑟·M·休斯. 数据库营销:策略与案例[M]. 北京:机械工业出版社,2004.

[19] 杨龙,王永贵. 顾客价值及其驱动因素剖析[J]. 管理世界,2002(6).

[20] 野口吉昭. 客户关系管理实施流程[M]. 北京:机械工业出版社,2003.

[21] 余郁,王成钢. 基于CRM的企业流程再造[J]. 山西科技,2005(1).

[22] 中国大百科全书·哲学卷[M]. 北京:中国大百科全书出版社,1987.

[23] 中国互联网协会,DCCI互联网数据中心,2008 年中国互联网调查.

[24] 中国互联网协会,DCCI互联网数据中心,2009 年中国互联网调查.

[25] 携程网遭遇投诉风波涉嫌"消费欺诈"？[N]. 中国经济时报,2005-8-3.

[26] 中国银监会. 银监会王华庆:中国银行业的现状、挑战及未来展望.

[27] 中国银监会. 2009 年银行业金融机构资产负债情况表.

[28] 申能股份有限公司公告[N]. 中国证券报.

[29] 中投顾问. 2010～2015 年中国银行业投资分析及前景预测报告.

[30] 周洁如. 顾客忠诚的经济价值[J]. 上海管理科学,2002(5).

[31] 周洁如. 客户关系管理与价值创造[M]. 上海：上海交通大学出版社,2006.

[32] 周洁如. 现代客户关系管理[M]. 上海：上海交通大学出版社,2008.

[33] Hart, C. W. L., Heskett, J. L. & Sasser Jr. W. E. The Profitable Art of Service Recovery [J]. Harvard Business Review, July-August 1990：148-156.

[34] Richard Forsyth. Six Major Impediments to Change and How to Overcome Them in CRM (and Politics) [J]. CRM-Forum, June 11, 2001.

[35] Valarie A. Zeithaml. Mary Jo Bitne. Services Marketing [M]. 北京：机械工业出版社, 1998：147.

[36] 波音官网 http：// www. boeing. com/.

[37] 德士高官网(Tesco)http：// www. cn. tesco. com/.

[38] 海底捞官网 http：// www. haidilao. com/.

[39] 联邦快递官网 http：// www. fedex. com/cn/.

[40] 上海大众汽车官网 http：// www. csvw. com/csvw/index. shtml.

[41] 携程官网 http：// www. ctrip. com/.

[42] 新航官网 http：// www. siacargo. com/.

[43] 星巴克官网 http：// www. starbucks. cn/.

[44] 宜家官网 http：// www. ikea. com/cn.

[45] 中国国航官网 http：// www. airchina. com. cn/.

[46] 中国客户管理网 http：// www. 1to1. com. cn/topic/20080912. as.

[47] 中欧官网 http：// www. ceibs. edu/index_cn. shtml.